诚信为本 操守为重

坚持准则 不做假账

——与学习会计的同学共勉

坚持准则　诚信为本

不做假账　操守为重

——与会计的同学共勉

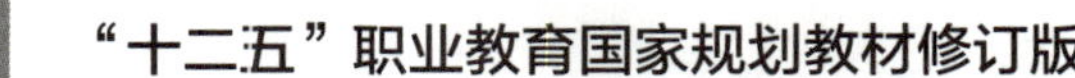

“十二五”职业教育国家规划教材修订版

高等职业教育会计专业新专业教学标准配套教材

高等职业教育“新财经”在线开放课程新形态一体化教材

财务管理实务

（第二版）

◆主　编　陈　娟　杨　勇

◆副主编　马会起　俞矜慎

高等教育出版社·北京

内容提要

本书是“十二五”职业教育国家规划教材修订版，同时也是高等职业教育新专业教学标准配套规划教材。

本书立足于高职财务管理教学，以资本运营为主线，着眼于财务，全面阐释了企业基本的财务管理理论与方法。全书分为8个单元，主要内容包括财务管理岗位认知、财务管理的基本观念、筹资管理、项目投资管理、证券投资管理、营运资金管理、利润分配管理、财务分析与评价。本书在带领学生进行传统财务管理学习的基础上，特别增加将Excel工具运用到财务管理各项技术中的内容，使财务管理学习变得更简单，财务管理工作更高效。为了让学生成为教学活动的主体，书中提供了丰富的案例，从而为教师开展启发式教学提供了素材。本书设计了“做中学”的环节，教师在对基本理论和方法进行指导后，学生能够利用该环节在课堂上实现“运用和提升”，从而为实践“做中学、学中做”的基本教育理念创造了条件。通过本书的使用希望能够激发学生对财务管理工作的兴趣，增强学生对财务知识的运用能力。

本书适用于高等职业院校、成人高校、民办高校及本科院校举办的二级职业技术学院会计专业及相关专业的教学，也可供中小企业会计主管和财务工作者及财会爱好者使用。

本书配有微课、视频等二维码资源，可通过移动终端随扫随学，并配套开发教学课件、参考答案等相关教学资源，具体获取方式请见书后“郑重声明”页的资源服务提示。

图书在版编目（CIP）数据

财务管理实务 / 陈娟，杨勇主编. -- 2版. -- 北京 :
高等教育出版社，2020.8（2021.11重印）
ISBN 978-7-04-054182-3

Ⅰ. ①财… Ⅱ. ①陈… ②杨… Ⅲ. ①财务管理－高等职业教育－教材 Ⅳ. ①F275

中国版本图书馆CIP数据核字(2020)第102359号

财务管理实务
CAIWU GUANLI SHIWU

策划编辑 武君红　责任编辑 黄　茜　封面设计 王　鹏　版式设计 马　云
插图绘制 于　博　责任校对 张　薇　责任印制 赵　振

出版发行 高等教育出版社
社　　址 北京市西城区德外大街4号
邮政编码 100120
印　　刷 高教社（天津）印务有限公司
开　　本 787mm×1092mm　1/16
印　　张 16.5
插　　页 1
字　　数 380千字
购书热线 010-58581118
咨询电话 400-810-0598

网　　址 http://www.hep.edu.cn
　　　　 http://www.hep.com.cn
网上订购 http://www.hepmall.com.cn
　　　　 http://www.hepmall.com
　　　　 http://www.hepmall.cn
版　　次 2015年1月第1版
　　　　 2020年8月第2版
印　　次 2021年11月第3次印刷
定　　价 42.80元

物 料 号　54182-00

出版说明

职业教育教学标准是国家职业教育标准体系的重要组成部分，是指导和管理职业院校教学工作的主要依据，是保证教育教学质量和人才培养规格的基本教学文件。没有规矩不成方圆，没有标准何谈质量。教学标准体系建设对于加快发展现代职业教育、加快实现职业教育现代化具有重要意义。

2018年10月22日，教育部职业教育与成人教育司发布《关于征求对〈高等职业学校专业教学标准（2018年）〉意见的通知》（教职成司函〔2018〕147号），公布了第一批353个专业教学标准（征求意见稿），具有中国特色、比较系统的职业教育国家教学标准体系框架基本形成。该标准体系体现了以下几点特色：贯彻教育方针，体现国家意志；服务国家战略，契合产业发展；体现产教融合，促进就业创业；强调系统培养，推进终身学习；确保基本要求，鼓励特色创新。

高等职业院校会计专业教学标准由全国财政职业教育教学指导委员会组织制定，山西省财政税务专科学校牵头组建了由全国27所高等职业院校会计专业负责人、骨干教师和相关企业组成的会计专业教学标准制定工作组。工作组通过前期组织调研、召开研讨会、撰写调研报告和专业标准初稿、征求各高职院校意见、不断修正等过程，完成了高职会计专业教学标准的制定任务。新制定的高职会计专业教学标准呈现了规范性、前瞻性、权威性、普适性、科学性和先进性等特点，适应了经济发展和会计转型对高端技能型会计人才的需求，考虑了财务智能化等新技术的应用，满足了会计转型管理会计、财务业务一体化对会计职业人才宽口径的新要求。

高等教育出版社作为国家教学资源库平台建设和资源运营机构，以及国家精品在线开放课程项目优质平台“智慧职教”（www.icve.com.cn）和“爱课程”（www.icourses.cn）的提供者，结合新修订的高等职业院校会计专业教学标准，配套出版了“高等职业教育会计专业新专业教学标准配套规划教材”。该套教材作者集合了会计专业教学标准制定专家和在线开放课程优秀建设者等，教材内容全面反映了新修订后的会计专业教学标准，以及“营改增”、新会计准则等最新财税法规，实现了纸质教材与数字资源、在线开放课程一体化设计，利于教师开展“互联网+”式教学互动，将为新时代信息技术与教育教学深度融合，深化教学改革，提高教学质量，培养新时代会计专业人才提供强有力的支撑。

高等教育出版社

编写委员会

顾　　问：赵丽生　程淮中

主任委员：高翠莲

委　　员（按姓氏笔画排序）：

丁增稳　王　娜　牛秀粉　孔德兰　左桂云　伊　娜

刘　飞　孙莲香　杜学森　李　华　李　勇　杨　勇

杨则文　肖冰姝　何万能　佘　浩　张军平　张远录

张桂春　张瑞芳　陈　娟　陈　强　陈兴述　陈祥碧

郑楼英　钟爱军　侯乐鹏　贺旭红　倪成伟　高丽萍

郭　黎　梅　研　梁文涛　葛　军　董文秀

主编简介

陈　娟　会计学硕士，四川财经职业学院会计一系副主任。多年从事高职会计专业教学和研究工作，主讲“成本核算”“财务管理”等课程，熟悉高职会计专业教学规律和人才培养特点。主编、参编教材及教辅资料9部，在核心期刊公开发表论文数篇，参与高职会计专业国家教学资源库“成本核算”课题建设，参与省级精品课程2门。

杨　勇　副教授，四川财经职业学院会计一系主任。兼任四川省会计学会理事、四川省会计准则专家咨询委员会委员、四川省高级会计师评审专家。担任会计师、税务师、注册会计师、高级会计师的考前培训工作；参与企业集团、行政事业单位的财税实务工作，受聘担任多家企业集团财税咨询顾问，具有丰富的财税实务经验。近年来，公开发表论文12篇，主持完成四川省教育厅、四川省委统战部、四川省文化厅、四川省财政厅等科研课题5项，主编教材3部，具有较强的教学、科研和实践能力。

第二版前言

“财务管理”是会计职业的重要组成部分，也是高等职业教育会计专业教学的核心课程之一，是学生在学完会计核算类课程后所接触到的一门管理类课程。本课程的主要任务是：通过系统阐述财务管理的基本理论、基本方法和基本技能，帮助学生建立现代理财观念，使学生掌握现代理财方法，精通财务管理技能和技巧，并学会财务分析和业绩评价，培养学生运用相关理财观念和方法解决实际问题的能力，为学生今后走向社会，从事会计核算、财务管理和相关的经济管理工作打下坚实的基础。

本书的主要特色如下：

1. 本书以提升学生的学习兴趣为立足点。对知识学习的兴趣源自能感悟到知识在具体运用中所体现出来的价值，知识来源于实务也必须回归实务。本书各单元采用“引导案例”提出问题，利用“业务”学习解决问题的方法，通过“职业资格与技能同步练习”与“综合技能强化训练”解决实际问题。知识点安排按照财务管理活动的工作流程展开。知识的学习贯穿在一个个工作任务的解决过程中，将抽象的学习内容变得更加立体，更加直观，让学生的关注点从枯燥的知识点中解脱出来，着眼于解决实际问题，从而真正感受到学习的乐趣。

2. 本书特别增加了“做中学”“想一想”的环节，在典型“业务”讲授的基础上，对相同知识点进行适当提高，用“做中学”现场考核学生对知识的运用能力以及训练学生举一反三的能力。对某些知识点，通过“想一想”引导学生进行一些更加发散性的思考，实现对知识的深入理解。

3. 随着现代信息技术的不断发展，作为一个基本工具，Excel软件在财务管理中的运用越来越广泛，它的使用使财务管理工作变得高效、简洁、方便。本书在带领学生进行传统财务管理学习的基础上，特别增加了各种财务管理方法在Excel中的运用，引导学生认识Excel工具，启发学生充分利用Excel软件为财务管理工作服务。

本书由四川财经职业学院联合四川新希望集团共同开发，由四川财经职业学院陈娟和杨勇对全书进行总体设计和总纂，并担任主编，由西南石油大学马会起、重庆财经职业学院俞矜慎担任副主编。具体编写分工如下：第1单元由马会起编写；

第2单元由侯玉凤、杨勇编写；第3单元由王薇、马会起编写；第4单元由陈娟、马会起编写；第5、第6单元由王琳、俞矜慎编写；第7单元由袁敏编写；第8单元由李团团、杨勇编写；四川财经职业学院黄友、余坤和两位老师和四川新希望集团财务总监牟清华先生最后审定。

本书的编写与修订是伴随着对财务管理课程的改革进行的，我们将在教学中形成的一些思考和达成的一些共识集中体现在本书中，其中倾注了编写组成员的心血和对教育事业的无私付出。在此对他们表示感谢！

由于高职会计专业的课程改革还在不断地推进，大家对课程的理解和认识还存在差异，书中难免出现疏漏和不足，在此敬请广大读者和同仁们不吝赐教，以便修订完善。

编　者

2020年4月

第一版前言

“财务成本管理”是会计职业的重要组成部分，也是高等职业教育会计专业教学的核心课程之一，是学生在学完会计核算类课程后所接触到的一门管理类课程。本课程的主要任务是：通过系统阐述财务管理的基本理论、基本方法和基本技能，帮助学生建立现代理财观念，使学生掌握现代理财方法，精通财务管理技能和技巧，并学会财务分析和业绩评价，培养学生运用相关理财观念和方法解决实际问题的能力，为学生今后走向社会，从事会计核算、财务管理和相关的经济管理工作打下坚实的基础。

本书的主要特色是：

1. 在传统财务管理内容的基础上融入了管理会计的知识。管理会计与财务管理研究的对象均为价值运动，其研究目的也都是为了实现企业价值最大化。管理会计的本质是实施财务管理的一种工具和手段，服务于企业的财务管理活动。在高职教育学时有限（学制三年）的情况下，本书将二者进行融合，以“实用、够用”为原则，提取财务管理活动中最为核心和关键的知识和能力，实现对高职学生的财务成本管理能力的培养。

2. 本书以提升学生的学习兴趣为立足点。对知识学习的兴趣源自能感悟到知识在具体运用中所体现出来的价值，知识来源于实务也必须回归实务。本书各单元采用“引导案例”提出问题，利用“业务”学习解决问题的方法，通过“职业资格与技能同步练习”与“综合技能强化训练”运用所学知识解决实际问题。知识点安排按照财务管理活动的工作流程展开。知识的学习贯穿在一个个工作任务的解决过程中，将抽象的学习内容变得更加立体，更加直观，让学生的关注点从枯燥的知识点中解脱出来，着眼于解决实际问题，从而真正感受到学习的乐趣。

3. 本书特别增加了“做中学”“想一想”的环节，在典型“业务”讲授的基础上，对相同知识点进行适当提高，用“做中学”现场考核学生对知识的运用能力、训练学生举一反三的能力。对某些知识点，通过“想一想”引导学生进行一些更加发散性的思考，实现对知识的深入理解。

本书由四川财经职业学院联合四川新希望集团共同开发，由四川财经职业学院马会起和陈娟两位老师对全书进行总体设计和总纂，由四川财经职业学院黄友、余坤和两位老师和四川新希望集团财务总监牟清华先生最后审定。具体编写分工如下：第1单元由马会起、侯玉凤编写；第2单元由侯玉凤编写；第3单元由王薇、陈娟、马会起编写；第4单元由陈娟、马会起编写；第5单元由夏洪智编写；第6、第8单元由方海燕编写；第7单元由袁敏编写；第9单元由李团团编写；第10、第11单元由王琳编写。

本书的编写是伴随着对该课程的改革进行的，我们将在教学中形成的一些思考和达成的一些共识集中体现在本书中。教材的编写历时一年多，几经修改，其中倾注了编写组成员的心血和对教育事业的无私付出。在此对他们表示感谢！

由于高职会计专业的课程改革还在不断地推进，大家对课程的理解和认识还存在差异，书中难免出现疏漏和不足，在此敬请广大读者和同仁们不吝赐教，以便修订完善。

编　者

2014年11月

目录

第1单元

财务管理岗位认知

职业能力目标

专业能力：

通过财务管理内容的学习，了解企业的资金运动、各项财务活动以及内外部财务关系；通过理解四种财务管理目标的基本观点和各自优缺点，能够分析企业的财务管理目标是否科学、合理；通过财务管理环节的学习，了解财务管理活动开展的基本流程和工作内容；通过财务管理环境的学习，能够分析企业的内外部环境因素如何影响企业财务管理活动。

职业核心能力：

自我学习能力、分析及解决问题的能力、团队协作能力。

财务活动、财务关系、财务管理目标、财务管理环节、财务管理环境。

成也财务管理，败也财务管理[①]

财务管理在近数十年的发展过程中，在理论及实务上皆有长足进步，已从传统观念中的内勤支持角色，演变成企业经营活动中的重要一环。其成功及失败案例不胜枚举。

例如，美商GE集团，早期在传统的生产制造领域有着非凡的成就，使得该企业拥有卓越的融资理财能力，从而得以进军金融服务领域。如今，GE Capital已成为其事业体中发展最迅速、获利能力最强的企业集团。再比如，国内家电及汽车行业，以财务管理为工具，发展出分期付款与租赁等交易方式，促使其运营突破传统现货交易的范围，将未来的消费能力引入今日的营业收入中，既创造了财务收入，又带动了本行业的业务成长。

然而，“成也萧何，败也萧何”。财务管理的确具有上述积极效益，但不当的财务管理却也能给企业经营活动带来巨大的消极影响。

近年来，诸如美国雷曼公司、摩托罗拉、中信泰富公司、康美药业等，因不当的财务管理引发了一连串的企业经营危机，严重者更使企业一夕毁灭。

【引例分析】

财务管理是企业运营活动的加速器。善用财务管理可以促进企业快速发展，反之，财务管理失效也会加速企业破产。即成也财务管理，败也财务管理。因此，作为企业的经营管理者，必须充分认识财务管理的重要性，在正确掌握财务管理知识的基础上，妥善运用财务管理工具，以发挥财务管理的积极作用。

1.1 财务管理内容

企业财务管理就是针对“企业财务”所实施的管理，其管理对象是企业在生产经营过程中客观存在的资金运动及其在资金运动中所体现的各种经济利益关系。我们将前者称为财务活动，后者称为财务关系。财务管理以资金及其运动为对象，因此，要想了解财务管理，就必须从资金及其运动入手。

① 改编自：使财务管理成为企业营运中的加速器．管理杂志．2003（9）.

1.1.1 企业资金和资金运动

1. 资金及其形态

资金是企业生产经营过程中各种财产物资的货币表现，它存在于企业运行的每个环节，具有各种不同的表现形态：

（1）货币资金，是指企业以现金、银行存款或其他可用于结算和支付形态存在的资金。企业因采购物资、发放工资、偿还债务等原因，必须持有适量的货币资金。

（2）固定资金，是指企业固定资产所占用的资金。企业为组织生产，必须拥有厂房、设备等资源，这些长期资产占用的资金就成为固定资金。

（3）储备资金，是指企业在各种材料物资上占用的资金。持有一定的材料物资是企业生产得以进行的必要前提。

（4）生产资金，是指企业在生产过程中占用的资金。生产资金通常由储备资金、固定资金和其他形式资金转化而来，是生产连续进行的必要环节。

（5）成品资金，又称为商品资金，是企业在产成品上占用的资金。产成品是企业生产过程的终点，也是企业销售活动开展的前提。

（6）金融商品资金，是指企业在金融商品上占用的资金，如购买债券、股票等所进行的投资。

以上各种资金形态存在于企业完整的生产经营过程中，构成企业设立、生存和发展的物质基础。

2. 资金运动

资金运动是指存在于企业生产经营过程中的有关资金的投入、循环周转和退出等活动的总称，是企业生产经营过程的价值体现。资金在企业中的运动过程如图1-1所示。

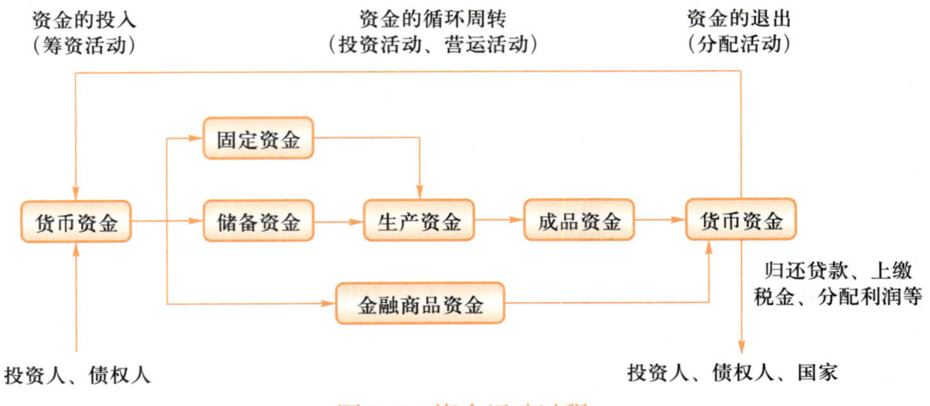

图1-1 资金运动过程

资金运动的起点源自资金的投入。企业通过各种渠道获取资金，如投资者的投入或债权人的借入。投入的资金首先以货币资金的形态存在于企业中，成为企业经营的基础。企业运行的最终目的在于获利，而为了实现这一目的，资金的运动具体表现为实物商品资金运动和金融商品资金运动两个方面。

实物商品资金运动是指以产品生产过程为基础的资金运动。在这一过程中，资金从货币资金开始依次经过供应、生产、销售三个阶段，最终又回到货币资金。伴随着这一过程，资金形态不断地转化。在供应阶段，企业用现金、银行存款购买原材料，货币资金转化为储备资金；在生产阶段，材料投入生产，当在产品形成时，储备资金转化为生产资金，而当在产品被进一步加工为产成品时，生产资金又转化为了成品资金；在销售阶段，由于产品的对外销售、货款的收回，成品资金转化为了增值的货币资金。

金融商品资金运动是指企业在金融市场上买卖各种有价证券（如股票、债券等）的活动，是企业获利的另一途径。伴随着金融商品的购买，货币资金转化为金融商品资金。而伴随着金融商品的出售，金融商品资金又转化为更多的货币资金。

无论是实物商品资金运动还是金融商品资金运动，资金运动的结果都实现了资金增值的要求。而这一从货币资金开始到增值了的货币资金结束的运动过程，被称为资金的循环。当企业资金周而复始不断循环时，称为资金的周转。

在企业中不断循环周转的资金也可能因为一些原因退出企业，如上缴税费、分配利润、偿还负债等，我们将这一活动称为资金的退出。

企业的运行正是伴随着资金从投入、到循环周转、再到退出的不断运动，并最终不断发展壮大。

1.1.2 企业财务活动

企业的财务活动围绕着资金运动展开，是为组织资金运动、保证资金运动顺利进行而实施的管理活动。具体来讲，企业的财务活动包括四个方面的内容。

1. 筹资活动

筹资活动是企业发生的与资金筹集相关的各项活动。从资金来源看，筹资活动包括了权益资金的筹集和债务资金的筹集两方面。前者主要来源于投资者的投入，而后者主要来源于向债权人的借贷。从资金的流向看，筹资活动又包括了资金的流入和流出两种活动。当企业筹集资金时，资金流入；当企业偿还借款，支付利息、股利以及支付各种筹资费用时，资金流出。

2. 投资活动

投资活动是指企业根据项目需要投出资金的行为。企业筹集资金后所面临的问题是如何

合理地运用资金以谋求最大的经济利益，而投资是解决这一问题的途径。

企业投资有广义和狭义之分。广义的投资包括对外投资（如投资购买其他公司股票、债券，或与其他企业联营，或投资于外部项目）和对内投资（如购置固定资产、无形资产、流动资产等）；狭义的投资仅指对外投资。无论是对外投资还是对内投资，都会伴随着资金的流出；而当企业收回投资时，则会产生资金的流入。

3. 营运活动

营运活动是指企业日常生产经营中发生的一系列资金收付行为。企业在日常生产经营活动中，会发生一系列的资金收付行为。当企业用资金补偿由于生产经营过程中所发生的各项耗费，如采购材料或商品、支付工资和其他营业费用时，会引起资金流出企业；而当产品实现销售、收回货款时，又会引发资金流入企业。

4. 分配活动

分配活动是指企业将通过投资和营运活动所取得的收益，按照法律规定的程序进行分配的行为。它包括上缴税款、留存积累、向投资者分配等一系列活动。

分配活动是企业资金运动前一阶段的终点和后一阶段的起点，是企业资金不断循环周转的重要条件。企业实现利润会引起资金的流入，而分配利润则会引起资金的流出。

筹资、投资、营运和分配活动贯穿于企业经营的始终。此四项活动并非孤立、互不相关，而是相互依存、相互制约，共同构成了完整的企业财务活动体系，也构成了财务管理活动的基本内容之一。

1.1.3 企业财务关系

企业财务关系是指企业在组织财务活动过程中与各有关方面发生的经济利益关系。在企业的筹资、投资、营运和分配活动中，企业与内部、外部各方面发生着千丝万缕的联系，只有处理好各种财务关系，才能保证企业资源的优化配置和财务活动的正常运行，而这也成为财务管理者另一项重要的工作。具体来说，企业需要处理好外部和内部两方面的财务关系。

1. 企业外部财务关系

（1）企业与政府之间的财务关系。主要是指政府作为社会管理者，强制和无偿参与企业分配，同时对企业承担社会道义、实施各项财政经济政策所形成的经济关系。

（2）企业与投资者之间的财务关系。主要是指企业的投资者向企业投入资金以及企业向投资者支付投资报酬所形成的经济关系。

（3）企业与被投资者之间的财务关系。主要是指企业以购买股票或直接投资的形式向其他企业投资所形成的经济关系。企业应该按约履行出资义务，并依法享有分享利润和经营管理的权利。

（4）企业与债权人之间的财务关系。主要是指企业向债权人借入资金，并按合同的规定支付利息和归还本金所形成的经济关系。

（5）企业与债务人之间的财务关系。主要是指企业将其资金以购买债券、提供借款或商业信用等形式出借给其他单位所形成的经济关系。

（6）企业与供货商之间的财务关系。主要是指企业购买供货商的商品或接受其服务所形成的经济关系。

（7）企业与客户之间的财务关系。主要是指企业与客户互相提供产品、劳务所形成的经济关系。

2. 企业内部财务关系

（1）企业内部各单位之间的财务关系。主要是指企业内部各单位之间在生产经营各环节中相互提供产品或劳务所形成的经济关系。

（2）企业与职工之间的财务关系。主要是指企业接受职工的劳动并向职工支付劳动报酬过程中所形成的经济关系。

综上所述，企业财务管理着眼于由于资金运动而产生的企业各种财务活动和财务关系，利用特有的管理方法和手段，帮助企业实现经营目标，这也是现代财务管理核心职能的体现。

1.2 财务管理目标

财务管理目标又称理财目标，是企业财务管理活动所希望实现的结果。它是评价企业理财活动是否合理、有效的基本标准，是企业财务管理工作的行为导向。科学地设置财务管理目标，对优化理财行为、实现财务管理的良性循环具有重要的意义。随着财务管理理论研究的不断深入，财务管理目标也在不断丰富和发展，到目前为止，企业财务管理目标主要有以下几种最具有代表性的观点。

1.2.1 利润最大化目标

利润最大化就是假定企业财务管理以实现利润最大化为目标。这种观点认为：利润代表

了企业新创造的财富，利润越多则说明企业的财富增加得越多，而对于以获利为最终目的的企业而言，这也越接近企业的整体目标的实现。

利润最大化目标的主要优点在于激励企业为了追求利润最大化而加强管理、改进技术、提高劳动生产率、降低产品成本、提高经济效益。

以利润最大化作为财务管理目标也存在很多缺陷：其一，没有考虑利润实现时间和资金时间价值，例如，今年获利300万元和5年后获利300万元的实际价值是不一样的，若不考虑货币的时间价值，就难以做出正确的判断；其二，没有考虑风险因素，高额利润往往要承担过大的风险；其三，没有反映所获利润与投入资本之间的关系，因而不利于不同资本规模的企业或同一企业不同时期之间的比较；其四，片面追求利润最大化，可能导致企业短期行为，与企业总体目标相背离。

1.2.2 股东财富最大化目标

股东财富最大化认为增加股东财富是财务管理的目标。这种观点认为：股东创办企业的目的是追逐财富，如果企业不能为股东创造价值，他们就不会再为企业提供资金，因此，财务管理要通过财务上的合理经营，为股东带来最多的财富。

对于上市公司而言，股东财富是由其所拥有的股票数量和股票市场价格两方面决定的，在股票数量一定时，股票价格达到最高，股东财富也就达到最大。因此，股东财富最大化也可以表示为股票价格最大化。

与利润最大化目标相比，股东财富最大化目标有其积极的方面：其一，科学地考虑了风险因素，因为股价通常会对风险作出较敏感的反应。其二，在一定程度上能避免企业短期行为，因为不仅目前的利润会影响股票价格，预期未来的利润同样会对股价产生重要影响；对上市公司而言，股东财富最大化目标比较容易量化，便于考核和奖惩。

但股东财富最大化也存在比较突出的缺陷：其一，适用范围存在限制，不具有普遍的代表性。该目标通常只适用于上市公司，非上市公司则很难适用。其二，股价由于受多种因素影响，并不能完全准确地反映企业的财务管理状况。其三，片面强调股东的利益，而对其他相关者的利益却重视不够。

1.2.3 企业价值最大化目标

企业价值就是企业的市场价值，是企业所能创造的预计未来现金流量的现值，它反映了企业潜在的或预期的获利能力和成长能力。**这种观点认为：企业应通过采用最优的财务政策，**

充分考虑资金的时间价值和风险与报酬的关系，在保证企业长期稳定发展的基础上使企业总价值达到最大。

以企业价值最大化作为财务管理目标，具有以下优点：其一，考虑了取得报酬的时间，并用时间价值的原理进行了计量；其二，考虑了风险与报酬的关系；其三，将企业长期、稳定的发展和持续的获利能力放在首位，能克服企业在追求利润上的短期行为；其四，用价值代替价格，克服了价格过多受外界因素干扰的不足，有效地规避了企业的短期行为。

但是，以企业价值最大化作为财务管理目标也存在问题，突出表现在企业的价值过于理论化，不易量化。对于上市公司，期望用股票价值替代企业价值，但事实上股价的变化受多种因素的共同作用，特别是在资本市场效率低下的情况下，股票价格很难反映企业的真实价值；对于非上市公司，只有对企业进行专门的评估才能确定其价值，而在评估企业的资产时，由于受评估标准和评估方式的影响，也很难做到客观和准确。

1.2.4 相关者利益最大化目标

相关者利益最大化目标的观点认为：现代企业是一个由多个利益相关者组成的集合体，企业的利益相关者不仅包括股东，还包括债权人、企业经营者、客户、供应商、员工、政府等。**因此，在确定企业财务管理目标时，不能忽视这些相关群体的利益，而应从更广泛、更长远的角度来考虑一个更为合适的理财目标，这就是相关者利益最大化目标。**

相关者利益最大化目标的具体内容包括如下几个方面：第一，强调风险与报酬的均衡，将风险限制在企业可以承受的范围内；第二，强调股东的首要地位，并强调企业与股东之间的协调关系；第三，强调对代理人即企业经营者的监督和控制，建立有效的激励机制以便企业战略目标的顺利实施；第四，关心本企业普通职工的利益，创造优美、和谐的工作环境和提供合理、恰当的福利待遇，利于职工长期努力为企业工作；第五，不断加强与债权人的关系，培养可靠的资金供应者；第六，关心客户的长期利益，以便保持销售收入的长期稳定增长；第七，加强与供应商的协作，共同面对市场竞争，并注重企业形象的宣传，遵守承诺，讲究信誉；第八，保持与政府部门的良好关系。

以相关者利益最大化作为财务管理目标，具有以下优点：其一，注重企业在发展过程中考虑并满足各利益相关者的利益，有利于企业长期稳定发展；其二，体现了合作共赢的价值理念，有利于实现企业经济效益和社会效益的统一；其三，多元化、多层次的目标体系能够较好地兼顾各利益主体的利益，在使股东利益达到最大化的同时，也使其他利益相关者利益达到最大化；其四，体现了前瞻性和现实性的统一。

综上所述，本书认为，相关者利益最大化是企业财务管理最理想的目标。

1.3 财务管理环节

财务管理环节是指财务管理的工作步骤与一般工作流程。明确开展工作的具体程序，将有利于更好地运用财务管理的各种管理工具实施管理活动。一般而言，企业财务管理活动包含财务预测、财务决策、财务预算、财务控制、财务分析和财务考核六个环节。

1.3.1 财务预测

财务预测是根据财务活动的历史资料，考虑现实的要求和条件，对企业未来的财务活动和财务成果作出科学的预计和测算。财务预测是财务管理的一项重要工作，其作用在于提高财务管理的预见性，避免盲目性，争取最优效果。

财务预测的主要内容包括：筹资预测、投资预测、收入预测、费用预测、股利分配预测、现金流量预测等。

1.3.2 财务决策

财务决策是指财务人员按照财务目标的总体要求，利用专门方法对各种备选方案进行比较分析，并从中选出最佳方案的过程。财务决策是财务管理的核心，财务管理效果的优劣很大程度上取决于财务决策的成败。

财务决策主要包括以下工作环节：确定决策目标，提出备选方案，选择最优方案。

1.3.3 财务预算

财务预算是指企业根据各种预测信息和各项财务决策确立的预算指标和编制的财务计划。财务预算是财务预测、财务决策的具体化，是进一步控制财务活动的依据。

财务预算一般包括以下环节：分析财务环境，确定预算指标；协调财务能力，组织财务平衡；选择预算方法，编制财务预算。

1.3.4 财务控制

财务控制是指在财务管理过程中利用相关信息和特定的方法，对企业具体财务活动所施

加的影响或进行的具体调节行为，以保证财务计划的实现。财务控制与财务计划紧密相连，财务计划是财务控制的重要依据，财务控制是财务计划执行的重要手段。

财务控制按照实施控制的具体时间可分为三项控制：事前控制、事中控制和事后控制。

1.3.5 财务分析

财务分析是指根据财务报表等有关资料，运用特定方法，对企业财务活动过程及其结果进行分析和评价的一项工作。财务分析既是对已完成的财务活动的总结，也是财务考核的依据，在财务管理的工作循环中起着承上启下的作用。

1.3.6 财务考核

财务考核是指将报告期实际完成数与规定的考核指标进行对比，确定有关责任单位和个人完成任务的过程。财务考核与奖惩紧密联系，是贯彻责任制原则的要求，也是构建激励与约束机制的关键环节。

财务管理的各环节是相互联系的整体，财务预测是财务决策的依据，财务决策是财务管理的核心，财务预算是财务预测和财务决策的具体化，财务控制是实施财务预算的保证，财务分析与考核可以改善财务预测、决策、预算和控制，不断改进财务管理方法，提高企业经济效益。

以上六大环节相互联系、相互配合，形成周而复始的财务管理循环过程，构成完整的财务管理活动体系。

1.4 财务管理环境

财务管理环境又称理财环境，是对企业财务活动和财务管理产生影响作用的企业内外各种条件的总称。企业财务活动在相当大程度上受理财环境的制约，生产、技术、供销、市场、物价、金融、税收等因素的变化，对企业财务活动都有重大影响。因此，只有在理财环境的各种因素作用下实现财务活动的协调平衡，企业才能生存和发展。研究理财环境，有助于理

性而科学地制定各种管理策略。按照环境存在的空间，企业的理财环境可以分为内部环境和外部环境两部分。

1.4.1 内部环境

内部环境是指存在于企业内部、企业可以采取一定的措施加以控制和改变的各种因素，包括企业组织形式、企业财务管理体制等。

1. 企业组织形式

企业组织形式是指企业财产及其社会化大生产的组织状态，它表明一个企业的财产构成、内部分工协作与外部社会经济联系的方式。典型的企业组织形式有三种：一是独资企业，即由一个自然人投资依法设立，财产为投资人个人所有，投资人以其个人财产对企业债务承担无限责任的经营实体；二是合伙企业，即自然人、法人和其他组织依法设立，由两个或两个以上的合伙人订立合伙协议，共同出资，合伙经营，共享收益，共担风险，并对合伙债务承担无限连带责任的营利组织；三是公司制企业，即依照公司法登记设立，以其全部法人财产，依法自主经营、自负盈亏的企业法人。不同的企业组织形式对企业理财的内容和难易程度都有不同的影响。其中，独资企业主要利用自己的资金，信用能力较低，筹资、投资和收益分配都很单一，财务管理活动最为简单；公司制企业由于其资金来源、资金运用、盈余分配的内容最为丰富，因此其财务管理活动也最为复杂。本书所讲的财务管理主要是指公司制企业的财务管理。

2. 企业财务管理体制

企业财务管理体制是指在特定经济环境下正确处理企业同各利益主体经济利益关系的制度和规范。按其集权化的程度可分为集权式财务管理体制、分权式财务管理体制和混合式财务管理体制。集权式财务管理体制表现为一种高度集中的财务管理体制，它是将企业资金、成本和利润及其分配的控制权限高度集中在公司最高管理层，公司的中下层没有任何决策、支配及控制权，只有有限的管理权限。这种责、权、利不对称的管理体制不利于调动中下层管理者的积极性。分权式财务管理体制，有利于调动企业内部各级经营管理者和责任单位的积极性，便于把企业内部各部门、各单位的资金、成本同其工作业绩直接挂钩，便于实现责、权、利的统一。但这种体制对涉及全局性的重大决策难以协调，不利于企业统一处理对外关系和统一研究战略规划。混合式财务管理体制，即适度的集权与适度的分权相结合的财务管理体制。恰当的集权与分权相结合既能发挥公司高层的财务调控职能，又能激发中下层的积极性和创造性，所以它是一种较为理想的管理体制。

企业财务管理体制是构建特定企业财务运行机制的前提和基础。企业在选择财务管理体制时，应根据企业的规模、经营特点和市场环境，结合企业的组织形式，有针对性地选择集权式、分权式或混合式的财务管理体制。

1.4.2 外部环境

外部环境是指存在于企业外部，通常企业难以控制和改变，更多的是需要适应和因势利导的影响因素，包括企业所处经济环境、法律环境、金融环境以及技术环境等。

1. 经济环境

在影响财务管理的各种外部环境中，经济环境是最为重要的。经济环境内容十分广泛，具体又包括经济周期、经济发展水平、宏观经济政策、通货膨胀等。

（1）经济周期。市场经济条件下，经济发展与运行带有一定的波动性。大体上经历复苏、繁荣、衰退和萧条几个阶段的循环，这种循环叫做经济周期。在不同的经济周期，企业应采用不同的财务管理战略。资本主义经济周期是人所共知的现象，西方财务学者曾探讨了经济周期中的财务管理战略。现择其要点归纳如表1-1所示。

表1-1　经济周期中的财务管理战略

复苏	繁荣	衰退	萧条
增加厂房设备	扩充厂房设备	停止扩张	建立投资标准
实行长期租赁	继续建立存货	出售多余设备	保持市场份额
建立存货	提供产品价格	停产不利产品	压缩管理费用
开发新产品	开展营销规划	停止长期采购	放弃次要利益
增加劳动力	增加劳动力	削减存货	削减存货
		停止扩招雇员	裁减雇员

我国的经济发展与运行也呈现出其特有的周期特征，带有一定的经济波动。过去曾经历过若干次从投资膨胀、生产高涨到控制投资、紧缩银根和正常发展的过程，从而促进了经济的发展。企业的筹资、投资和资产运营等理财活动都要受这种经济波动的影响。比如在治理紧缩时期，社会资金十分短缺，利率上涨，会使企业的筹资非常困难，甚至影响企业的正常生产经营活动。相应地，企业的投资方向会因为利率的上涨而转向货币存款或贷款。此外，由于国际经济交流与合作的发展，西方的经济周期影响也不同程度地波及我国。因此，企业财务人员必须认识到经济周期的影响，掌握在经济发展波动中的理财本领。

（2）经济发展水平。经济发展水平对理财有重大影响。经济发展速度的快慢，国民经济的繁荣与衰退首先会影响市场对企业产品的需求。市场对企业产品的需求减少，会导致销售额下降，销售额减少会阻碍现金的流转，产品积压不能变现，则必须筹资或变卖资产以维持企业经营；市场对企业产品的需求增加，会导致销售额增加，销售额增加会引起企业存货的枯竭，则必须筹资扩大生产经营规模。

近年来，我国的经济保持高速的增长，各项建设方兴未艾。这不仅给企业扩大规模、调整方向、打开市场以及拓宽财务活动的领域带来了机遇。同时，由于高速发展中的资金短缺将长期存在，又给企业的财务管理带来了严峻的挑战。因此，企业财务管理工作者必须积极探索与经济发展水平相适应的财务管理模式。

（3）宏观经济政策。我国经济体制改革的目标是建立社会主义市场经济体制，以进一步解放和发展生产力。在这个总目标的指导下，我国已经并正在进行财税体制、金融体制、外贸体制、价格体制、投资体制、社会保障制度、会计准则体系等各项改革。所有这些改革措施，都深刻地影响着我国的经济发展，也深刻地影响着我国企业的发展和财务活动的运行。如金融政策中的货币发行量、信贷规模都能影响企业投资的资金来源和投资的预期收益；财税政策会影响企业的资金结构和投资项目的选择等；价格政策能影响资金的投向和投资的回收期及预期收益；会计准则的改革会影响会计要素的确认和计量，进而对企业财务活动的事前预测、决策及事后的评价产生影响等。可见，经济政策对企业财务的影响是非常大的。这就要求企业财务人员必须把握经济政策，更好地为企业的经营理财活动服务。

（4）通货膨胀。通货膨胀对企业财务活动的影响是多方面的。主要表现在以下方面：引起资金占用的大量增加，从而增加企业的资金需求；引起企业利润虚增，造成企业资金由于利润分配而流失；引起利润上升，加大企业的权益资金成本；引起有价证券价格下降或造成资金供应紧缺，增加企业的筹资难度。

为了减轻通货膨胀对企业造成的不利影响，企业应当采取措施予以防范。例如，在通货膨胀初期，货币面临着贬值的风险，这时企业进行投资可以避免风险，实现资本保值；与客户签订长期购货合同；取得长期负债。在通货膨胀持续期，企业可以采用比较严格的信用条件，减少企业债权；调整财务政策，防止和减少企业资本流失等。

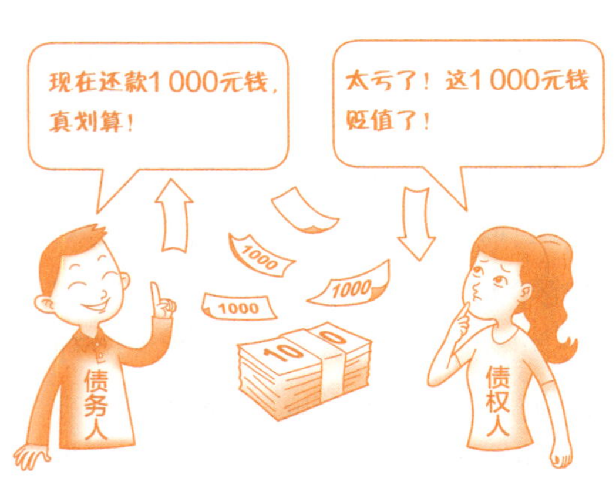

2. 法律环境

财务管理的法律环境是指企业和外部发生经济关系时所应遵守的各种法律、法规和规章。

企业的理财活动，无论是筹资、投资还是利润分配，都要和企业外部发生经济关系。在处理这些经济关系时，应当遵守有关的法律规范。例如，组建不同类型的企业要依据不同的法律规范，包括《中华人民共和国公司法》《中华人民共和国个人独资企业法》《中华人民共和国合伙企业法》《中华人民共和国外资企业法》等，这些法律法规既是企业的组织法，又是企业的行为法。又比如，任何企业都有法定的纳税义务，因此财务人员应当熟悉《中华人民共和国税收征收管理法》《中华人民共和国增值税暂行条例》《中华人民共和国企业所得税法实施条例》等国家税收法律的规定，不仅要了解各种税的计征范围、计征依据和税率，而且要了解差别税率的制定精神，以及减税、免税的原则规定，自觉按照税收政策导向进行经营活动和财务活动。除上述法律规范外，与企业财务管理有关的其他经济法律规范还有许多，包括各种证券法律规范、结算法律规范、合同法律规范等。财务人员要熟悉这些法律规范，在守法的前提下完成财务管理的职能，实现企业的财务目标。

3. 金融环境

企业总是需要资金从事投资和经营活动。而资金的取得，除了自有资金外，主要从金融机构和金融市场取得。金融政策的变化必然会影响企业的筹资、投资、营运及分配活动。例如，当市场利率上升、汇率下降或者政府控制货币发行时，企业筹资会变得困难，整个金融市场筹资成本和风险会对企业不利。而此时投资方向主要是通过存款或贷款以获取高利。随着国家货币政策的调整，企业营运资金的占有量、周转率等也将发生相应的变化。从紧的货币政策下，极易出现原材料供应紧张、价格上涨，应收账款数额增加，流动资金周转速度放慢的现象。企业需要随时做好调整，积极应对。在分配活动中，由于此时筹资困难，企业会考虑扩大留存利润，减少分配，以应对未来的资金需求。

4. 技术环境

财务管理的技术环境，是指财务管理得以实现的技术手段和技术条件，它决定着财务管理的效率和效果。目前，我国进行财务管理所依据的会计信息是通过会计系统所提供的，占企业经济信息总量的60%~70%。在企业内部，会计信息主要是提供给管理层决策使用；而在企业外部，会计信息则主要是为企业的投资者、债权人等提供服务。

目前，我国正在全面推进会计信息化工作，全力打造会计信息化人才队伍，基本实现大型企事业单位会计信息化与经营管理信息化的融合。例如，“财务共享服务中心”平台的运用，可以进一步提升企事业单位的管理水平和风险防范能力，做到数出一门、资源共享，便于不同信息使用者获取、分析和利用会计信息，进行投资和相关决策。而且，信息技术的快速发展和现代商业环境的巨大变化，使得财务人员的工作不再仅仅是对业务的事后核算和监督，而是从价值角度对前台业务进行事前预测与规划，分析业务活动的绩效，并将这些重要的信息向具体业务人员反馈，从而为其决策提供参考，财务人员扮演着策略咨询专家的角色。

由此，现代信息技术的发展也要求企业财务、业务、信息技术三位一体做到有机结合，实现企业“业财融合”。通过全面推进会计信息化工作，必将促使企业财务管理的技术环境进一步完善和优化。

单元小结

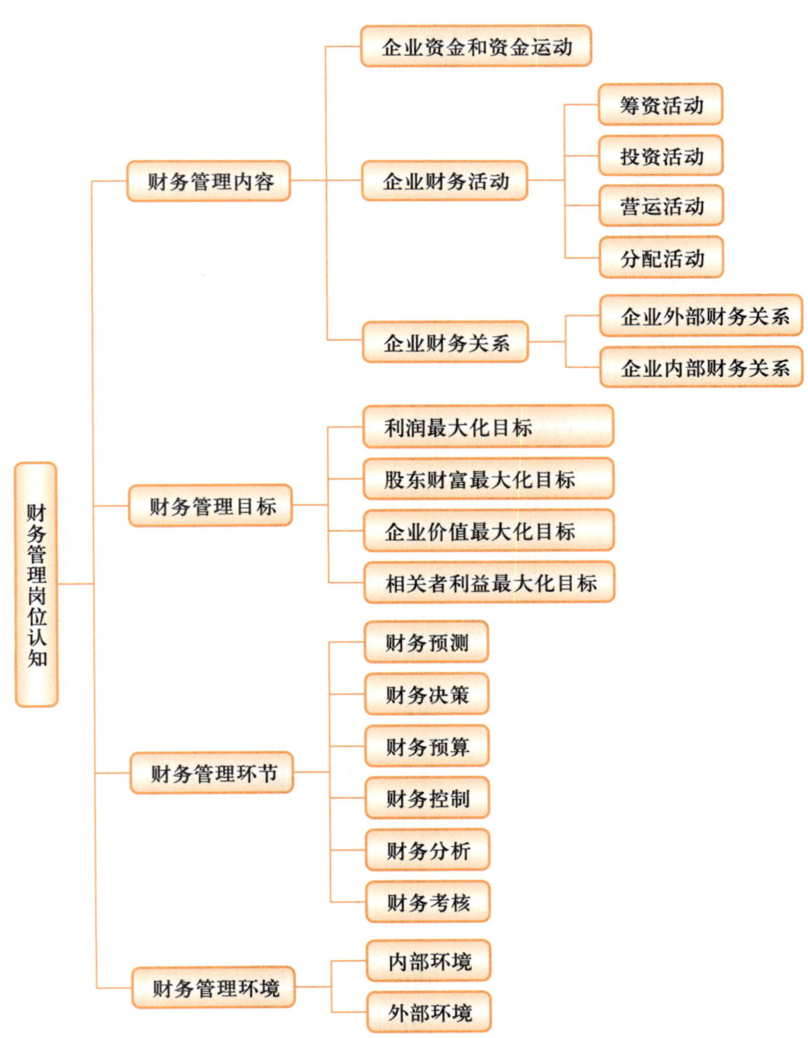

职业资格与技能同步练习

一、单项选择题

1.（　　）是企业资金运动的起点。

A. 筹资活动　　B. 投资活动

C. 资金营运活动　　D. 资金分配活动

2. 企业投资可以分为广义投资和狭义投资，狭义投资仅指（　　）。

A. 固定资产投资　　B. 证券投资

C. 对内投资　　D. 对外投资

3. 投资者与企业之间的关系主要体现为（　　）。

A. 投资与被投资关系

B. 债权债务关系

C. 管理与被管理的关系

D. 相互提供商品与劳务的关系

4. 现代财务管理的最优目标是（　　）。

A. 利润最大化　　B. 企业价值最大化

C. 股东财富最大化　　D. 相关者利益最大化

5. 股东财富最大化目标的缺点是（　　）。

A. 没有考虑风险因素

B. 不容易量化

C. 容易导致企业在追求利润上的短期行为

D. 只强调股东的利益，而对企业其他关系人的利益重视不够

6. 企业价值最大化目标强调的是（　　）。

A. 预期获利能力　　B. 实际利润额

C. 实际投资利润率　　D. 实际投入资金

7. 在市场经济条件下，财务管理的核心是（　　）。

A. 财务预测　　B. 财务决策

C. 财务控制　　D. 财务预算

8.（　　）是指在财务管理过程中利用相关信息和特定的方法，对企业具体财务活动所施加的影响或进行的具体调节行为，以保证财务计划的实现。

A. 财务决策　　B. 财务预算

C. 财务控制　　D. 财务分析

9. 在影响财务管理的各种外部环境中，（　　）是最为重要的。

A. 政治环境　　B. 法律环境

C. 经济环境　　D. 金融环境

10. 关于通货膨胀对企业财务活动的影响说法不正确的是（　　）。

A. 资金占用的增加，资金需求量增加　　B. 企业利润虚减

C. 权益资金成本增加　　D. 有价证券价格下降，筹资难度增加

二、多项选择题

1. 企业的财务活动主要包括（　　）。

A. 筹资活动　　B. 投资活动

C. 营运活动　　D. 分配活动

2. 狭义的投资包括（　　）。

A. 与其他企业联营　　B. 购买无形资产

C. 购买国库券　　D. 购买固定资产

3. 下列各项中属于资金营运活动的有（　　）。

A. 采购材料　　B. 支付工资

C. 收回货款　　D. 支付现金股利

4. 下列属于企业内部财务关系的有（　　）。

A. 企业与投资者　　B. 企业与债权

C. 企业各部门之间　　D. 企业与职工

5. 利润最大化不是企业最优的财务管理目标，其原因有（　　）。

A. 没有考虑利润实现时间　　B. 没有考虑风险问题

C. 计量比较困难　　D. 可能导致企业短期行为

6. 与利润最大化目标相比，股东财富最大化目标的积极方面表现在（　　）。

A. 股价能够完全准确地反映企业的财务管理状况

B. 科学考虑风险因素

C. 适用范围广

D. 在一定程度上能避免企业短期行为

7. 以相关者利益最大化作为财务管理目标的优点包括（　　）。

A. 有利于企业长期稳定发展

B. 体现了合作共赢的价值理念

C. 有利于实现企业经济效益和社会效益的统一

D. 体现了前瞻性和现实性的统一

8. 企业财务管理的环节包括（　　　　）。

A. 财务预测　　　　B. 财务决策

C. 财务预算　　　　D. 财务控制

9. 下列关于财务管理环节之间关系的描述，正确的有（　　　　）。

A. 财务预算是财务决策的依据

B. 财务控制是财务管理的核心

C. 财务预算是财务预测和财务决策的具体化

D. 财务控制是实施财务预算的保证

10. 影响企业财务管理的经济环境因素主要包括（　　　　）。

A. 企业组织形式　　　　B. 经济周期

C. 经济发展水平　　　　D. 宏观经济政策

综合技能强化训练

雷曼兄弟破产对企业财务管理目标选择的启示①

【背景资料】

2008年9月15日，拥有158年悠久历史的美国第四大投资银行——雷曼兄弟（Lehman Brothers）公司正式申请依据以重建为前提的美国联邦破产法第11章所规定的程序破产，即所谓的破产保护。雷曼兄弟公司，作为曾经在美国金融界叱咤风云的巨人，在此次爆发的金融危机中也无奈破产，这不仅与过度的金融创新和乏力的金融监管等外部环境有关，也与雷曼兄弟公司本身的财务管理目标有着某种内在的联系。

一、股东财富最大化：雷曼兄弟公司财务管理目标的现实选择

雷曼兄弟公司正式成立于1850年，在成立初期，公司主要从事利润比较丰厚的棉花等商品的贸易，公司性质为家族企业，且规模相对较小，其财务管理目标自然是利润最大化。在雷曼兄弟公司从经营干洗、兼营小件寄存的小店逐渐转型为金融投资公司的同时，公司的

① 资料来源：刘胜强，卢凯，程惠峰．雷曼兄弟破产对企业财务管理目标选择的启示．财务与会计，2009（23）.

性质也从一个地道的家族企业逐渐成长为在美国乃至世界都名声显赫的上市公司。由于公司性质的变化，其财务管理目标也随之由利润最大化转变为股东财富最大化。其原因至少有：（1）美国是一个市场经济比较成熟的国家，建立了完善的市场经济制度和资本市场体系，因此，以股东财富最大化为财务管理目标能够获得更好的企业外部环境支持；（2）与利润最大化的财务管理目标相比，股东财富最大化考虑了不确定性、时间价值和股东资金的成本，无疑更为科学和合理；（3）与企业价值最大化的财务管理目标相比，股东财富最大化可以直接通过资本市场股价来确定，比较容易量化，操作上显得更为便捷。因此，从某种意义上讲，股东财富最大化是雷曼兄弟公司财务管理目标的现实选择。

二、雷曼兄弟公司破产的内在原因：股东财富最大化

股东财富最大化是通过财务上的合理经营，为股东带来最多的财富。当雷曼兄弟公司选择股东财富最大化为其财务管理目标之后，公司迅速从一个名不见经传的小店发展成为闻名于世界的华尔街金融巨头，但同时，由于股东财富最大化的财务管理目标利益主体单一（仅强调了股东的利益）、适用范围狭窄（仅适用于上市公司）、目标导向错位（仅关注现实的股价）等原因，雷曼兄弟公司最终也无法在此次百年一遇的金融危机中幸免于难。股东财富最大化对于雷曼兄弟公司来说，颇有“成也萧何，败也萧何”的意味。

1. 股东财富最大化过度追求利润而忽视经营风险控制是雷曼兄弟公司破产的直接原因

在利润最大化的财务管理目标指引之下，雷曼兄弟公司开始转型经营美国当时最有利可图的大宗商品期货交易，其后，公司又开始涉足股票承销、证券交易、金融投资等业务。1899年至1906年的七年间，雷曼兄弟公司从一个金融门外汉成长为纽约当时最具影响力的股票承销商之一。其每一次业务转型都是资本追逐利润的结果，然而，由于公司在过度追求利润的同时忽视了对经营风险的控制，从而最终为其破产埋下了伏笔。雷曼兄弟公司破产的原因，从表面上看是美国过度的金融创新和乏力的金融监管所导致的全球性的金融危机，但从实质上看，则是由于公司一味地追求股东财富最大化，而忽视了对经营风险进行有效控制的结果。其对合成CDO（担保债务凭证）和CDS（信用违约互换）市场的深度参与，而忽视CDS市场4倍于美国GDP的巨大风险，是雷曼兄弟公司轰然倒塌的直接原因。

2. 股东财富最大化过多关注股价而使其偏离了经营重心是雷曼兄弟破产的推进剂

股东财富最大化认为，股东是企业的所有者，其创办企业的目的是扩大财富，因此企业的发展理所当然应该追求股东财富最大化。在股份制经济条件下，股东财富由其所拥有的股票数量和股票市场价格两方面决定，而在股票数量一定的前提下，股东财富最大化就表现为股票价格最高化，即当股票价格达到最高时，股东财富达到最大。为了使本公司的股票在一个比较高的价位上运行，雷曼兄弟公司自2000年始连续七年将公司税后利润的92%用于购买自己的股票，此举虽然对抬高公司的股价有所帮助，但同时也减少了公司的现金持有量，降

低了其应对风险的能力。另外，将税后利润的92%全部用于购买自己公司而不是其他公司的股票，无疑是选择了“把鸡蛋放在同一个篮子里”的投资决策，也不利于分散公司的投资风险；过多关注公司股价短期的涨和跌，也必将使公司在实务经营上的精力投入不足，经营重心发生偏移，使股价失去高位运行的经济基础。因此，因股东财富最大化过多关注股价而使公司偏离了经营重心是雷曼兄弟公司破产的推进剂。

3. 股东财富最大化仅强调股东的利益而忽视其他利益相关者的利益是雷曼兄弟公司破产的内在原因

雷曼兄弟公司自1984年上市以来，公司的所有权和经营权实现了分离，所有者与经营者之间形成委托代理关系。同时，在公司中形成了股东阶层（所有者）与职业经理阶层（经营者）。股东委托职业经理人代为经营企业，其财务管理目标是为达到股东财富最大化，并通过会计报表获取相关信息，了解受托者的受托责任履行情况以及理财目标的实现程度。上市之后的雷曼兄弟公司，实现了14年连续盈利的显著经营业绩和10年间高达1 103%的股东回报率。然而，现代企业是多种契约关系的集合体，不仅包括股东，还包括债权人、经理层、职工、顾客、政府等利益主体。股东财富最大化片面强调了股东利益的至上性，而忽视了其他利益相关者的利益，导致雷曼兄弟公司内部各利益主体的矛盾冲突频繁爆发，公司员工的积极性不高，虽然其员工持股比例高达37%，但主人翁意识淡薄。另外，雷曼兄弟公司选择股东财富最大化，导致公司过多关注股东利益，而忽视了一些公司应该承担的社会责任，从而加剧了其与社会之间的矛盾，这也是雷曼兄弟公司破产的原因之一。

4. 股东财富最大化仅适用于上市公司是雷曼兄弟公司破产的又一原因

为了提高集团公司的整体竞争力，1993年，雷曼兄弟公司进行了战略重组，改革了管理体制。和中国大多数企业上市一样，雷曼兄弟的母公司（美国运通公司）为了支持其上市，将有盈利能力的优质资产剥离后注入上市公司，而将大量不良资产甚至可以说是包袱留给了集团公司，在业务上实行核心业务和非核心业务分开，上市公司和非上市公司分立运行。这种上市方式注定了其上市之后无论是在内部公司治理，还是外部市场运作，都无法彻底地与集团公司保持独立。因此，在考核和评价其业绩时，必须站在整个集团公司的高度，而不能仅从上市公司这一个子公司甚至是孙公司的角度来分析和评价其财务状况和经营成果。由于只有上市公司才有股价，因此股东财富最大化的财务管理目标只适用于上市公司，而集团公司中的母公司及其他子公司并没有上市，因而，股东财富最大化财务管理目标也无法引导整个集团公司进行正确的财务决策，还可能导致集团公司中非上市公司的财务管理目标缺失，财务管理活动混乱等事件。因此，股东财富最大化仅适用于上市公司是雷曼兄弟公司破产的

又一原因。

【要求】根据背景资料，从财务管理目标的重要性、财务管理目标的制定原则、财务管理目标的最终选择三个角度，分析雷曼兄弟公司破产为企业选择财务管理目标所带来的启示。

【完成方式】5~7人一组讨论完成，并制作PPT进行展示。

【实训结果评价】

评价指标	评价标准	分值	评价成绩及备注
结果评价	1. 观点正确	10	
	2. 观点分析充分	20	
	3. PPT制作情况	20	
	4. PPT汇报情况	20	
过程评价	1. 出勤	5	
	2. 态度	5	
	3. 团队协作	10	
	4. 创新	10	

第2单元

财务管理的基本观念

专业能力：

通过学习资金时间价值观念和风险价值观念，能够树立正确的理财观念，运用相关计算方法解决企业财务管理的实际问题，分析、评价企业的风险大小，帮助企业进行理财决策。

职业核心能力：

自我学习能力、分析及解决问题的能力、决策能力、团队协作能力。

资金时间价值、终值、现值、年金、风险价值。

观念决定人生

十年前，两个贫困山区的女孩来到北京。看到北京火车站门前有卖大碗茶的，一个女孩就想，大地方有什么好，连水都要钱买，还是我们家乡好，水又清又纯，还不要钱，于

是她就返回了家乡。另一个女孩想，大地方就是好，连水都能卖钱，于是她就留了下来。十年后的今天，回到家乡的女孩如今仍然是一位普通的农村妇女，仍然过着"日出而作、日落而息"的日子，生活平静却很窘迫。而留在北京的女孩从卖大碗茶开始，送牛奶、跑推销，直至成为一家著名大型服务企业的副总裁。是什么导致了两个女孩不同的经历？这就是观念。其实，生活就是这样，有的时候，就是因为选择了一个正确的角度、拥有了一种正确的观念，就会使我们拥有一条完全不同的道路，成就我们的一生。人生如此，管理更是如此，树立起正确的管理理念是企业实施管理活动的基础和前提。

【引例分析】

理财观念是财务管理的基础，贯穿于企业财务活动的方方面面。不同的理财观念会导致对理财问题的不同认识和决策结果，而理财决策在现代企业管理决策中又居于核心地位，因此树立正确的理财观念，对于搞好企业管理具有十分重要的意义。

2.1 资金时间价值观念

理财观念，也叫财务观念，是指财务活动主体在开展财务管理过程中应具备的价值观念或必须遵循的基本原则。财务管理过程中应具有的理财观念有很多，比如资金时间价值观念、风险价值观念、机会成本观念、边际观念、弹性观念、预期观念等，其中资金时间价值观念和风险价值观念最为重要。

2.1.1 资金时间价值观念的含义

1. 资金时间价值

资金时间价值，也叫货币时间价值，是指货币资金经历一定时间的运用和再运用所增加的价值，表现为一定量资金在不同时点上的价值量差额。

资金时间价值是商品经济中一种普遍的现象，是指资金被有目的地投入社会生产过程中，随着投资收益的形成而实现增值，因此，资金时间价值虽然来源于时间，但运用和再运用才是时间价值形成的本质。

资金时间价值可以用两种形式加以衡量：一种是绝对数形式，即资金时间价值额，是指资金在生产经营中产生的真实增加额；另一种是相对数形式，即资金时间价值率，通常情况下，它相当于没有风险和通货膨胀情况下的社会平均资金利润率。当通货膨胀很低的情况下，也可以用政府债券利率来表示资金时间价值。为了便于比较，资金时间价值通常用相对数形式表示。

2. 资金时间价值观念

资金时间价值观念是现代财务管理的基础观念之一，被称为理财第一原则。

资金时间价值告诉我们，不同时点上货币资金是不等值的，现在的100元与一年后的100元不能画等号。现在的100元在一年中通过投入到社会生产，将实现增值，因此，其一年后的价值将大于100元。根据资金增值这一规律，我们在理财过程中就需要建立一个基本的观念：不同时点上的货币资金不能直接进行比较，不同时点上的货币资金也不能直接相加减。要想完成上述比较和运算，我们需要将其折算到同一时点上。因此，资金时间价值的计算就将围绕着如何完成不同时点上资金的换算展开。

2.1.2 资金时间价值的计算

1. 资金时间价值计算中的相关概念

为了顺利进行不同时点上货币资金的换算，我们首先需要了解几个重要概念。

（1）现金流时间线。现金流时间线（见图2-1）是在进行资金时间价值计算时会使用到的一个重要工具，我们可以借助该工具来直观地呈现不同时点的货币资金，它被广泛地运用到资金时间价值的计算中。

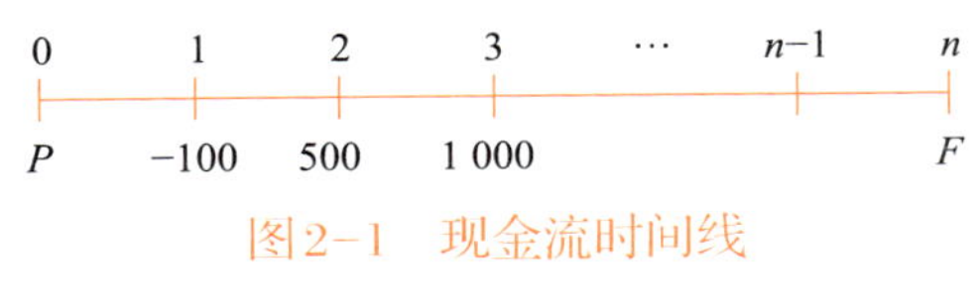

图2-1　现金流时间线

在时间线上方标注的是时间。时点0表示现在，时点0~1表示第1期，“期”可以代表任何一个时间长度，如年、半年、季度、月等。时点1表示第1期的期末，而由于时间的连续性，这一点也代表第2期的期初。以此类推。

在时间线下方标注的是各期现金流量。如时点1下方的-100表示第1期期末（或第2期期初）发生现金流出100，时点3下方的1 000表示第3期期末发生现金流入1 000。时点（$n-1$）下方没有标注现金流量，则表明没有发生现金流入或流出。

（2）终值和现值。**终值又称将来值，是指现在一定量货币资金在未来某一时点上的价值，通常记作F。现值是指未来某一时点的一定量货币资金折算到现在的价值，通常记作P。**现值和终值是一定量货币资金在前后两个不同时点上对应的价值，其差额即资金时间价值。

（3）单利制和复利制。货币资金随着时间增值的规律与银行计息的规律是相同的。因此，

现值和终值的换算可以参照本金、本利和的计算方法。而银行计息方式通常包括单利制和复利制两种，二者的区别主要体现在利息是否参与计息。

单利制是指当期利息不计入下期本金，从而不改变计息基础，各期利息额不变的计算制度。复利制是指未被支取的利息计入下期本金改变计算基础，使每期利息额递增，利上生利的计息制度，俗称利滚利。通常，在财务管理中，采用复利制进行不同时点资金的换算。

为方便计算，通常用字母表示相关概念：I——利息；i——利率（折现率）；n——计息期。

2. 单笔现金流量的终值与现值的计算

单笔现金流量是指在一定时期内，只产生了一笔现金流量的情况。在单笔现金流量下，由于所采用的计息制度不同，而存在不同的终值、现值计算方法。

（1）单利终值与现值。

① 单利终值。单利终值即在单利制下，已知现值（本金）求终值（本利和）的运算。其计算公式为：

$$F=P\times(1+i\times n) \tag{2.1}$$

【业务2-1】将10 000元存入银行，年利率为5%，求3年后的单利终值。

解：$F=P\times(1+i\times n)=10\ 000\times(1+5\%\times 3)=11\ 500$（元）

② 单利现值。单利现值即在单利制下，已知终值（本利和）求现值（本金）的运算。其计算公式为：

$$P=F/(1+i\times n) \tag{2.2}$$

由计算公式可见，单利现值的计算是单利终值的逆运算。

【业务2-2】为了5年后能从银行取出120 000元，在年利率为4%的情况下，若按单利计息，目前应存入银行的金额是多少？

解：$P=F/(1+i\times n)=120\ 000/(1+4\%\times 5)=100\ 000$（元）

（2）复利终值与现值。

① 复利终值。复利终值即在复利制下，已知现值（本金）求终值（本利和）的运算。其计算公式为：

$$F=P\times(1+i)^n \tag{2.3}$$

上式中的$(1+i)^n$被称为复利终值系数，简记为（F/P，i，n），该值可直接查阅“复利终值系数表”（详见附表1）获得。例如，（F/P，10%，5）表示利率为10%的5期复利终值系数，查表可知该系数为1.610 5。在引入复利终值系数后，上述公式也可以表示为：

$$F=P\times(F/P,\ i,\ n) \tag{2.4}$$

【业务2-3】将10 000元存入银行，年利率为5%，求3年后的复利终值。

解：$F=P\times(F/P,\ i,\ n)=10\ 000\times(F/P,\ 5\%,\ 3)=10\ 000\times 1.157\ 6=11\ 576$（元）

Excel小贴士

利用FV函数计算复利终值

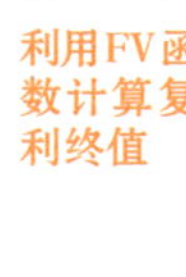

利用FV函数计算复利终值

（1）函数的结构。

FV (Rate, Nper, Pmt, Pv, Type)

其中：

Rate——各期利率。

Nper——总投资期，即该项投资总的付款期数。

Pmt——各期支出金额，在整个投资期内保持不变。

Pv——从该项投资开始计算时已经入账的款项，或一系列未来付款当前值的累积和。如果忽略，Pv＝0。

Type——逻辑值0或1，用以指定付款时间是期初还是期末。如果为1，付款在期初；如果为0或忽略，付款在期末。

（2）函数的运用。

利用FV函数计算【业务2-3】中的复利终值，如图2-2所示：

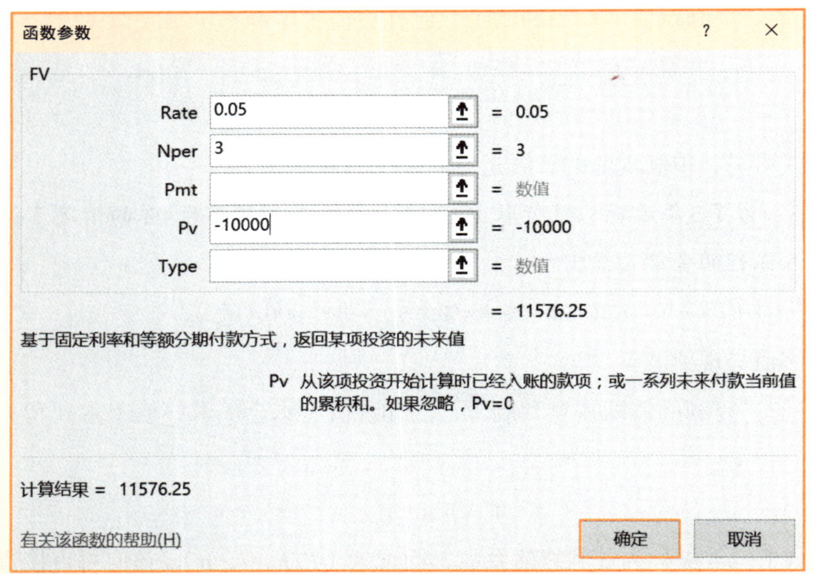

图2-2 FV函数计算复利终值

计算得到复利终值为11 576.25元。

注意：利用函数计算结果与通过公式计算略有差异，是由资金时间价值系数小数位数不同导致的。下同。

做中学

1. 2020年1月1日将6 000元存入银行，年利率为5%，求该笔存款到2024年12月31日的复利终值。

答案：7 657.8元。

提示：已知$P=6\ 000$，$i=5\%$，$n=5$时，求复利终值。

2. 现存入银行5 000元，年利率为8%，每季度复利一次，求3年后的复利终值。

答案：6 341元。

提示：每季度复利一次，因此，$i=8\%/4=2\%$，$n=3\times4=12$。则$F=5\ 000\times(F/P,\ 2\%,\ 12)=5\ 000\times1.268\ 2=6\ 341$（元）

② 复利现值。复利现值即在复利制下，已知终值（本利和）求现值（本金）的运算。其运算过程与复利终值互为逆运算，计算公式为：

$$P=F/(1+i)^n=F\times(1+i)^{-n} \tag{2.5}$$

上式中的$(1+i)^{-n}$被称为复利现值系数，简记为$(P/F,\ i,\ n)$，该值可直接查阅“复利现值系数表”（详见附表2）获得，该表的使用与“复利终值系数表”相同。例如，$(P/F,\ 6\%,\ 10)$表示利率为6%的10期复利现值系数，查表可知该系数为0.558 4。在引入复利现值系数后，计算公式也可表述为：

$$P=F\times(P/F,\ i,\ n) \tag{2.6}$$

复利终值系数与复利现值系数互为倒数。

【业务2-4】为了5年后能从银行取出120 000元，在年利率为4%的情况下，若按复利计息，目前应存入银行的金额是多少？

解：$P=F\times(P/F,\ i,\ n)=120\ 000\times(P/F,\ 4\%,\ 5)=120\ 000\times0.821\ 9=98\ 628$（元）

Excel小贴士

利用PV函数计算复利现值

（1）函数的结构。

PV (Rate, Nper, Pmt, Fv, Type)

其中：

Rate——各期利率。

Nper——总投资期，即该项投资的偿款期总数。

Pmt——各期所获得的金额，在整个投资期内不变。

Fv——未来值，或在最后一次付款期后获得的一次性偿还额。

Type——逻辑值0或1，用以指定付款时间在期初还是在期末。如果为1，付款在

利用PV函数计算复利现值

期初；如果为0或忽略，付款在期末。

（2）函数的运用。

利用PV函数计算【业务2-4】中的复利现值，如图2-3所示：

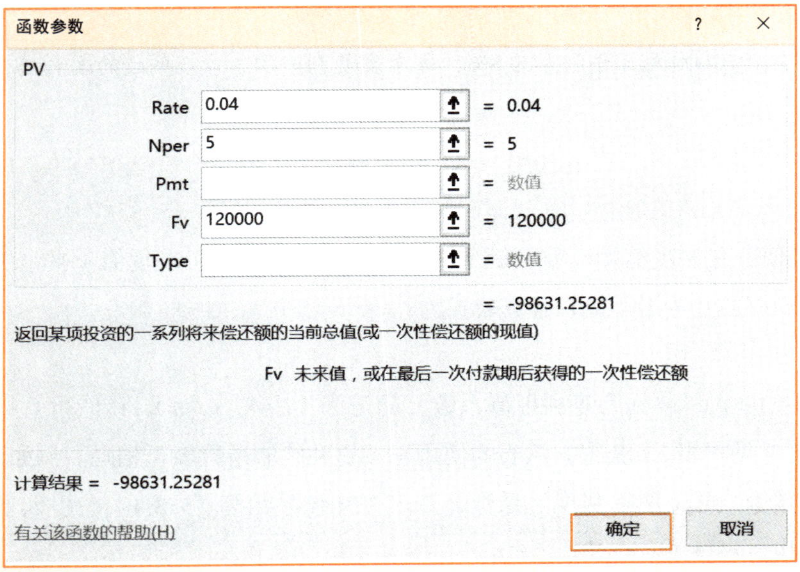

函数参数

PV

Rate	0.04	=	0.04
Nper	5	=	5
Pmt		=	数值
Fv	120000	=	120000
Type		=	数值

= -98631.25281

返回某项投资的一系列将来偿还额的当前总值(或一次性偿还额的现值)

Fv 未来值，或在最后一次付款期后获得的一次性偿还额

计算结果 = -98631.25281

有关该函数的帮助(H)　确定　取消

图2-3　PV函数计算复利现值

计算得到复利现值为98 631.25元。

【业务2-5】 王先生现有现金80 000元，准备5年后买一辆车，估计届时该汽车价格为100 000元。假如将现金存入银行，那么在年利率为多少时，王先生才能在5年后美梦成真？（结果保留两位小数）

解：因为$P=F\times(P/F，i，n)$，将数据代入公式得：

$80\ 000=100\ 000\times(P/F，i，5)$

则：$(P/F，i，5)=0.8$

查复利现值系数表得：当$i=4\%$时，$(P/F,4\%,5)=0.821\ 9$；当$i=5\%$时，$(P/F,5\%,5)=0.783\ 5$。要求的i在4%和5%之间，进一步利用插值法计算i的值。

$$i=4\%+\frac{(0.8-0.821\ 9)}{(0.783\ 5-0.821\ 9)}\times(5\%-4\%)=4.57\%$$

当利率为4.57%时，王先生能够在5年后购入汽车。

利用RATE函数计算年利率

（1）函数的结构。

RATE (Nper, Pmt, Pv, Fv, Type)

其中：

Nper——总投资期或贷款期，即该项投资或贷款的付款期总数。

Pmt——各期所应收取（或支付）的金额，在整个投资期或付款期不能改变。

Pv——一系列未来付款的现值总额。

Fv——未来值，或在最后一次付款后可以获得的现金余额。如果忽略，Fv＝0。

Type——逻辑值0或1，用以指定付款时间在期初还是在期末。如果为1，付款在期初；如果为0或忽略，付款在期末。

（2）函数的运用。

利用RATE函数计算【业务2-5】中的年利率，如图2-4所示：

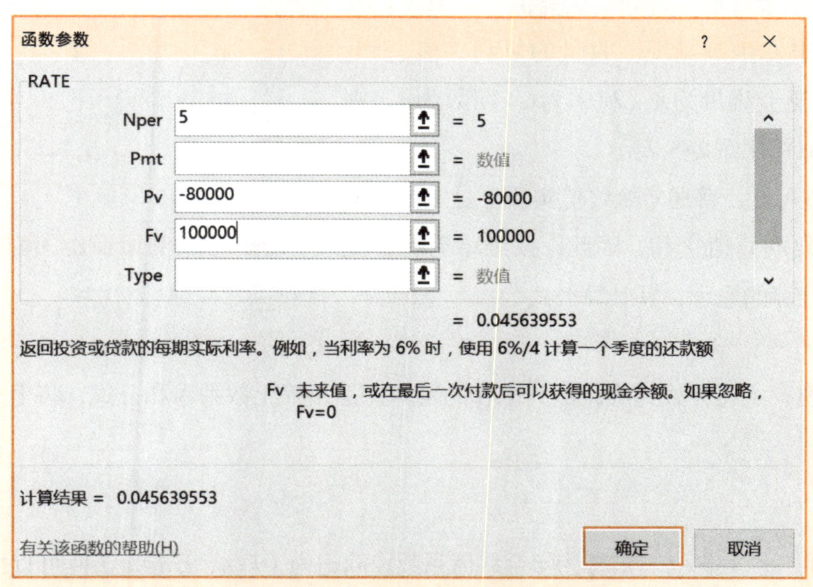

图2-4 RATE函数计算年利率

计算得到年利率为4.56%。

3. 系列现金流量的终值与现值的计算

（1）系列现金流量及其分类。与单笔现金流量相比，系列现金流量是指在一定时期内产生多笔现金流入或流出的情况。根据每次现金流量是否相等，又可以分为等额系列现金流量与非等额系列现金流量两种。其中，**等额系列现金流量是系列现金流量的一种特殊形式，也称为年金，具体表现为在一定时期内每隔相同时间（年、季、月）持续发生相同方向（全部为现金流入或全部为现金流出）、相同金额的现金流量。**实务中如养老金、分期偿还贷款、股票每年分红等就是这种情况。按照现金流量发生的具体时间，年金还可分为普通年金、即付年金、递延年金和永续年金等几种形式。

非等额系列现金流量下的现值和终值的换算可以分解为多个单笔现金流量后求和得到，不再赘述。而等额系列现金流量由于其现金流量发生的特殊性，因此，其计算也有规律可循，后续的学习就主要围绕年金展开。

（2）普通年金终值与现值的计算。**普通年金又称后付年金，是指从第一期开始，每期期末发生的年金。**

① 普通年金终值。普通年金终值即从第一期开始，每期期末发生等额现金收付的复利终值之和。假设每期的现金流量为A，利率为i，期数为n，则普通年金终值可用图2-5表示。

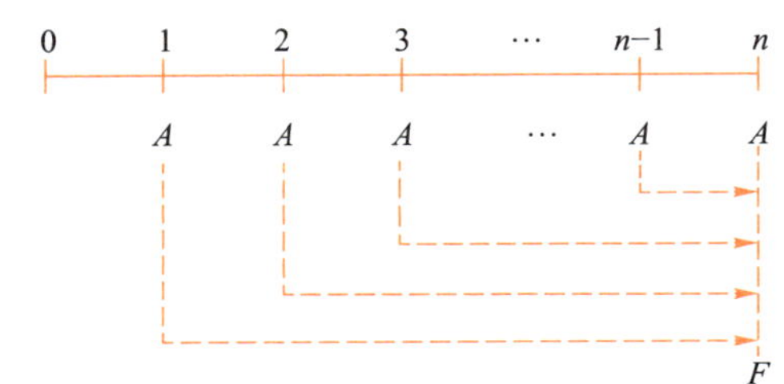

图2-5　普通年金终值计算示意图

由图2-5可知，普通年金终值实质上是多个单笔现金流量的复利终值之和，因此，按照单笔现金流量复利终值计算的原理，其计算公式为：

$$F=A+A\times(1+i)^{1}+\cdots+A\times(1+i)^{n-3}+A\times(1+i)^{n-2}+A\times(1+i)^{n-1} \quad (2.7)$$

不难发现，上述公式为等比数列求和的运算，运用等比数列求和公式，将上式整理得：

$$F=A\times\frac{(1+i)^{n}-1}{i} \quad (2.8)$$

上式中的$\frac{(1+i)^{n}-1}{i}$被称为年金终值系数，简记为（F/A，i, n），该值可直接查阅“年金终值系数表”（详见附表3）获得。例如，（F/A，5%，6）表示利率为5%的6期普通年金终值系数，查表可知该系数为6.801 9。引入年金终值系数后，该公式可以表示为：

$$F=A\times(F/A,\ i,\ n) \quad (2.9)$$

【业务2-6】小王是一位热心于公益事业的人，自2020年12月底开始，他每年都要向一位失学儿童捐款。小王向这位失学儿童每年捐款1 000元，帮助其完成九年义务教育。假定定期存款年利率为2%，则小王9年的捐款在2028年年底相当于多少钱？

解：小王2020—2028年每年年底捐款1 000元，构成9期普通年金。

$F=A\times(F/A, i, n)=1\ 000\times(F/A, 2\%, 9)=1\ 000\times9.754\ 6=9\ 754.6$（元）

Excel小贴士

利用FV函数计算普通年金终值

利用FV函数计算普通年金终值

（1）函数的结构。

FV (Rate, Nper, Pmt, Pv, Type)

其中：

Rate——各期利率。

Nper——总投资期，即该项投资总的付款期数。

Pmt——各期支出金额，在整个投资期内保持不变。

Pv——从该项投资开始计算时已经入账的款项，或一系列未来付款当前值的累积和。如果忽略，Pv=0。

Type——逻辑值0或1，指定付款时间是期初还是期末。如果为1，付款在期初；如果为0或忽略，付款在期末。

（2）函数的运用。

利用FV函数计算【业务2-6】中的普通年金终值，如图2-6所示：

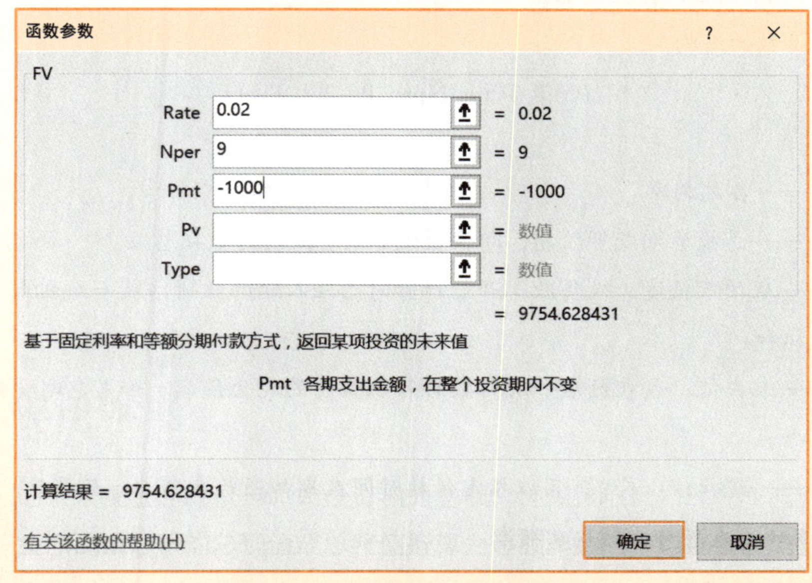

图2-6 FV函数计算普通年金终值

计算得到普通年金终值为9 754.63元。

② 偿债基金。偿债基金是指为了在约定的未来某一时点清偿某笔债务或积累一定数额的资金而必须分次等额形成的存款准备金，也就是为使年金终值达到既定金额的年金数额，即 A。偿债基金与普通年金终值互为逆运算，计算公式为：

$$A=F\times\frac{i}{(1+i)^n-1}\tag{2.10}$$

上式中的 $\frac{i}{(1+i)^n-1}$ 被称为偿债基金系数，简记为（A/F，i,n）。引入偿债基金系数后，该公式可以表示为：

$$A=F\times(A/F,\ i,\ n)\tag{2.11}$$

又由于偿债基金系数与普通年金终值系数互为倒数，因此偿债基金系数也可以根据普通年金终值系数的倒数求得，则上式也可以表示为：

$$A=F/(F/A,\ i,\ n)\tag{2.12}$$

【业务2-7】小李准备5年后偿还借款50 000元，在年利率为8%的情况下，小李每年年末应存入多少钱才能到期还钱？

解：$A=F/(F/A,\ i,\ n)=50\ 000/(F/A,\ 8\%,\ 5)=50\ 000/5.866\ 6=8\ 522.82$（元）

利用PMT函数计算偿债基金

（1）函数的结构。

PMT (Rate, Nper, Pv, Fv, Type)

利用PMT函数计算偿债基金

其中：

Rate——各期利率。

Nper——总投资期或贷款期，即该项投资或贷款的付款期总数。

Pv——从该项投资（或贷款）开始计算时已经入账的款项，或一系列未来付款当前值的累积和。

Fv——未来值，或在最后一次付款后可以获得的现金余额。如果忽略，则认为此值为0。

Type——逻辑值0或1，用以指定付款时间在期初还是在期末。如果为1，付款在期初；如果为0或忽略，付款在期末。

（2）函数的运用。

利用PMT函数计算【业务2-7】中的偿债基金，如图2-7所示：

函数参数 ? ×

PMT

Rate 0.08 = 0.08

Nper 5 = 5

Pv = 数值

Fv 50000 = 50000

Type = 数值

= -8522.822728

计算在固定利率下，贷款的等额分期偿还额

Fv 未来值，或在最后一次付款后可以获得的现金余额。如果忽略，则认为此值为 0

计算结果 = -852282%

有关该函数的帮助(H) 确定 取消

图2-7 PMT函数计算偿债基金

计算得到偿债基金为8 522.82元。

③ 普通年金现值。普通年金现值即从第一期开始，每期期末发生等额现金收付的复利现值之和。普通年金现值示意如图2-8所示。

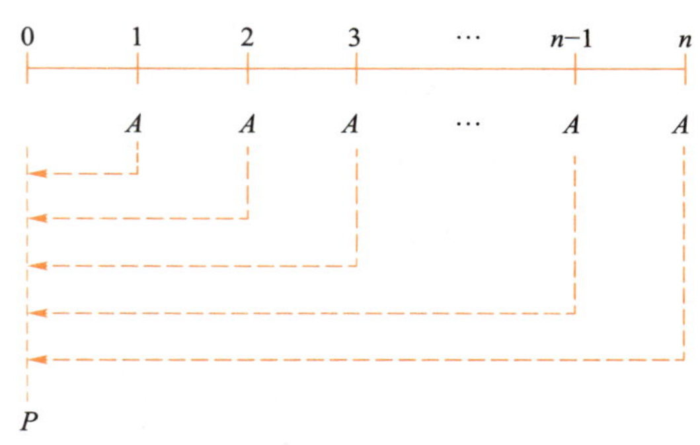

图2-8 普通年金现值计算示意图

普通年金现值实质上是多个单笔现金流量的复利现值之和，因此，按照单笔现金流量复利现值计算的原理，其计算公式为：

$$P=A\times(1+i)^{-1}+A\times(1+i)^{-2}+A\times(1+i)^{-3}+\cdots+A\times(1+i)^{-(n-1)}+A\times(1+i)^{-n} \quad (2.13)$$

不难发现，上述公式同样为等比数列求和的运算，运用等比数列求和公式，将上式整理得：

$$P=A\times\frac{1-(1+i)^{-n}}{i} \quad (2.14)$$

上式中的 $\frac{1-(1+i)^{-n}}{i}$ 被称为年金现值系数，简记为（P/A，i，n），该值可直接查阅“年金现值系数表”（详见附表4）获得。例如，（P/A，4%，8）表示利率为4%的8期普通年金现值系数，查表可知该系数为6.732 7。引入年金现值系数后，该公式可以表示为：

$$P=A\times(P/A,\ i,\ n) \tag{2.15}$$

【业务2-8】张小姐将要出国5年，在出国期间，其每年年末须支付15 000元的房屋物业管理等费用，已知银行存款年利率为6%，问：张小姐现在需要向银行存入多少钱?

解：$P=A\times(P/A,\ i,\ n)=15\ 000\times(P/A,\ 6\%,\ 5)=15\ 000\times4.212\ 4=63\ 186$（元）

Excel小贴士

利用PV函数计算普通年金现值

利用PV函数计算普通年金现值

（1）函数的结构

PV (Rate, Nper, Pmt, Fv, Type)

其中：

Rate——各期利率。

Nper——总投资期，即该项投资的偿款期总数。

Pmt——各期所获得的金额，在整个投资期内不变。

Fv——未来值，或在最后一次付款期后获得的一次性偿还额。

Type——逻辑值0或1，用以指定付款时间在期初还是在期末。如果为1，付款在期初；如果为0或忽略，付款在期末。

（2）函数的运用。

利用PV函数计算【业务2-8】中的普通年金现值，如图2-9所示：

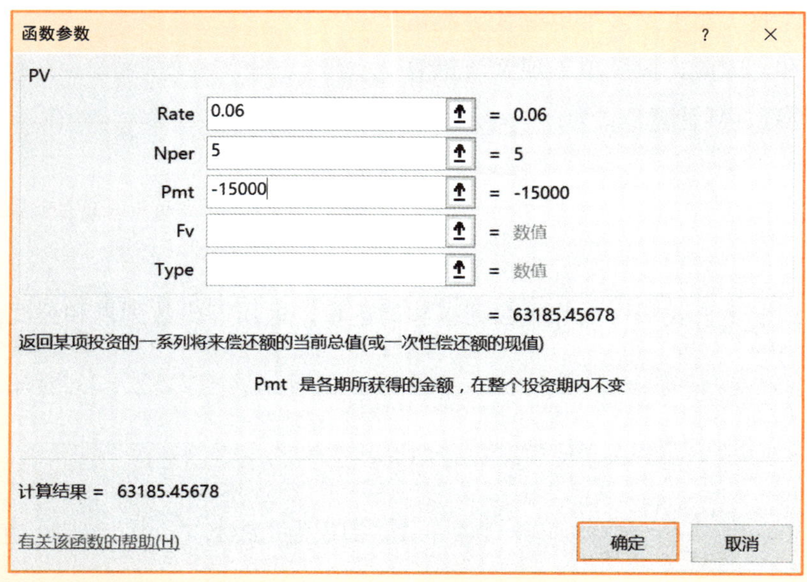

图2-9　PV函数计算普通年金现值

计算得到普通年金现值为63 185.46元。

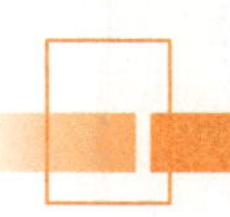

做中学

1. A矿业公司决定将其某一处矿产开采权公开拍卖，因此它向世界各国煤炭企业招标开矿。已知甲公司和乙公司的投标书最具有竞争力。甲公司的投标书显示，如果该公司取得开采权，从获得开采权的第1年开始，每年年末向A公司交纳12亿美元的开采费，直到10年后开采结束。乙公司的投标书显示，该公司在取得开采权时，直接付给A公司45亿美元，在10年后开采结束，再付给60亿美元。假设A公司要求的年投资回报率达到10%，问：应接受哪家公司的投标？

答案：应该接受甲公司的投标。

提示：比较两家公司现值大小。

甲公司为普通年金现值：$P=12\times(P/A,\ 10\%,\ 10)=12\times6.144\ 6=73.735\ 2$（亿美元）

乙公司为复利现值：$P=45+60\times(P/F,10\%,10)=45+60\times0.385\ 5=68.13$（亿美元）

2. 甲公司以分期收款方式向乙公司出售一台大型设备。合同规定乙公司在8年内每半年支付6 000元欠款。甲公司为马上取得现金，将合同向银行折现。假设银行愿意以14%的年利率、每半年计息一次的方式对合同金额进行折现。问：甲公司将获得多少现金？

答案：566 79.6元。

提示：$A=6\ 000$，$n=8\times2=16$，$i=14\%/2=7\%$，则$P=6\ 000\times(P/A,\ 7\%,\ 16)=6\ 000\times9.446\ 6=56\ 679.6$（元）。

④ 年资本回收额。年资本回收额是指在约定年限内等额回收初始投入资本或清偿所欠债务的金额。年资本回收额的计算实际上是已知普通年金现值P，求年金A。年资本回收额与普通年金现值互为逆运算，其计算公式为：

$$A=P\times\frac{i}{1-(1+i)^{-n}} \tag{2.16}$$

上式中的$\frac{i}{1-(1+i)^{-n}}$被称为资本回收系数，简记为$(A/P,i,n)$，引入资本回收系数后，该公式可以表示为：

$$A=P\times(A/P,\ i,\ n) \tag{2.17}$$

又由于投资回收系数与普通年金现值系数互为倒数，因此资本回收系数也可根据普通年金现值系数的倒数求得，则上式也可以表示为：

$$A=P/(P/A,\ i,\ n) \tag{2.18}$$

【业务2-9】某企业从银行取得1 000万元的贷款，在10年内以年利率12%等额偿还，则每年应还的金额是多少？

解：$A=P/(P/A,\ 12\%,\ 10)=1\ 000/5.650\ 2=176.98$（万元）

Excel 小贴士

利用PMT函数计算年资本回收额

利用PMT函数计算年资本回收额

（1）函数的结构。

PMT (Rate, Nper, Pv, Fv, Type)

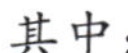

其中：

Rate——各期利率。

Nper——总投资期或贷款期，即该项投资或贷款的付款期总数。

Pv——从该项投资（或贷款）开始计算时已经入账的款项，或一系列未来付款当前值的累积和。

Fv——未来值，或在最后一次付款后可以获得的现金余额。如果忽略，则认为此值为0。

Type——逻辑值0或1，用以指定付款时间在期初还是在期末。如果为1，付款在期初；如果为0或忽略，付款在期末。

（2）函数的运用。

利用PMT函数计算【业务2-9】中的年资本回收额，如图2-10所示：

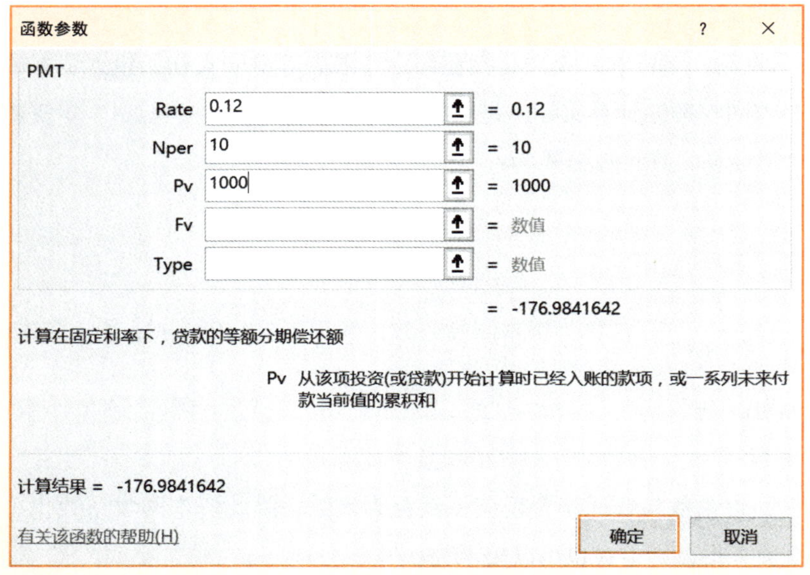

图2-10　PMT函数计算年资本回收额

计算得到年资本回收额为176.98万元。

（3）即付年金终值与现值的计算。**即付年金又称先付年金或预付年金，是指从第一期开始，每期期初发生的年金。**

① 即付年金终值。即付年金终值即从第一期开始，每期期初发生等额现金收付的复利终值之和。即付年金终值图示如图2-11所示。

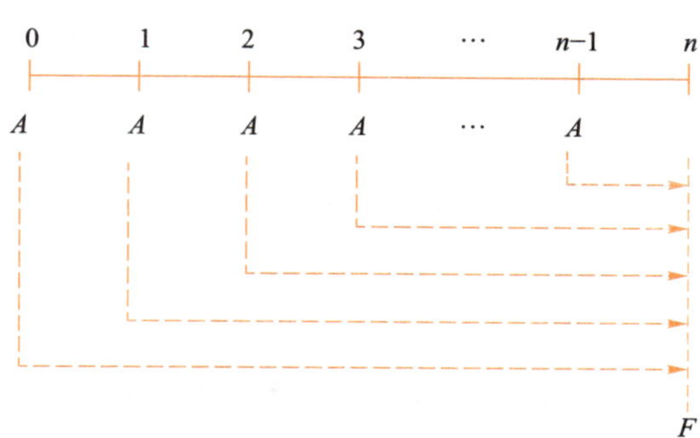

图2-11　即付年金终值计算示意图

即付年金终值也是多个单笔现金流量的复利终值之和，同样，按照单笔现金流量复利终值计算的原理，其计算公式为：

$$F=A\times(1+i)^{1}+\cdots+A\times(1+i)^{n-3}+A\times(1+i)^{n-2}+A\times(1+i)^{n-1}+A\times(1+i)^{n} \quad (2.19)$$

按照等比数列求和公式，将上式整理可得以下两个计算公式：

$$F=A\times\frac{(1+i)^{n}-1}{i}\times(1+i)=A\times\left[\frac{(1+i)^{n+1}-1}{i}-1\right] \quad (2.20)$$

上式中的$\left[\frac{(1+i)^{n+1}-1}{i}-1\right]$被称为即付年金终值系数，它是在普通年金终值系数的基础上，期数加1，系数减1得到，可利用“年金终值系数表”查（$n+1$）期的系数值，再减去1后即得到即付年金的终值系数。又由于$\left[\frac{(1+i)^{n+1}-1}{i}-1\right]$是$\frac{(1+i)^{n}-1}{i}\times(1+i)$得到，因此，也可直接利用$n$期普通年金终值计算公式乘上（$1+i$）计算$n$期即付年金的终值系数。

则其表达式还可表述为：

$$F=A\times(F/A,\ i,\ n)\times(1+i)=A\times[(F/A,\ i,\ n+1)-1] \quad (2.21)$$

【业务2-10】蒋先生为了给女儿准备上大学的学费，连续5年于每年年初存入银行3 000元，当银行存款年利率为6%时，问：蒋先生在第5年年末能一次取出本利和多少钱?

解：方法一：$F=3\ 000\times(F/A,6\%,5)\times(1+6\%)=3\ 000\times5.637\ 1\times1.06=17\ 925.98$（元）

方法二：$F=3\ 000\times[(F/A,\ 6\%,\ 5+1)-1]=3\ 000\times(6.975\ 3-1)=17\ 925.9$（元）

注：两种方法计算结果的差异是由于系数四舍五入造成的。

Excel小贴士

利用FV函数计算即付年金终值

利用FV函数计算即付年金终值

（1）函数的结构。

FV (Rate, Nper, Pmt, Pv, Type)

其中：

Rate——各期利率。

Nper——总投资期，即该项投资总的付款期数。

Pmt——各期支出金额，在整个投资期内保持不变。

Pv——从该项投资开始计算时已经入账的款项；或一系列未来付款当前值的累积和。如果忽略，Pv＝0。

Type——逻辑值0或1，指定付款时间是期初还是期末。如果为1，付款在期初；如果为0或忽略，付款在期末。

（2）函数的运用。

利用FV函数计算【业务2-10】中的即付年金终值，如图2-12所示：

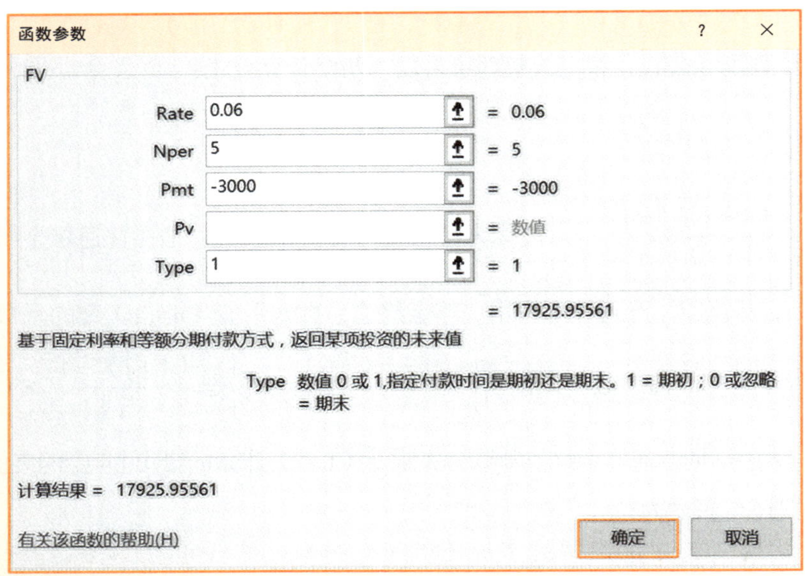

图2-12　FV函数计算即付年金终值

计算得到即付年金终值为17 925.96元。

做中学

小何从2020年1月1日开始到2023年1月1日止，每年年初存入银行10 000元，银行存款年利率为8%，问：若小何于2023年1月1日取出该笔存款，到时能从银行取出本利和多少钱？若小何等到2023年12月31日才取出该笔存款，到时能从银行取出本利和多少钱？

答案：若1月1日取出，本利和为45 061元；若12月31日才取出，本利和为48 666元。

提示：若1月1日取出，为普通年金求终值，$F=10\ 000\times(F/A,8\%,4)=10\ 000\times4.506\ 1=45\ 061$（元）；若12月31日取出，为即付年金求终值，$F=10\ 000\times[(F/A,\ 8\%,\ 4+1)-1]=10\ 000\times(5.866\ 6-1)=48\ 666$（元）。

② 即付年金现值。即付年金现值即从第一期开始，每期期初发生等额现金收付的复利现值之和。即付年金现值图示如图2-13所示。

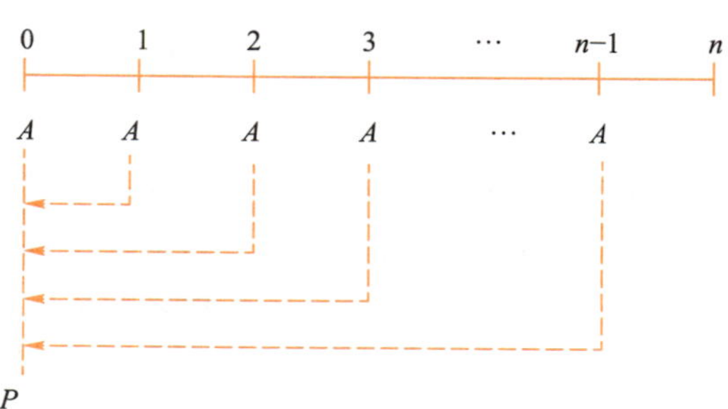

图2-13　即付年金现值计算示意图

即付年金现值是多个单笔现金流量的复利现值之和，按照单笔现金流量复利现值计算的原理，其计算公式为：

$$P=A+A\times(1+i)^{-1}+A\times(1+i)^{-2}+A\times(1+i)^{-3}+\cdots+A\times(1+i)^{-(n-1)} \quad (2.22)$$

根据等比数列求和的公式，将上式整理可得以下两个计算公式：

$$P=A\times\frac{1-(1+i)^{-n}}{i}\times(1+i)=A\times\left[\frac{1-(1+i)^{-(n-1)}}{i}+1\right] \quad (2.23)$$

上式中的$\left[\frac{1-(1+i)^{-(n-1)}}{i}+1\right]$被称为即付年金现值系数。该系数是在普通年金现值系数基础上，期数减1，而系数加1，可利用“年金现值系数表”查（$n-1$）期的系数值，再加上1后即得到即付年金的现值系数。又由于$\left[\frac{1-(1+i)^{-(n-1)}}{i}+1\right]$是$\frac{1-(1+i)^{-n}}{i}\times(1+i)$得到的，因此也可直接利用$n$期普通年金现值计算公式乘上（$1+i$）计算$n$期即付年金现值系数。

则其表达式还可表述为：

$$P=A\times(P/A,\ i,\ n)\times(1+i)=A\times[(P/A,\ i,\ n-1)+1] \quad (2.24)$$

【业务2-11】政府对有突出贡献的青年科学家发放年金式的政府津贴，每年人民币10 000元，从年初开始共发放10年。假设10年期的银行存款年利率为8%，这笔津贴的现值是多少？

解：方法一：$P=10\ 000\times(P/A,8\%,10)\times(1+8\%)=10\ 000\times6.710\ 1\times1.08=72\ 469.08$（元）

方法二：$P=10\ 000\times[(P/A,8\%,10-1)+1]=10\ 000\times(6.246\ 9+1)=72\ 469$（元）

注：两种方法计算结果的差异是由于系数四舍五入造成的。

Excel小贴士

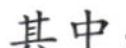

利用PV函数计算即付年金现值

利用PV函数计算即付年金现值

（1）函数的结构。

PV (Rate, Nper, Pmt, Fv, Type)

其中：

Rate——各期利率。

Nper——总投资期，即该项投资的偿款期总数。

Pmt——是各期所获得的金额，在整个投资期内不变。

Fv——未来值，或在最后一次付款期后获得的一次性偿还额。

Type——逻辑值0或1，用以指定付款时间在期初还是在期末。如果为1，付款在期初；如果为0或忽略，付款在期末。

（2）函数的运用。

利用PV函数计算【业务2-11】中的即付年金现值，如图2-14所示：

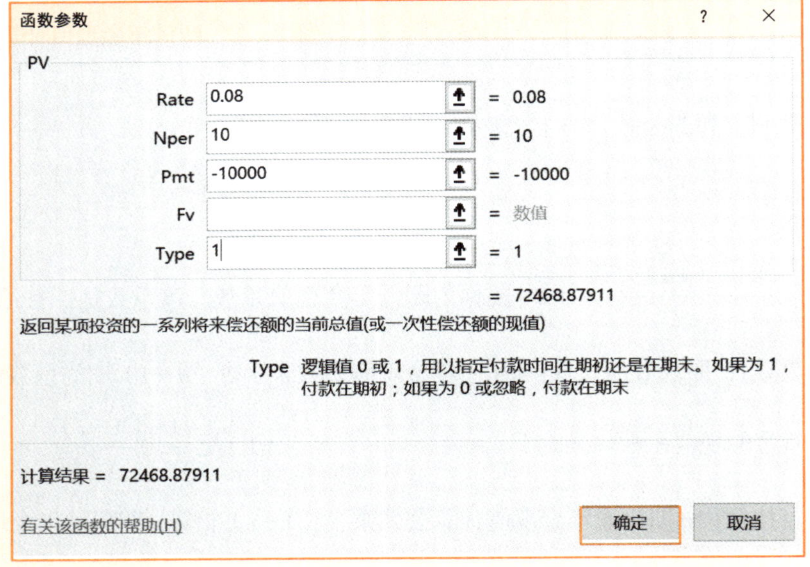

图2-14　PV函数计算即付年金现值

计算得到即付年金现值为72 468.88元。

想一想

即付年金现值的计算是否还有其他方法？

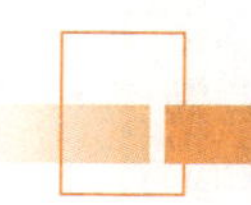

（4）递延年金终值与现值的计算。

递延年金是指第一次收付发生在第二期期末或第二期以后的年金。在这种年金形式下，通常以m表示递延期数，即第一次的收付延迟了m期而在第$m+1$期才发生，n表示发生现金收付的次数。图2−15为一笔$m=2$、$n=4$的递延年金。

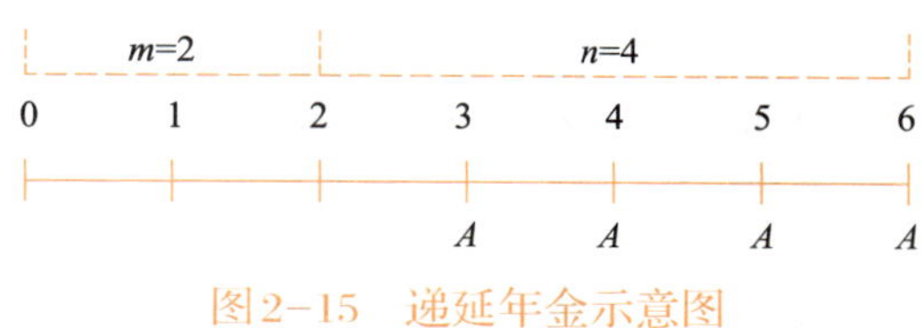

图2−15　递延年金示意图

① 递延年金终值。递延年金终值的大小，与递延期m无关，只与年金共发生的期数n有关，它的计算方法与普通年金相同，直接用普通年金终值的计算公式进行计算。即：

$$F=A\times(F/A,\ i,\ n) \tag{2.25}$$

② 递延年金现值。递延年金现值的计算方法主要有两种：

方法一：把递延年金视为普通年金，先计算n期的普通年金现值，然后再将此现值调整到第一期的期初。其计算公式为：

$$P=A\times(P/A,\ i,\ n)\times(P/F,\ i,\ m) \tag{2.26}$$

方法二：假设m期也发生普通年金，先计算整个（$m+n$）期的年金现值，然后再减去m期的年金现值。其计算公式为：

$$P=A\times[(P/A,\ i,\ m+n)-(P/A,\ i,\ m)] \tag{2.27}$$

【业务2−12】某项年金，前3年年初无现金流入，从第4年年初开始后5年每年年初流入500万元。若年利率为10%，其现值为多少？

解：由题意可知，这是一笔$m=2$、$n=5$的递延年金。

方法一：先求出5期普通年金的“现值”，该“现值”应在递延期期末即第2年年末，然后再将此“现值”调整到第一期期初，该方法共经过两次折现。

$P=500\times(P/A,\ 10\%,\ 5)\times(P/F,\ 10\%,\ 2)=500\times3.790\ 8\times0.826\ 4=1\ 566.36$（万元）

方法二：先假设递延期也发生现金流入，则递延年金演变成7期普通年金，求出7期普通年金现值，再扣除递延期2期的普通年金现值。

$P=500\times[(P/A,10\%,2+5)-(P/A,10\%,2)]=500\times(4.868\ 4-1.735\ 5)=1\ 566.45$（万元）

注：两种方法计算结果的差异是由于系数四舍五入造成的。

Excel小贴士

利用PV函数计算递延年金现值

利用PV函数计算递延年金现值

（1）函数的结构。

PV (Rate, Nper, Pmt, Fv, Type)

其中：

Rate——各期利率。

Nper——总投资期，即该项投资的偿款期总数。

Pmt——各期所获得的金额，在整个投资期内不变。

Fv——未来值，或在最后一次付款期后获得的一次性偿还额。

Type——逻辑值0或1，用以指定付款时间在期初还是在期末。如果为1，付款在期初；如果为0或忽略，付款在期末。

（2）函数的运用。

利用PV函数计算【业务2-12】中的递延年金现值，如图2-16所示：

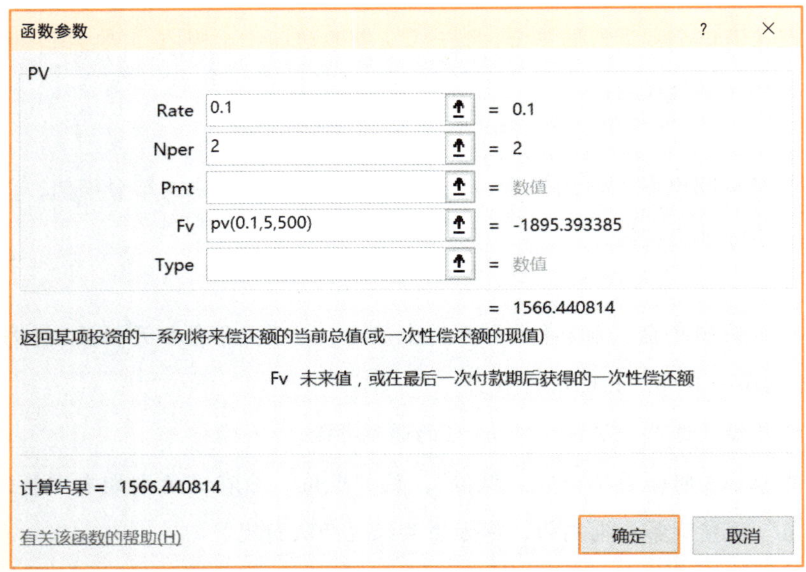

图2-16　PV函数计算递延年金现值

计算得到递延年金现值为1 566.44万元。

想一想

递延年金现值的计算是否还有其他方法？

（5）永续年金终值与现值的计算。**永续年金是指无限期等额收付的年金，**如实务中的存本取息、每年的等额奖学金、优先股股利等都具有这种年金的特点。

① 永续年金终值。永续年金没有期限，没有终止的时间，因此也就没有终值。

② 永续年金现值。永续年金的现值公式可由普通年金现值公式推出：

$$P=A\times\frac{1-(1+i)^{-n}}{i} \tag{2.28}$$

当$n\to\infty$时，$(1+i)^{-n}$的极限为零，所以永续年金现值公式为：

$$P=A\times\frac{1}{i} \tag{2.29}$$

【业务2-13】宏光公司准备在某高校建立一项永久性奖学金，每年计划发放20 000元。若年利率为10%，问：现在应一次性存入多少钱？

解：$P=A\times\frac{1}{i}=20\ 000\times\frac{1}{10\%}=200\ 000$（元）

2.2 风险价值观念

2.2.1 风险价值观念的含义

1. 风险

（1）风险的概念。向上抛一枚硬币，我们事先可以肯定，当硬币落到地面上时，有正面朝上和正面朝下两种结果，而且每种结果出现的可能性各占一半。但究竟出现哪种结果，谁又能事先猜到呢？一个很简单的游戏引出财务管理活动中风险的概念。什么是风险？预期结果的不确定性，就叫风险。**财务管理意义上的风险是指企业在财务活动中由于各种难以预料或无法控制的因素，使企业的实际收益与预期收益发生背离的可能性。**

在理解风险概念时，需要注意以下两点：一是风险不同于危险。危险意味着只可能出现坏的结果，而风险则是指既可能出现坏的结果，也可能出现好的结果，可见风险中包含了危险，危险只是风险的一部分。二是风险不同于不确定性。风险的特征是未来情况不能完全确定，但出现的可能性（概率）已知或可估计。而不确定性的特征是未来情况不仅不能确定，就连出现的概率也不清楚。

（2）风险的分类。企业所面临的风险主要有两种：市场风险和企业特有风险。

① 市场风险。市场风险也叫系统风险或不可分散风险，是指影响所有企业的风险，它由企业无法控制的外部因素引起，企业无法分散。如战争、自然灾害、市场利率变化、经济周期影响等。

② 企业特有风险。企业特有风险也叫非系统风险或可分散风险，是指由个别企业特有事件造成的风险。它只与个别企业有关，可以分散。如投资项目选择失败、市场产品价格下降、市场份额降低等。按照产生风险的原因的不同，还将其进一步划分为经营风险和财务风险。

经营风险是指企业生产经营条件变化给企业收益带来的不确定性。这种条件的变化既可能来自于企业内部的原因，如生产组织不合理、废品率上升；也可能来自于企业外部原因，如竞争者产品市场占有率的提高、顾客购买力的下降等。

财务风险是指企业举债而给企业收益带来的不确定性。举债一方面可以解决企业资金不足的困难，提高自有资金的盈利能力，但另一方面举债后就具有还本付息的压力，且借入资金所获得的投资利润是否大于所支付的利息额也具有不确定性，因此，负债会给企业带来风险。

2. 风险价值

风险价值，是指投资者冒着风险投资获得的超过资金时间价值的额外收益，也称风险收益、风险报酬或风险溢价，它是对投资者甘冒风险的一种价值补偿。

3. 风险价值观念

虽然不同的人对待风险的态度不同，但实践证明，风险厌恶是普遍成立的。因此，人们选择高风险项目的基本条件是：它必须有足够高的预期投资报酬率，风险程度越大，要求的报酬率也越高。也就是说，风险与收益是一种对称关系，即风险与收益必须均衡。**风险贯穿于整个财务活动中，财务活动中的各种决策必须考虑风险与收益的对称性，这就是财务管理者应具备的风险价值观念。**

2.2.2 风险程度的衡量和风险价值的计算

1. 风险程度的衡量

风险客观存在，因此，正视并将风险的大小予以量化，便成为财务管理工作中一个很重要的方面。风险的衡量需要运用概率和统计的方法，其衡量指标主要有方差、标准差和标准离差率等。

（1）概率分布。一个事件的概率是指这一事件的某种后果可能发生的机会。如果把某一事件所有可能的结果都列示出来，对每一结果给予一定的概率，便可构成概率的分布。例如，某企业有70%的概率可能盈利，有30%的概率可能亏损，则其概率分布如表2–1所示。

表2–1　概率分布表

可能出现的结果	概率
盈利	0.7
亏损	0.3
合计	1

任何概率分布都必须同时满足以下两个条件：① $0 \leqslant P_i \leqslant 1$；② $\sum_{i=1}^{n} P_i = 1$。

（2）期望值。期望值是对随机变量的各种可能结果集中趋势的量度。它是以各种可能结果的数值为变量，以各自所对应的概率为权数所求的加权平均值。反映预计结果的平均值，代表着事件最合理的预期结果。其计算公式为：

$$E = \sum_{i=1}^{n} P_i X_i \qquad (2.30)$$

【业务2–14】光华公司准备投资开发A新产品，现有甲、乙两个方案可供选择，经预测，甲、乙两个方案的收益率和概率如表2–2所示。

表2–2　甲、乙方案的收益率和概率分布

市场状况	概率	甲方案预期年收益率	乙方案预期年收益率
繁荣	0.3	30%	40%
一般	0.5	15%	15%
衰退	0.2	−5%	−15%

要求：计算甲、乙两个方案的预期收益率。

解：$E_{甲} = 0.3 \times 30\% + 0.5 \times 15\% + 0.2 \times (-5\%) = 15.5\%$

$E_{乙}=0.3\times40\%+0.5\times15\%+0.2\times(-15\%)=16.5\%$

（3）离散程度指标。离散程度用于观测变量各个取值之间的差异程度，是用以衡量风险大小的指标。**离散程度越大表明实际结果与预期结果之间的偏离程度越大，则依靠预测结果进行决策的风险也越大，反之，离散程度越小表明实际结果与预期结果之间的偏离程度越小，则依靠预测结果进行决策的风险也越小。**

反映随机变量离散程度的指标主要有方差、标准差和标准离差率。

① 方差。方差是用来表示随机变量与期望值之间的离散程度的一个数值。其计算公式为：

$$\sigma^2=\sum_{i=1}^{n}P_i(X_i-E)^2 \quad (2.31)$$

在期望值相同的情况下，方差越大，风险越大；反之亦然。方差用绝对数来衡量特定决策方案的风险，由于方差的大小受到期望值的影响，因此，其适用范围存在一定的局限性，该指标通常只适用于相同期望值决策方案风险程度的比较。

② 标准差。标准差是投资项目各种可能结果与其期望值的偏离程度的指标。其计算公式为：

$$\sigma=\sqrt{\sum_{i=1}^{n}P_i(X_i-E)^2} \quad (2.32)$$

在期望值相同的情况下，标准差越大，风险越大；反之亦然。标准差同样是用绝对数来衡量特定决策方案的风险，该指标的适用范围与方差一致。

③ 标准离差率。标准离差率是标准差与期望值相比的百分率。其计算公式为：

$$V=\frac{\sigma}{E} \quad (2.33)$$

一般情况下，标准离差率越高，风险越大；反之亦然。与前两项指标不同，标准离差率是以相对数来衡量特定决策方案的风险，排除了期望值不同的影响，其适用范围较广，尤其适用于期望值不同的决策方案风险程度的比较。

【业务2-15】承【业务2-14】，继续计算甲、乙两个方案预期收益率的方差、标准差和标准离差率，并比较甲、乙两方案的风险大小。

解：

$\sigma_{甲}^2=0.3\times(30\%-15.5\%)^2+0.5\times(15\%-15.5\%)^2+0.2\times(-5\%-15.5\%)^2=1.472\ 5\%$

$\sigma_{乙}^2=0.3\times(40\%-16.5\%)^2+0.5\times(15\%-16.5\%)^2+0.2\times(-15\%-16.5\%)^2=3.652\ 5\%$

$\sigma_{甲}=\sqrt{0.3\times(30\%-15.5\%)^2+0.5\times(15\%-15.5\%)^2+0.2\times(-5\%-15.5\%)^2}=12.13\%$

$\sigma_{乙}=\sqrt{0.3\times(40\%-16.5\%)^2+0.5\times(15\%-16.5\%)^2+0.2\times(-15\%-16.5\%)^2}=19.11\%$

$$V_{甲}=\frac{\sigma_{甲}}{E_{甲}}=\frac{12.13\%}{15.5\%}=78.26\%$$

$$V_{乙}=\frac{\sigma_{乙}}{E_{乙}}=\frac{19.11\%}{16.5\%}=115.82\%$$

因为预期收益率不同，所以应根据标准离差率来判断方案的风险，由于甲方案的标准离差率小于乙方案，所以，甲方案的风险小于乙方案。

2. 风险价值的计算

风险价值的表现形式有相对数和绝对数两种，即风险报酬率和风险报酬额。

（1）风险报酬率。人们愿意承担风险是因为风险可能带来超额的回报。**风险报酬率，是指投资者因冒着风险进行投资而要求的、超过资金时间价值部分的额外报酬率，通常用R_r来表示。**一般认为，风险报酬率的大小由风险程度和风险报酬斜率决定，其计算公式为：

$$风险报酬率=风险报酬斜率\times 风险程度 \tag{2.34}$$

即：

$$R_r=b\times V \tag{2.35}$$

其中，风险程度用标准离差率来衡量，而风险报酬斜率的大小则取决于全体投资者对风险的态度，可以用统计的方法来测定。如果全体投资者都愿意冒风险，风险报酬斜率就小；反之，风险报酬斜率就大。

（2）风险报酬额。风险报酬额，是指投资者因冒着风险进行投资而要求的、超过资金时间价值部分的额外报酬额。作为绝对数指标，它的大小受到风险报酬率和投资额的共同影响，其计算公式为：

$$风险报酬额=投资额\times 风险报酬率 \tag{2.36}$$

（3）必要报酬率和必要报酬额。在引入风险报酬率和风险报酬额后，我们还可进一步认识投资者投资所希望得到的全部报酬情况，也可用相对数和绝对数两个指标来衡量，包括必要报酬率和必要报酬额。

① 必要报酬率。必要报酬率即投资者冒着风险投资所要求的报酬率水平。在不考虑通货膨胀的情况下，它由无风险报酬率和风险报酬率两部分组成，通常用R来表示。其计算公式为：

$$必要报酬率=无风险报酬率+风险报酬率 \tag{2.37}$$

即：

$$R=R_f+R_r \tag{2.38}$$

由于$R_r=b\times V$，因此，上式也表示为：

$$R=R_f+R_r=R_f+b\times V \tag{2.39}$$

其中，无风险报酬率（R_f）是指可以确定可知的无风险资产的报酬率，通常用短期国债的报酬率来近似地代替。

必要报酬率的构成如图2-17所示。

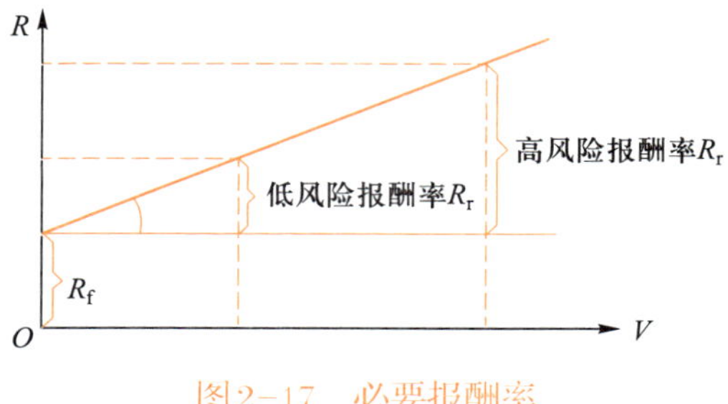

图2-17　必要报酬率

【业务2-16】承【业务2-15】，假设无风险报酬率为6%，风险报酬斜率为10%，继续计算甲、乙两个方案的风险报酬率和必要报酬率。

解：$R_{r甲}=b\times V_{甲}=10\%\times 78.26\%=7.83\%$

$R_{甲}=R_f+R_{r甲}=6\%+7.83\%=13.83\%$

$R_{r乙}=b\times V_{乙}=10\%\times 115.82\%=11.58\%$

$R_{乙}=R_f+R_{r乙}=6\%+11.58\%=17.58\%$

② 必要报酬额。必要报酬额是投资者冒着风险投资所要求的报酬额大小，由无风险报酬额和风险报酬额两部分组成。其计算公式为：

$$必要报酬额=无风险报酬额+风险报酬额 \quad (2.40)$$

单元小结

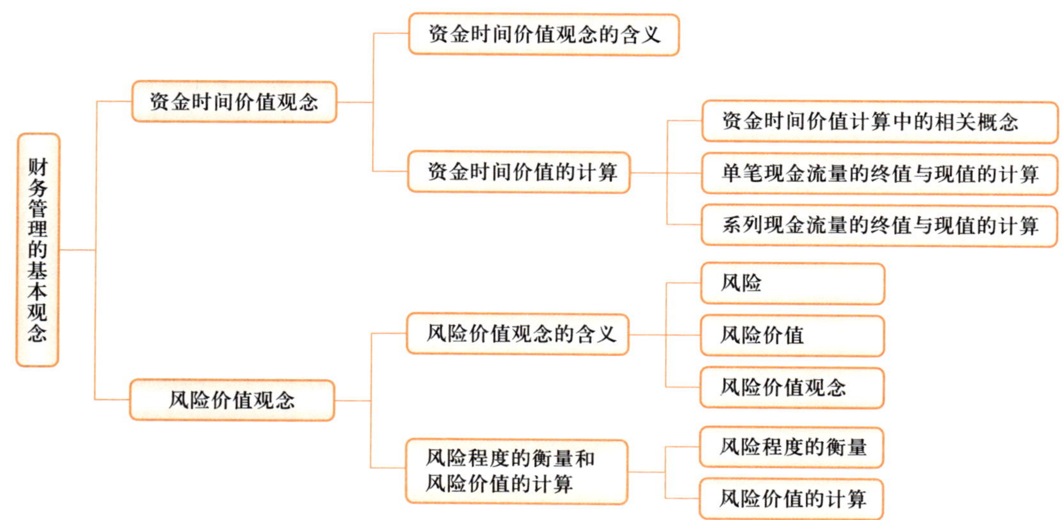

职业资格与技能同步练习

一、单项选择题

1. 资金的时间价值通常被认为是没有风险和没有通货膨胀下的（　　）。

A. 利率　　B. 剩余利润率

C. 通货膨胀率　　D. 社会平均资金利润率

2. 下列项目中，没有终值的是（　　）。

A. 即付年金　　B. 普通年金

C. 延期年金　　D. 永续年金

3. 甲方案在五年中每年年初付款2 000元，乙方案在五年中每年年末付款2 000元，若年利率相同，则两者在第五年年末时的终值（　　）。

A. 相等　　B. 前者大于后者

C. 前者小于后者　　D. 可能会出现上述三种情况中的任何一种

4. 某企业拟建立一项基金，每年年初投入100 000元，若年利率为10%，五年后该项基金的本利和将为（　　）元。

A. 671 561　　B. 564 100

C. 871 600　　D. 610 500

5. 有一项年金，前三年无流入，后五年每年年初流入500万元，假设年利率为10%，其现值为（　　）万元。

A. 1 994.59　　B. 1 566.36

C. 1 813.48　　D. 1 423.21

6. 假设企业按照12%的年利率取得贷款200 000元，要求在5年内每年年末等额偿还，每年偿付额应为（　　）元。

A. 40 000　　B. 52 000

C. 55 482　　D. 64 000

7. 某项永久性奖学金，每年计划颁发30 000元奖金，若年利率为5%，该奖学金的本金应为（　　）元。

A. 28 500　　B. 625 000

C. 600 000　　D. 31 579

8. 即付年金终值系数与普通年金终值系数的不同之处在于（　　）。

A. 期数要加1　　B. 系数减1

C. 期数要减1，系数要加1　　D. 期数要加1，系数要减1

9. 某资产持有者因承担该资产的风险而要求的超过无风险收益率的额外收益，称为投资的（　　）。

A. 风险收益率　　B. 时间价值率

C. 必要收益率　　D. 期望收益率

10. 甲方案的标准差是1.42，乙方案的标准差是1.06，如甲、乙两方案的期望值相同，则两方案的风险关系为（　　）。

A. 甲大于乙　　B. 甲小于乙

C. 甲乙相等　　D. 无法确定

二、多项选择题

1. 对于资金时间价值概念的理解，下列表述正确的有（　　）。

A. 货币只有经过投资和再投资才会增值，不投入生产经营过程的货币不会增值

B. 一般情况下，资金的时间价值应按复利方式来计算

C. 资金时间价值只能用相对数来表示

D. 不同时期的收支不宜直接进行比较，只有把它们换算到相同的时间基础上，才能进行大小的比较和比率的计算

2. 年金是指一定时期内每期等额收付的系列款项，下列各项中属于年金形式的有（　　）。

A. 按照直线法计提的折旧

B. 等额分期付款

C. 融资租赁的租金

D. 养老金

3. 年金按其收付发生的时点不同，可以分为（　　）。

A. 普通年金　　B. 即付年金

C. 递延年金　　D. 永续年金

4. 某人决定在未来5年内每年年初存入银行1 000元（共存5次），年利率为2%，则在第5年年末能一次性取出的款项额计算正确的是（　　）。

A. 1 000×（F/A，2%，5）

B. 1 000×（F/A，2%，5）×（1+2%）

C. 1 000×（F/A，2%，5）×（F/P，2%，1）

D. 1 000×[（F/A，2%，6）−1]

5. 某公司拟购置一处房产，付款条件是：从第7年开始，每年年初支付10万元，连续支付10次，共100万元。假定该公司的资本成本率为10%，则相当于该公司现在一次性付款的金

额为（　　　　）万元。

A. 10×[(P/A，10%，15)−(P/A，10%，5)]

B. 10×[(P/A，10%，10)×(P/F，10%，5)]

C. 10×[(P/A，10%，16)−(P/A，10%，6)]

D. 10×[(P/A，10%，15)−(P/A，10%，6)]

6. 下列关于年金的表述中，正确的有（　　　　）。

A. 年金既有终值又有现值

B. 递延年金是第一次收付款项发生的时间在第二期或第二期以后的年金

C. 永续年金是特殊形式的普通年金

D. 永续年金是特殊形式的即付年金

7. 下列说法中，正确的有（　　　　）。

A. 复利终值系数和复利现值系数互为倒数

B. 普通年金终值系数和普通年金现值系数互为倒数

C. 普通年金终值系数和偿债基金系数互为倒数

D. 普通年金现值系数和资本回收系数互为倒数

8. 关于递延年金，下列说法中正确的有（　　　　）。

A. 递延年金无终值，只有现值

B. 递延年金终值计算方法与普通年金终值计算方法相同

C. 递延年金终值大小与递延期无关

D. 递延年金的第一次支付是发生在若干期以后的

9. 在财务管理中，衡量风险大小的指标有（　　　　）。

A. 期望报酬率　　　　B. 标准差

C. 标准离差率　　　　D. 国库券利率

10. 关于投资者要求的期望投资报酬率，下列说法中正确的有（　　　　）。

A. 风险程度越高，要求的报酬率越低

B. 无风险收益率越高，要求的必要收益率越高

C. 投资者对风险的态度越是回避，风险收益率就越低

D. 风险程度越高，要求的必要收益率越高

三、计算分析题

1. 某人决定分别在2020年、2021年、2022年和2023年各年的1月1日分别存入5 000元，按10%年利率，每年复利一次。要求：计算2023年12月31日的余额是多少？

2. 宏达公司拟购置一处房产，房主提出两种付款方案：（1）从现在起，每年年初支付

100万元，连续支付8次，共800万元；（2）从第5年开始，每年年初支付120万元，连续支付8次，共960万元。假设该公司的资本成本率为10%，已知（P/A，10%，7）= 4.868 4，（P/A，10%，8）= 5.334 9，（P/A，10%，9）= 5.759，（P/A，10%，10）= 6.144 6，（P/F，10%，3）= 0.751 3，（P/F，10%，4）= 0.683，（P/F，10%，5）= 0.620 9。要求：确定该公司应选择的方案。

3. 大业公司于2020年年末向银行贷款100万元，年贷款利率为10%，2026年年末到期还本付息。假定年存款利率为7%，已知（F/P，10%，6）= 1.771 6，（F/P，10%，7）= 1.948 7，（F/A，7%，6）= 7.153 3，（F/A，7%，7）= 8.654。要求：计算该公司从2021年开始每年年末应存入多少钱才能到期还钱？

4. 锦星公司在第一年年初向银行借入100万元，在以后的10年中，每年年末等额偿还13.8万元，当年利率为6%时，（P/A，6%，10）= 7.360 1；当年利率为7%时，（P/A，7%，10）= 7.023 6。要求：根据内插法估计该笔借款的利率。

5. 某公司于年初存入银行200 000元，每月复利一次，已知年利率为12%。要求：计算该企业到第5年年末可以取得本利和多少元？

6. 假定你想自退休后（开始于20年后），每月取得2 000元。假设这是一个第一次收款开始于21年后的永续年金，年收益率为4%。要求：计算在下20年中你每年应存入多少钱才能达到此目标？

7. 某企业有甲、乙两个投资项目，计划投资额均为1 000万元，其收益率的概率分布如下表所示。

项目收益率的概率分布表

单位：元

市场情况	概率	甲项目	乙项目
好	0.3	20%	30%
一般	0.5	10%	10%
差	0.2	5%	−5%

要求：

（1）分别计算甲、乙两个项目收益率的期望值。

（2）分别计算甲、乙两个项目收益率的标准差。

（3）比较甲、乙两个投资项目风险的大小。

（4）如果无风险收益率为6%，甲项目的风险价值系数为10%，计算甲项目的必要收益率。

综合技能强化训练

拿破仑的玫瑰花债

【背景资料】

拿破仑1797年3月在卢森堡第一国立小学演讲时说了这样一番话："为了答谢贵校对我，尤其是对我夫人约瑟芬的盛情款待，我不仅今天呈上一束玫瑰花，并且在未来的日子里，只要我们法兰西存在一天，每年的今天我将亲自派人送给贵校一束价值相等的玫瑰花，作为法兰西与卢森堡友谊的象征。"时过境迁，拿破仑穷于应付连绵不断的战争和此起彼伏的政治事件，最终惨败而被流放到圣赫勒拿岛，把在卢森堡的诺言忘得一干二净。可卢森堡这个小国对这位"欧洲巨人与卢森堡孩子亲切、和谐相处的一刻"念念不忘，并载入他们的史册。1984年年底，卢森堡旧事重提，向法国提出"违背赠送玫瑰花"诺言案的索赔：要么从1797年起，用3路易作为一束玫瑰花的本金，以5厘复利计息全部清偿这笔玫瑰花债；要么法国政府在法国各大报刊上公开承认拿破仑是个言而无信的小人。起初，法国政府准备不惜重金赎回拿破仑的声誉，但又被计算机算出的数字惊呆了：原本3路易的许诺，本息竟高达1 375 596法郎。经冥思苦想，法国政府斟词酌句的答复是："以后，无论在精神上还是物质上，法国将始终不渝地对卢森堡大公国的中小学教育事业予以支持与赞助，来兑现我们的拿破仑将军那一诺千金的玫瑰花信誉。"这一措辞最终得到了卢森堡人民的谅解。

【要求】思考1797年的3路易变成1984年的1 375 596法郎说明了什么？请阐述你对资金时间价值的理解。

【完成方式】独立完成，形成小论文。

【实训结果评价】

评价指标	评价等级	分值范围	评价成绩及备注
结果评价	1. 及时提交，表述清楚，观点正确	60～75	
	2. 表达清楚，观点正确，能够结合实际生活案例对时间价值进行说明	75～85	
	3. 表述清楚、观点正确且有自己的独特见解	85～100	

第3单元

筹资管理

专业能力：

通过资金需要量预测方法的学习，能够针对企业具体筹资需求作出资金需要量测算；依据筹资成本，结合筹资风险等因素，能够对企业各种筹资渠道和筹资方式做出比较和选择；通过学习如何确定最佳资本结构，能够为企业优化资本结构。

职业核心能力：

自我学习能力、分析及解决问题的能力、决策能力、团队协作能力。

筹资渠道、筹资方式、资本成本、最佳资本结构、风险。

辉山乳业资金链断裂　百亿负债悬空

辉山乳业是一家覆盖全产业链的乳制品公司，业务涉及草料种植、奶牛养殖、液态奶和奶粉的生产及销售，于2013年在香港上市，总部位于辽宁沈阳。公开资料称，辉山乳业为东北最大的液态奶生产企业。

2017年3月24日，在香港上市的辉山乳业股价出现断崖式下跌，跌幅一度超过九成，午市收盘跌幅仍达85%，创下港股市场股票单日跌幅的最高纪录。

辉山乳业的现金流量表显示，截至2016年9月月底之前的半年内，公司“新增银行贷款及其他借款所得款项”达78.3亿元，“银行贷款及其他贷款还款”为47.09亿元。2015年同期，这两项数字仅为40.68亿元和17.74亿元。

辉山乳业借钱的另一大途径是融资租赁，就在其股价“崩盘”的前几日仍通过此渠道大量融资。根据公告，2017年3月17日，辉山恒丰、辉山中国与徐州恒鑫金融租赁股份有限公司签订协议，通过向后者出售若干物业、厂房设备等回租的方式，以年化6%的利率，获得后者2.5亿元融资。辽宁辉山集团转而又与盈华租赁签订协议，将评估值15.54亿元的租赁资产，作价7.5亿元，向盈华租赁进行融资，租赁期限5年，年化利率为6.2%。

而让辉山乳业压力最大的是短期债务。截至2016年9月30日，其一年内到期的短期借款为111亿元，其中银行贷款108亿元，短期借款近3亿元，利率最高达8.88%；一年以上借款近50亿元。此外，还有大量的应付款和应付票据，总额为32.7亿元，其中3—6个月到期的债务有12亿元。

辉山乳业实际控制人、董事长杨凯承认公司资金链断裂。但他宣称，公司将出让部分股权引入战略投资者，通过重组，在一个月之内筹资150亿元，解决资金问题。

由此看来，以辉山乳业这类高负债企业为代表的企业融资全过程存在较多问题，如融资过度带来的风险、杠杆过高，从而引发财务风险、治理架构不健全，最后导致道德风险等。

【引例分析】

资金，是企业发展的血液，是企业生存的物质前提，更是企业发展的源动力。伴随着市场经济的蓬勃发展，企业如果想做大做强需要大量资金的支持。融资的方式有许多，不同的融资方式会让企业承担不同的财务风险和资本成本。企业融资活动会面临诸多问题，如融资难、资本成本高、杠杆风险大、资金使用不规范等，这些都可能会损害企业和投资人的利益。因此，为企业及时并科学的筹措到经营活动所需的资金，权衡财务风险和资本成本的关系，确定最佳的资本结构，是企业财务管理人员的重要工作。

3.1 筹资活动认知

企业筹资，是指企业为了满足其经营活动、投资活动、资本结构调整等需要，运用一定的筹资方式，选择适当的筹资渠道，经济、有效地获取所需资金的一种财务活动。资金是企业的血液，是企业设立、生存和发展的物质基础，是企业开展生产经营活动的基本前提。任何一个企业，为了形成生产经营能力、保证生产经营正常运行，必须拥有充足的资金。

3.1.1 筹资渠道与筹资方式

1. 筹资渠道

筹资渠道是指筹措资金的来源与通道。了解筹资渠道的种类及每种渠道的特点，有助于企业正确利用筹资渠道。目前，我国企业常用的筹资渠道有如下几种：

（1）国家财政资金，即国家对企业的投资，这是国有企业资金来源的主要渠道。

（2）银行信贷资金，即商业银行和政策性银行对企业的各种商业性或政策性贷款，是企业重要的资金来源。

（3）非银行金融机构资金。非银行金融机构主要包括信托投资公司、证券公司、融资租赁公司、保险公司、企业集团的财务公司等。其资金力量比银行要小，目前只能起辅助作用，但这些机构的资金供应比较灵活，且可提供其他方面的服务，发展前景广阔。

（4）其他企业资金。其他企业投入资金包括联营、入股、购买债券及各种商业信用，既有长期稳定的联合，又有短期临时的融通。

（5）居民个人资金，即企业职工和城乡居民的投资。企业通常可以通过发行股票、债券等方式广泛地向社会集聚资金。

（6）企业自留资金。这是指企业内部形成的资金，主要包括提取的公积金和未分配利润

等。该类资金无须企业通过特定方式去筹集，而是直接由企业内部自动生成或转移。

2. 筹资方式

筹资方式是指企业筹措资金所采取的具体形式或手段。筹资方式属于主观范畴，可以由企业自主选择，而企业只有了解筹资方式的种类及每种方式的特点，才能灵活运用不同的筹资方式，降低资金成本，有效筹集所需资金。目前，我国企业的筹资方式一般有如下几种：

（1）吸收直接投资，即企业按照“共同投资、共同经营、共担风险、共享利润”的原则直接吸收国家、法人、个人和外商投入资金的一种筹资方式。

（2）发行股票，即股份公司通过发行股票筹措权益性资本的一种筹资方式。

（3）留存收益，是指企业按规定从税后利润中提取的盈余公积金、根据投资人意愿和企业具体情况留存的应分配给投资者的未分配利润。利用留存收益筹资是指企业将留存收益转化为投资的过程，它是企业筹集权益性资本的一种重要方式。

（4）向金融机构借款，即企业根据借款合同从有关银行或非银行金融机构借入的需要还本付息的款项。

（5）商业信用，即通过商品交易中的延期付款或延期交货所形成的借贷关系而融通的资金，它是企业筹集短期资金的重要方式。

（6）发行债券，即企业通过发行债券筹措债务性资本的一种筹资方式。

（7）融资租赁，即出租人根据承租人对租赁物和供货人的选择或认可，将其从供货人处取得的租赁物，按融资租赁合同的约定出租给承租人占有、使用，并向承租人收取租金的交易活动，它是企业筹集长期债务性资本的一种方式。

【业务3-1】某汽车制造公司是一个多种经济成分并存、具有法人资格的大型企业集团。公司现在急需1亿元的资金用于轿车技术改造。为此，总经理赵斌于2020年5月10日召开专家研讨会，讨论该公司的筹资问题。现将会议发言摘录如下：

总经理赵斌：“公司轿车技术改造项目投资额预计为4亿元，生产能力为4万辆。现在项目正在积极实施中，但目前资金不足，准备在2020年7月前筹措1亿元资金，请大家发表自己的意见，谈谈如何筹措这笔资金。”

生产副总经理张望：“目前筹集的1亿元资金，主要是用于投资少、效益高的技术改进项目。这些项目在两年内均能完成建设并正式投产，到时将大大提高公司的生产能力和产品质量，估计这笔投资在改造投产后三年内可完全收回。所以应发行五年期的债券筹集资金。”

财务副总经理王朝提出了不同意见：“目前公司全部资金总额为10亿元，其中自有资金4亿元，借入资金6亿元，自有资金比率为40%。负债比率为60%，这种负债比率与世界发达国家如美国、英国等相比，负债比率已经比较高了，如果再利用债券筹集1亿元资金，负债比率将达到64%，显然负债比率过高，财务风险太大。所以，不能再利用债券筹资，只能靠发行普通股筹集资金。”

财务学专家郑教授听了大家的发言后，认为：“目前我国正处于通货膨胀时期，利息率比较高，这时不宜发行较长时期的、具有固定负担的债券或优先股股票，因为这样做会长期负担较高的利息或股息。所以，应首先向银行筹措1亿元的技术改造贷款。”

请归纳一下这次筹资研讨会上提出了哪几种筹资方式？

解：本次研讨会上所讨论的筹资方式有三种，包括发行债券、发行股票和银行借款。

筹资渠道和筹资方式既有联系也有区别，前者解决了资金的来源问题，后者解决了资金的获取方法问题。同一筹资渠道的资金往往可以通过不同的方式取得，而同一筹资方式往往又可以筹措到不同渠道的资金。

3.1.2 筹资分类

企业利用不同筹资渠道和采用各种筹资方式筹集的资金，由于其来源、方式、期限等的差异，形成了各种不同的类型；不同类型资金相结合，构成了企业具体的筹资组合。企业筹集的资金可按多种标准进行不同的分类，主要有：

1. 按资金权益性质的不同，分为权益资金筹集和债务资金筹集

权益资金，是企业依法筹集并长期拥有、自主支配运用的资金。一般包括实收资本、资本公积、盈余公积和未分配利润。权益资金主要依靠吸收直接投资、发行股票及生产经营过程中的积累来筹集。

债务资金，是企业依法筹集并依约使用、按期偿还的资金。主要依靠发行债券、银行借款、商业信用等方式取得。

2. 按所筹集资金的使用期限不同，分为长期筹资和短期筹资

长期筹资，是指企业筹集使用期限在1年以上的资金筹集活动。比如采取吸收直接投资、发行股票、发行债券、取得长期借款、融资租赁等方式获取的资金。

短期筹资，是指企业筹集使用期限在1年以内（含1年）的资金筹集活动。比如利用赊购、短期借款等方式来筹集的资金。

3. 按资金的来源范围不同，分为内部筹资和外部筹资

内部筹资，是指企业通过利润留存而形成的资金。

外部筹资，是指企业向外部筹措（如发行股票、债券），取得商业信用，向银行借款等而形成的资金。

4. 按是否以金融机构为媒介，分为直接筹资和间接筹资

直接筹资，是指不经过银行等金融机构，直接从金融市场筹集的资金，如吸收直接投资、

发行股票、发行债券等。

间接筹资，是指企业借助银行等金融机构进行的筹资，如银行借款。

3.1.3 筹资管理原则

企业在筹资过程中为提高筹资效率、降低风险与成本，应遵循如下基本原则：

1. 筹措合法原则

企业的筹资行为必须遵循国家的相关法律法规，依法履行法律法规和投资合同约定的责任，合法筹资，依法披露信息，维护各方的合法权益。

2. 规模适当原则

企业筹集资金，首先要合理预测资金的需要量。筹资规模与资金需要量应当匹配，既避免因筹资不足影响生产经营的正常进行，又要防止筹资过多造成资金的闲置。

3. 筹集及时原则

企业筹集资金，还需要合理预测、确定资金需要的时间。要根据资金需求的具体情况，合理安排资金的筹集时间，适时获取所需资金，使筹资与用资在时间上相衔接，既避免过早筹集资金形成资金投放前闲置，又防止取得资金的时间滞后错过资金投放的最佳时间。

4. 成本节约原则

企业所筹集的资金都要付出资本成本的代价，不同的筹资渠道和筹资方式所取得的资金，其资本成本各有差异。企业应当在考虑筹资难易程度的基础上，针对不同来源资金的成本进行分析，尽可能选择经济、可行的筹资渠道与方式，力求降低筹资成本。

5. 结构合理原则

企业筹资要综合考虑股权资金与债务资金的关系、长期资金与短期资金的关系、内部筹资与外部筹资的关系，合理安排资本结构，保持适当偿债能力，防范企业财务危机，提高筹资效益。

3.2 资金需要量预测

企业在进行资金筹集时，首先要对所需资金总量做出合理的预测。测定资金需要量有两种基本方法，即销售百分比预测法和资金习性预测法。

3.2.1 销售百分比预测法

1. 含义

销售百分比预测法，是将反映生产经营规模的销售因素与反映资金占用的资产因素连接起来，根据销售与资产之间的数量比例关系，预测企业的外部筹资需要量的一种方法。

2. 基本步骤

（1）确定敏感性资产和敏感性负债项目。我们将资产负债表中随销售的变动而呈正比例变动的项目称为敏感性项目，包括敏感性资产项目（又称变动资产），如库存现金、应收账款、存货、固定资产净值等，和敏感性负债项目（又称变动负债），如应付票据、应付账款等。除敏感性项目之外的项目称为非敏感性项目，如长期资产、长期借款、实收资本等，它们在短期内都不会随销售规模变动而相应改变。运用销售百分比预测法，首先需要分析资产负债表，找出敏感性项目。

（2）计算销售百分比。计算销售百分比，即确定敏感性资产和敏感性负债与销售额的稳定比例关系。如果企业资金周转的营运效率保持不变，敏感性资产与敏感性负债会随销售额的变动而呈正比例变动，保持稳定的百分比关系。我们需要根据历史资料和同业情况，找出这一关系。

$$\text{敏感性资产销售百分比}=\frac{A}{S_1}\times 100\% \tag{3.1}$$

$$\text{敏感性负债销售百分比}=\frac{B}{S_1}\times 100\% \tag{3.2}$$

式中：A为敏感性资产基期的金额；

B为敏感性负债基期的金额；

S_1为基期的销售额。

（3）确定需要增加的资金总额。

$$\text{需要增加的资金总额}=\left(\frac{A}{S_1}-\frac{B}{S_1}\right)\times(S_2-S_1)=\left(\frac{A}{S_1}-\frac{B}{S_1}\right)\times\Delta S \tag{3.3}$$

式中：S_2为预测期销售额；

ΔS为销售变动额。

（4）确定内部筹资额。

$$\begin{aligned}\text{增加的留存收益}&=\text{预计销售收入}\times\text{预计销售净利率}\times\text{预计留存收益率}\\&=S_2\times P\times E=S_2\times P\times(1-d)\end{aligned} \tag{3.4}$$

式中：P为销售净利率；

E为留存收益率；

d为股利分配率。

（5）确定对外筹资额。

$$对外筹资额=\left(\frac{A}{S_1}-\frac{B}{S_1}\right)\times\Delta S-S_2\times P\times E \qquad (3.5)$$

【业务3-2】腾飞公司2020年12月31日的简要资产负债表如表3-1所示。假定2020年销售额为10 000万元，销售净利率为10%，留存收益率为40%。2021年销售额预计增长到12 000万元，公司有足够的生产能力，无须追加固定资产投资。要求确定该公司2021年的对外筹资额。

表3-1 腾飞公司资产负债表（简表）

2020年12月31日　　金额单位：万元

资产	金额	销售百分比	负债和所有者权益	金额	销售百分比
货币资金	500	5%	应付账款	500	5%
应收账款	1 500	15%	应交税费	1 000	10%
存货	3 000	30%	短期借款	2 500	N
固定资产	3 000	N	应付债券	1 000	N
			实收资本	2 000	N
			留存收益	1 000	N
合计	8 000	50%	合计	8 000	15%

注：N为非敏感性项目。

解：1. 计算销售百分比

敏感性资产销售百分比＝5%＋15%＋30%＝50%

敏感性负债销售百分比＝5%＋10%＝15%

2. 确定需要增加的资金量

从表3-1中可以看出，销售收入每增加100元，必须增加50元的资金占用，但同时自动增加15元的资金来源，两者差额还有35%的资金需求。因此，每增加100元的销售收入，公司必须取得35元的资金来源，销售额从10 000万元增加到12 000万元，按照35%的比率可预测将增加700万元的资金需求。

需要增加的资金数额＝（50%－15%）×（12 000－10 000）＝700（万元）

3. 确定内部筹资额，即增加的留存收益

增加的留存收益＝12 000×10%×40%＝480（万元）

4. 确定外部融资需求的数量

对外筹资额 = 700 − 480 = 220（万元）

使用销售百分比预测法进行资金需要量预测，其优点是能为筹资管理提供短期预计的财务报表，以适应外部筹资的需要，且易于使用。但在有关因素发生变动的情况下，必须相应地调整原有的销售百分比。

3.2.2 资金习性预测法

1. 资金习性

资金习性，是指资金的变动同产销量变动之间的依存关系。按照资金同产销量之间的依存关系，可以把资金区分为不变资金、变动资金和半变动资金。

不变资金是指在一定的产销量范围内，不受产销量变动的影响而保持固定不变的那部分资金。包括：为维持营业而占用的最低数额的现金，原材料的保险储备，必要的成品储备，厂房、机器设备等固定资产占用的资金。

变动资金是指在一定的产销量范围内，随产销量的变动而呈正比例变动的那部分资金。一般包括直接构成产品实体的原材料、外购件等占用的资金。另外，在最低储备以外的库存现金、存货、应收账款等也具有变动资金的性质。

半变动资金是指虽然受产销量变化的影响，但不呈正比例变动的资金，如一些辅助材料上占用的资金。半变动资金可采用一定的方法分解为不变资金和变动资金。在企业中，相当一部分资金其实是以半变动的资金形态存在的，需要根据经验和一定方法进行分解。

2. 资金习性预测法

资金习性预测法就是根据历史上企业资金占用总额与产销量之间的关系，把企业所有资金分为不变资金和变动资金两部分，然后结合预计的销售量来预测资金需要量的方法。其数学模型为：

$$y = a + bx \quad (3.6)$$

式中：y为资金占用总额；

a为不变资金；

b为单位产量所需的变动资金；

x为产销量。

可见，只要求出a和b，并知道预期的产销量，就可以用上述公式测算资金需求情况。而a和b的计算，又通常有高低点法和线性回归法两种具体做法。

（1）高低点法。**高低点法是根据两点确定一条直线的基本原理，用高点和低点代入直线**

方程求出a和b的方法。这里的高点是指产销量最大点，低点是指产销量最小点。高低点法的计算公式为：

$$b=\frac{\text{最高产销量资金占用量}-\text{最低产销量资金占用量}}{\text{最高产销量}-\text{最低产销量}}$$

$$a=\text{最高产销量资金占用量}-b\times\text{最高产销量}$$

或 $$a=\text{最低产销量资金占用量}-b\times\text{最低产销量} \tag{3.7}$$

【业务3-3】腾飞公司历年产销量和资金占用变化情况如表3-2所示，2021年预计销售量为1 500万件，试采用高低点法预测2021年的资金需要量。

表3-2 产销量与资金占用变化情况表

年度	产销量 x_i/万件	资金占用 y_i/万元
2015	1 200	1 000
2016	1 100	950
2017	1 000	900
2018	1 200	1 000
2019	1 300	1 050
2020	1 400	1 100

解：选择最高业务量和最低业务量作为高点和低点。本例中，2017年为产销量最低点（1 000，900），2020年为产销量最高点（1 400，1 100）。

利用公式求出a、b参数值。

$$b=\frac{1\ 100-900}{1\ 400-1\ 000}=0.5$$

将b代入$y=a+bx$，$900=a+0.5\times1\ 000$，则$a=400$（万元）。

将a、b值代入$y=a+bx$，建立预测方程：

$y=400+0.5x$

预测2021年资金规模：

$y=400+0.5\times1\ 500=1\ 150$（万元）

（2）线性回归法。**线性回归法是假定资金需要量与销售额之间存在线性关系，然后根据一系列历史资料，利用数学上最小平方法原理，计算能代表平均资金水平的直线截距和斜率，建立回归直线方程，并利用方程预测资金需要量的一种方法。**相比于高低点法，该方法更为精确。

线性回归法的计算公式为：

$$a=\frac{\sum x^2\sum y-\sum x\sum xy}{n\sum x^2-(\sum x)^2}$$

或

$$a=\frac{\sum y-b\sum x}{n}$$

$$b=\frac{n\sum xy-\sum x\sum y}{n\sum x^2-(\sum x)^2} \tag{3.8}$$

式中：n为进行预测所使用的历史资料的期数。

应用线性回归法必须注意以下几个问题：① 资金需要量与营业业务量之间线性关系的假定应符合实际情况；② 确定a、b数值，应利用连续若干年的历史资料，一般要有3年以上的资料；③ 应考虑价格等因素的变动情况。

【业务3-4】仍以【业务3-3】的数据为例，采用线性回归法预测2021年的资金规模。

解：第一步，根据a、b参数公式要求和历史资料，整理出表3-3。

表3-3　线性回归预测法相关指标计算表

年度	产销量 x_i/万件	资金占用 y_i/万元	xy	x^2
2015	1 200	1 000	1 200 000	1 440 000
2016	1 100	950	1 045 000	1 210 000
2017	1 000	900	900 000	1 000 000
2018	1 200	1 000	1 200 000	1 440 000
2019	1 300	1 050	1 365 000	1 690 000
2020	1 400	1 100	1 540 000	1 960 000
合计$n=6$	$\sum x=7\ 200$	$\sum y=6\ 000$	$\sum xy=7\ 250\ 000$	$\sum x^2=8\ 740\ 000$

第二步，将表3-3中的数据代入a、b参数的公式中，求得a、b值。

$$b=\frac{6\times7\ 250\ 000-7\ 200\times6\ 000}{6\times8\ 740\ 000-7\ 200^2}=0.5$$

$$a=\frac{6\ 000-0.5\times7\ 200}{6}=400$$

第三步，将a、b值代入$y=a+bx$，建立回归方程：

$y=400+0.5x$

第四步，预测2021年资金规模：

$y=400+0.5\times1\ 500=1\ 150$（万元）

利用Excel生成一次函数

利用Excel生成一次函数

步骤1：在Excel的单元格内填好x轴、y轴对应的数据，一般x轴的数据为一列，y轴的数据为一列。

步骤2：在Excel工作表中插入“带平滑线的散点图”。

步骤3：在插入的图标中右键选择“选择数据”。

步骤4：分别添加好x轴，y轴的数据，然后单击“确定”即可。

步骤5：如图3-1所示就是绘制的一次函数曲线，也可以单击鼠标右键，在“设置趋势线格式”中选中“显示公式”，让其显示此一次函数的公式。

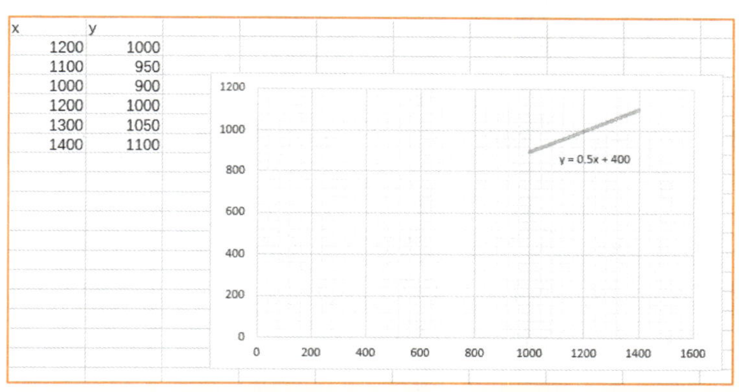

x	y
1200	1000
1100	950
1000	900
1200	1000
1300	1050
1400	1100

图3-1　Excel生成一次函数

3.3 权益资金的筹集

权益资金，也称自有资金、主权资金，是企业最基本的资金构成。权益资金的筹集一般有吸收直接投资、发行股票和利用留存收益三种主要方式。

3.3.1 吸收直接投资

吸收直接投资，是指企业按照“共同投资、共同经营、共担风险、共享收益”的原则，

直接吸收国家、法人、个人和外商投入资金的一种筹资方式。吸收直接投资是非股份制企业筹集权益资金的基本方式。

1. 吸收直接投资的出资方式

（1）货币资产出资。货币资产出资是指投资者直接以货币资金进行出资。这是吸收直接投资中最主要的出资方式，也是企业运转的前提。企业有了货币资金便可以获取其他物质资源、支付各种费用。

（2）非货币资产出资。《中华人民共和国公司法》第27条规定，"股东可以用货币出资，也可以用实物、知识产权、土地使用权等可以用货币估价并可以依法转让的非货币财产作价出资；但是，法律、行政法规规定不得作为出资的财产除外。对作为出资的非货币财产应当评估作价，核实财产，不得高估或低估。法律、行政法规对评估作价有规定的，从其规定"。

2. 吸收直接投资的优缺点

（1）优点。

① 能够尽快形成生产能力。吸收直接投资不仅可以取得一部分货币资金，而且能够直接获得所需的先进设备和技术，尽快形成生产经营能力。

② 财务风险较小。与债务筹资相比，吸收直接投资不存在还本付息的压力。

③ 筹资速度较快。与发行股票、债券等方式相比，吸收直接投资所需履行的法律程序相对简单，筹资时间相对较短，资金到位时间快。

（2）缺点。

① 资本成本较高。相对债务筹资来说，吸收直接投资的资本成本较高。投资者投资的目的是为了获利，当企业经营较好，盈利较多时，投资者往往要求将大部分盈余作为红利分配。

② 容易分散控制权。采用吸收直接投资方式筹集资金，投资者一般要求获得与投资数量相当的经营管理权，因此，原有投资者对企业的控制权可能因此被分散，这是接受外来投资的一种代价。

③ 不利于产权交易。吸收投入资本由于没有证券为媒介，不利于产权交易，难以进行产权转让。

3.3.2 发行股票

股票发行是指符合条件的发行人以筹资或实施股利分配为目的，按照法定的程序，向投资者或原股东发行股份或无偿提供股份的行为。

1. 股票的种类

（1）按股东权利和义务，分为普通股和优先股。普通股是公司发行的代表着股东享有平

等的权利、义务，不加特别限制的，股利不固定的股票。优先股是公司发行的相对于普通股具有一定优先权的股票，其优先权利主要表现在股利分配优先权和分取剩余财产优先权上。

（2）按票面有无记名，分为记名股票和无记名股票。记名股票是在股票票面上记载有股东姓名或将名称记入公司股东名册的股票。无记名股票不登记股东名称，公司只记载股票数量、编号及发行日期。我国《公司法》规定，公司向发起人、法人发行的股票，为记名股票；向社会公众发行的股票，可以为记名股票，也可以为无记名股票。

（3）按发行对象和上市地点，分为A股、B股、H股、N股和S股等。A股即人民币普通股票，由我国境内公司发行，境内上市交易，它以人民币标明面值，以人民币认购和交易。B股即人民币特种股票，由我国境内公司发行，境内上市交易，它以人民币标明面值，以外币认购和交易。H股是注册地在内地、上市在香港的股票。以此类推，在纽约和新加坡上市的股票，就分别称为N股和S股。

2. 普通股筹资的优缺点

（1）优点。

① 筹资风险较小。普通股筹资筹集到的是自有资本，可以改善企业资本结构，增强举债能力。而且由于普通股无须还本付息，相对于负债筹资来讲筹资风险较小。

② 能增强公司的社会声誉。普通股筹资使得股东大众化，由此给公司带来了广泛的社会影响。

（2）缺点。

① 资本成本高。普通股筹资成本一般要高于优先股和借入资金。由于投资普通股风险最大，所以投资者要求比较高的报酬率。与债券利息相比，股息支付属于税后利润分配项目，不能抵税，而借入资金利息则可以抵税。另外，普通股的发行成本也较高。

② 容易分散原有股东的控制权。由于普通股股东享有对公司的经营管理权，增资发行新股就会改变股东持股比例，如果原有股东没有同比例购买新股票，其持股比例就会下降，从而控制权被分散。

3.3.3 利用留存收益

留存收益是指企业从历年实现的利润中提取或留存于企业的内部积累。它来源于企业的生产经营活动所实现的净利润，包括企业的盈余公积和未分配利润两个部分。其中，盈余公积是有特定用途的累积盈余；未分配利润是尚未指定用途的累积盈余。

1. 留存收益的筹资途径

（1）提取盈余公积金。盈余公积金，是指有指定用途的留存净利润。盈余公积金是从当期企业净利润中提取的积累资金，其提取基数是本年度的净利润。盈余公积金主要用于企业未来的经营发展，经投资者审议后也可以用于转增股本（实收资本）和弥补以前年度经营亏损，但不得用于以后年度的对外利润分配。

（2）未分配利润。未分配利润，是指未限定用途的留存净利润。未分配利润有两层含义：第一，这部分净利润本年没有分配给公司的股东投资者；第二，这部分净利润尚未指定用途。未分配利润可以用于企业转增资本、弥补以前年度经营亏损及以后年度的利润分配。

2. 利用留存收益筹资的优缺点

（1）优点。

① 维持公司的控制权分布。利用留存收益筹资，不用对外发行新股或吸收新投资者，由此增加的权益资本不会改变公司的股权结构，不会稀释原有股东的控制权。

② 不会发生筹资费用。与普通股筹资相比较，留存收益筹资不需要发生筹资费用，资本成本较低。

（2）缺点。

首先是筹资数额有限。留存收益的最大数额是企业到期的净利润和以前年度未分配利润之和，不像外部筹资一次性可以筹集大量资金。如果企业发生亏损，那么当年就没有利润留存。另外，股东和投资者从自身期望出发，往往希望企业每年发放一定的利润，保持一定的利润分配比例。

3.3.4 权益资金的资本成本

1. 资本成本的含义

资本成本是指企业为筹集和使用资本而付出的代价。资本成本的产生是资本所有权与使用权分离的结果。对出资者而言，由于让渡了资本使用权，要求取得一定的补偿，因此，资本成本可理解为让渡资本使用权所需获得的报酬；对筹资者而言，由于取得了资本使用权，必须支付一定的代价，资本成本又可理解为取得资本的使用权所付出的代价。**按照资本成本发生的时间，资本成本由筹资费用和用资费用两部分组成。**

（1）**筹资费用，是指企业在资金筹措过程中为获得资金而付出的代价，如向银行支付的借款手续费，因发行股票、公司债券而支付的发行费等。**筹资费用通常在资本筹集时一次性发生，在资本使用过程中不再发生，因此，可将其视为筹资数额的扣除项目。

（2）**用资费用，是指企业在资金使用过程中因占用资金而付出的代价，如向银行等债权人支付的利息，向股东支付的股利等。**用资费用通常在资金使用过程中陆续发生。

2. 资本成本的作用

（1）资本成本是企业筹资决策的依据。资本成本是影响企业筹资总额的重要因素。当企业筹资数额很大，资金的边际成本超过企业承受能力时，企业便不能再增加筹资数额。

资本成本是企业选择资金来源、筹资方式的基本依据。企业的资金可以从很多方面来筹集，而究竟选择哪种来源和方式，首先要考虑的因素就是资本成本的高低。

资本成本是确定最优资本结构的主要参数。企业财务管理目标是企业价值最大化。企业价值是企业资产带来的未来经济利益的现值。计算现值时采用的贴现率通常会选择企业的平均资本成本，当平均资本成本率最小时，企业价值最大，此时的资本结构是企业理想的资本结构。

（2）资本成本是企业投资决策的依据。资本成本通常用相对数表示，它是企业对投入资本所要求的最低报酬率（或收益率）。任何投资项目，如果它预期的投资报酬率超过该项目使用资金的资本成本率，则该项目在经济上就是可行的。因此，资本成本率是企业用以确定投资项目是否可行的一个标准。

（3）资本成本是评价企业整体业绩的依据。一定时期企业资本成本的高低，不仅反映企业筹资管理的水平，还可作为评价企业整体经营业绩的标准。企业的生产经营活动，实际上就是所筹集资本经过投放后形成的资产营运，而只有当企业的总资产报酬率高于其平均资本成本率时，才能带来剩余收益。

3. 个别资本成本的计算

个别资本成本是指单一融资方式本身的资本成本，包括普通股资本成本、留存收益资本成本、银行借款资本成本和公司债券资本成本等。个别资本成本的高低，用相对数即资本成本率表达。

（1）一般模式。一般模式，即在计算资本成本时，不考虑货币时间价值，便于分析比较。一般模式通用的计算公式为：

$$\text{资本成本}=\frac{\text{每年的用资费用}}{\text{筹资总额}-\text{筹资费用}}\times 100\%=\frac{\text{每年的用资费用}}{\text{筹资总额}\times(1-\text{筹资费用率})}\times 100\% \tag{3.9}$$

（2）贴现模式。贴现模式，即将债务未来还本付息或股权未来股利分红的贴现值与目前筹资净额相等时的贴现率作为资本成本。适用于金额大、时间超过1年的长期资本。

因为：

$$\text{筹资净额限值}-\text{未来资本清偿额现金流量现值}=0$$

所以：

$$\text{资本成本}=\text{所采用的贴现率}$$

4. 权益筹资资本成本的计算

（1）普通股资本成本的计算。由于普通股资本成本主要是向股东支付的各期股利，而各期股利随企业各期收益波动，并不一定固定。因此，普通股的资本成本只能按贴现模式计算，并假定各期股利的变化呈一定的规律性。股利折现基本模型如下：

$$P_0=\sum_{t=1}^{n}\frac{D_t}{(1+K_c)^t} \tag{3.10}$$

式中：$P_0=P(1-f)$，即普通股的筹资净额，P为普通股市价，f为筹资费用率；

D_t为普通股第t年的股利；

K_c为普通股投资的必要收益率，即普通股资本成本率。

运用上列基本模型测算普通股资本成本时，因所采用的股利政策的不同而可对基本模型作以下的变形：

① 在每年股利固定的情况下，即每年分派现金股利D元，则普通股资本成本的公式变形为：

$$普通股资本成本=\frac{每年相等的每股股利}{每股市价\times(1-筹资费用率)}\times100\% \tag{3.11}$$

$$K_c=\frac{D}{P(1-f)}\times100\%$$

【业务3-5】腾飞公司利用发行普通股筹资，普通股市价15元，筹资费用率1%，每年固定发放现金股利每股1.5元。要求计算该普通股资本成本。

解：$K_c=\dfrac{1.5}{15\times(1-1\%)}\times100\%=10.1\%$

② 在每年股利固定增长率的情况下，股利固定增长率为g，则普通股资本成本的公式变形为：

$$普通股资本成本=\frac{预期第1年每股股利}{每股市价\times(1-筹资费用率)}\times100\%+股利固定增长率$$

$$K_c=\frac{D_1}{P(1-f)}\times100\%+g$$

或

$$K_c=\frac{D_0(1+g)}{P(1-f)}\times100\%+g \tag{3.12}$$

式中：D_0为上年股利；

D_1为第1年预期股利，$D_1=D_0(1+g)$。

【业务3-6】腾飞公司利用发行普通股筹资，普通股市价20元，筹资费用率1%，本年发放现金股利每股0.6元，预期股利年增长率为10%。要求计算该普通股资本成本。

解：$K_c=\dfrac{0.6\times(1+10\%)}{20\times(1-1\%)}\times100\%+10\%=13.33\%$

（2）留存收益资本成本的计算。留存收益资本成本的计算与普通股基本相同，只是不用考虑筹资费用。

① 在每年股利固定的情况下，即每年分派现金股利D元，则留存收益资本成本的计算公式为：

$$留存收益资本成本=\frac{每年相等的普通股每股股利}{普通股每股市价}\times100\%$$

$$K_e=\frac{D}{P}\times100\% \tag{3.13}$$

② 在每年股利固定增长的情况下，股利固定增长率为g，则留存收益资本成本的公式为：

$$留存收益资本成本=\frac{预期第1年普通股每股股利}{普通股每股市价}\times100\%+股利固定增长率$$

$$K_e=\frac{D_1}{P}\times100\%+g 或 K_e=\frac{D_0(1+g)}{P}\times100\%+g \tag{3.14}$$

式中：D_0为上年股利；

D_1为第1年预期股利，$D_1=D_0(1+g)$。

【业务3-7】腾飞公司利用留存收益筹资，该公司目前普通股市价20元，本年发放现金股利每股0.6元，预期股利年增长率为10%。要求计算留存收益资本成本。

解：$K_e=\dfrac{0.6\times(1+10\%)}{20}\times100\%+10\%=13.3\%$

3.4 债务资金的筹集

债务资金是指企业通过承担债务方式而筹集和取得的资金。其中，向银行借款、发行债券、商业信用和融资租赁，是债务筹资获取的基本方式。

3.4.1 银行借款

银行借款是指企业向银行或非银行金融机构借入的、需要还本付息的款项。

1. 银行借款的种类

（1）按提供贷款的机构，分为政策性银行贷款、商业性银行贷款和其他金融机构贷款。

① 政策性银行贷款是指执行国家政策性贷款业务的银行向企业发放的贷款，通常为长期贷款。例如，国家开发银行贷款，主要满足企业承建国家重点建设项目的资金需要；中国进出口银行贷款，主要为大型设备的进出口提供的买方信贷或卖方信贷；中国农业发展银行贷款，主要用于确保国家对粮、棉、油等政策性收购资金的供应。

② 商业性银行贷款是指由各商业银行，如中国工商银行、中国建设银行、中国农业银行、中国银行等，向企业提供的贷款，用以满足企业生产经营的资金需要，包括短期贷款和长期贷款。

③ 其他金融机构贷款，如从信托投资公司取得实物或货币形式的信托投资贷款，从财务公司取得的各种中长期贷款，从保险公司取得的贷款等。

（2）按机构对贷款有无担保要求，分为信用贷款和担保贷款。信用贷款是指以借款人的信誉或保证人的信用为依据而获得的贷款。企业取得这种贷款，无须以财产作抵押。对于这种贷款，由于风险较高，银行通常要收取较高的利息，往往还附加一定的限制条件。担保贷款是指由借款人或第三方依法提供担保而获得的贷款，具体包括保证贷款、抵押贷款和质押贷款三种。

（3）按企业取得贷款的期限，分为短期贷款、中期贷款和长期贷款。短期贷款是指期限在1年以内（含1年）的贷款，主要用于企业流动资金的周转；中期贷款是指期限在1年以上（不含1年）、5年以下（含5年）的贷款；长期贷款是指期限在5年以上（不含5年）的贷款。中长期贷款主要用于企业非流动资产占用的需要，如固定资产更新、扩建、新产品试制等。

2. 银行借款的程序

（1）提出申请。企业根据筹资需求向银行书面申请，按银行要求的条件和内容填报借款申请书。

（2）银行审批。银行按照有关政策和贷款条件，对借款企业进行信用审查，依据审批权限，核准公司申请的借款金额和用款计划。审查的主要内容包括：公司的财务状况；信用情况；盈利的稳定性；发展前景；借款投资项目的可行性；抵押品和担保情况等。

（3）签订合同。借款申请获批准后，银行与企业进一步协商贷款的具体条件，签订正式的借款合同，规定贷款的数额、利率、期限和一些约束性条款。

（4）取得借款。借款合同签订后，企业在核定的贷款指标范围内，根据用款计划和实际

需要，一次或分次将贷款转入公司的存款结算账户，以便使用。

3. 与银行借款有关的信用条款和保护性条款

比较和选择银行借款，首先需要认识借款合同中约定的各种信用条款和保护性条款。它们会对借款成本带来影响。

（1）信用条款。为保障银行资金的安全，通常，银行在放贷时可能要求企业签订如下的信用条款：

① 信贷额度。亦即贷款限额，是借款人与银行在协议中规定的允许借款人借款的最高限额。如借款人超过规定限额继续向银行借款，银行则停止办理。信贷额度是银行和企业之间的一种协议，不具有法律约束力。即如果企业信誉恶化，即使银行曾经同意按信贷限额提供贷款，企业也可能因银行终止放贷而得不到借款。

② 周转信贷协定。周转信贷协定是银行从法律上承诺向企业提供不超过某一最高限额的贷款协定。在协定的有效期内，只要企业借款总额未超过最高限额，银行必须满足企业任何时候提出的借款要求，企业享用周转信贷协定，通常要对贷款限额的未使用部分付给银行一笔承诺费。相比于信贷额度，周转信贷协定对借贷双方都有法律约束力。

【业务3-8】 腾飞公司与银行商定的年度周转信贷额为5 000万元，年度内使用了4 000万元，承诺费率为1%，问企业应向银行支付多少承诺费？

解：承诺费 =（5 000 − 4 000）× 1% = 10（万元）

③ 补偿性余额。补偿性余额是指银行要求借款人在银行中保持按贷款限额或实际借用额的一定百分比（通常为10%~20%）计算的最低存款余额。对银行而言，补偿性余额有助于银行降低贷款风险、补偿其可能遭受的损失；但是对借款企业而言，则提高了企业借款的实际利率，加重了借款企业的利息负担。补偿性余额贷款实际利率的计算公式为：

$$\text{补偿性余额贷款实际利率} = \frac{\text{名义利率}}{1 - \text{补偿性余额比率}} \times 100\% \tag{3.15}$$

【业务3-9】 腾飞公司向银行取得了1年期借款5 000万元，年利率10%，银行要求保留15%的补偿性余额，问这项借款的实际利率为多少？

解：实际利率 = 10% ÷（1 − 15%）× 100% = 11.76%

④ 借款抵押、质押。抵押、质押是指当银行无法信任所提供贷款的企业时，会要求企业提供抵押品或质押品予以担保。抵押、质押借款的资本成本通常高于非抵押、质押借款。首先，银行将其贷款视为一种风险贷款，因而收取较高的利息；其次，银行管理抵押、质押贷款相比而言更为困难，为此往往另外收取手续费。同时，抵押、质押借款常常还有很多隐性成本，如银行往往还会限制其抵押、质押财产的使用，从而可能影响企业未来的借款能力。

（2）保护性条款。由于银行等金融机构提供的长期贷款金额高、期限长、风险大，因此，除借款合同的基本条款之外，债权人通常还在借款合同中附加各种保护性条款，以确保企业按要求使用借款和按时足额偿还借款。常见的保护性条款一般有三类：

① 例行性保护条款。这类条款作为例行规定，在大多数借款合同中都会出现。如要求定期向提供贷款的金融机构提交财务报表；不准在正常情况下出售较多的非产成品存货；不准以资产作其他承诺的担保或抵押等。

② 一般性保护条款。一般性保护条款是对企业资产的流动性及偿债能力等方面的要求条款，这类条款应用于大多数借款合同。例如，保持企业的资产流动性；限制企业非经营性支出；限制公司再举债规模；限制企业资本支出的规模等。

③ 特殊性保护条款。这类条款是针对某些特殊情况而出现在部分借款合同中的条款，只有在特殊情况下才能生效。例如，要求公司的主要领导人购买人身保险；借款的用途不得改变；违约惩罚条款等。

上述各项条款结合使用，可以对银行等债权人的权益进行保护。但借款合同是经借贷双方充分协商后决定的，其最终结果取决于双方谈判能力的大小，而不完全取决于银行等债权人的主观愿望。

4. 借款利息的支付方式

比较和选择银行借款时，除了需要充分考虑各种借款条件外，借款利息的支付方式也会影响借款的成本。常见的利息支付方式包括利随本清法、贴现法和定期付息、到期还本等。

（1）利随本清法。**利随本清法，又称收款法，是在借款到期时向银行支付利息的方法。**采用这种方法，借款的实际利率等于其名义利率。

（2）贴现法。**贴现法是银行向企业发放贷款时，先从本金中扣除利息部分，而到期时借款企业再偿还全部本金的一种计息方法。**采用这种方法，企业可利用的贷款额只有本金扣除利息后的差额部分，因此借款的实际利率高于其名义利率。实际利率计算公式如下：

$$\text{实际利率}(i)=\frac{\text{名义利率}}{1-\text{名义利率}}\times 100\% \tag{3.16}$$

【业务3-10】腾飞公司向银行取得了1年期借款5 000万元，年利率10%，按照贴现法付息，问这项借款的实际利率为多少？

解：实际利率 = 10% ÷（1 − 10%）× 100% = 11.11%

（3）定期付息、到期还本。**定期付息，到期还本是指企业在固定期限（通常是在每季度末）支付利息，到期一次性偿还本金的方法。**采用这种方法，借款的实际利率高于其名义利率。

$$i=\left(1+\frac{r}{m}\right)^{m}-1 \tag{3.17}$$

式中：i为实际利率；

r为名义利率；

m为每年支付利息的次数。

【业务3-11】接【业务3-10】，如果每半年支付利息一次，问该项借款的实际利率为多少？

解：$i=\left(1+\dfrac{10\%}{2}\right)^2-1=10.25\%$

做中学

宏运公司向银行取得了1年期借款8 000万元，年利率8%，如果每季度支付利息一次，问该项借款的实际利率为多少？

答案：实际利率为8.24%。

提示：m为4，名义利率为8%，代入公式可算出：$i=\left(1+\dfrac{8\%}{4}\right)^4-1=8.24\%$

5. 利用银行借款筹资的优缺点

（1）优点。

① 筹资速度快。与发行债券、股票等方式相比，银行借款的程序相对简单，所花时间较短，公司可以迅速获得所需资金。

② 资本成本较低。利用银行借款筹资，比发行债券利息负担要低。而且，无须支付证券发行费等筹资费用。

③ 筹资弹性较大。在借款之前，公司根据当时的资本需求与银行等贷款机构直接商定贷款的时间、数量和条件。在借款期间，若公司的财务状况发生变化，也可与债权人再协商，变更借款数量、时间和条件，或提前偿还本息。因此，借款筹资对公司具有较大的灵活性。

（2）缺点。

① 限制条款多。与债券筹资相比，银行借款合同对借款用途有明确规定，通过借款的保护性条款，对公司资本支出额度、再筹资、股利支付等行为有严格的约束，使得借款期间公司的生产经营活动和财务政策受到一定程度的影响。

② 筹资数额有限。银行借款的数额往往受到贷款机构资本实力的制约，不可能像发行债券、股票那样一次性筹集到大笔资金，因而无法满足公司大规模筹资的需要。

3.4.2 发行债券

企业债券又称公司债券，是企业依照法定程序发行的、约定在一定期限内还本付息的有价证券。

1. 公司债券的种类

（1）按是否记名，分为记名公司债券和无记名公司债券。记名公司债券，应当在公司债券存根簿上载明债券持有人的姓名及住所、债券持有人取得债券的日期及债券的编号等债券持有人信息。无记名公司债券，应当在公司债券存根簿上载明债券总额、利率、偿还期限和方式、发行日期及债券的编号。

（2）按是否能够转换成公司股权，分为可转换债券与不可转换债券。可转换债券，债券持有者可以在规定的时间内按规定的价格转换为发债公司的股票。不可转换债券，是指不能转换为发债公司股票的债券，大多数公司债券属于这种类型。

（3）按有无特定财产担保，分为担保债券和信用债券。担保债券是指以抵押方式担保发行人按期还本付息的债券，主要是指抵押债券。信用债券是无担保债券，是仅凭公司自身的信用发行的、没有抵押品作抵押担保的债券。

2. 发行债券的程序

（1）作出决议。由董事会制定方案，股东大会作出决议。

（2）提出申请。我国规定，公司申请发行债券由国务院证券管理部门批准。公司申请应提交公司登记证明、公司章程、公司债券募集办法、资产评估报告和验资报告。

（3）公告募集办法。债券发行分私募发行和公募发行两种。私募发行是以特定的少数投资者为对象发行债券，而公募发行则是在证券市场上以非特定的广大投资者为对象公开发行债券。

（4）委托证券经营机构发售。公募间接发行是各国通行的公司债券发行方式，在这种发行方式下，发行公司与承销团签订承销协议，承销方式有代销和包销两种。代销是指承销机构代为推销债券，在约定期限内未售出的余额可退还发行公司，承销机构不承担发行风险。包销是由承销团先购入发行公司拟发行的全部债券，然后再售给社会上的投资者，如果约定期限内未能全部售出，余额要由承销团负责认购。

（5）交付债券，收缴债券款，登记债券存根簿。发行债券通常不需经过填写认购证过程，由债券购买人直接向承销机构付款购买，承销单位付给企业债券。然后，发行公司向承销机构收缴债券款并结算代理费及预付款项。

3. 发行公司债券的优缺点

（1）优点。

① 筹资数额较大。利用发行公司债券筹资，能够一次性筹集大额的资金，满足公司大规模筹资的需要。

② 提高公司的社会声誉。公司债券的发行主体有严格的资格限制。发行公司债券，往往是股份有限公司和有实力的有限责任公司才能实施的行为。

③ 筹集资金的使用限制条件少。与银行借款相比，债券筹资筹集资金的使用具有相对的灵活性和自主性，限制条件少。

（2）缺点。

① 发行资格要求高，手续复杂。国家为了保护投资者利益，维护社会经济秩序，对发债公司的资格有严格的限制。从申报、审批、承销到最后取得资金，需要经过众多环节和严格的审批，耗用时间长。

② 资本成本较高。相对于银行借款筹资，发行债券的利息负担和筹资费用都比较高。而且债券不能像银行借款一样进行债务展期，加上大额的本金和较高的利息，在固定的到期日，将会对公司现金流量产生巨大的财务压力。

3.4.3 商业信用

商业信用是指在商品交易中由于逾期付款或预收账款形成的企业间的借贷关系，是企业之间的一种直接信用关系。它运用广泛，在企业的短期负债筹资中占有相当大的比重。

1. 商业信用的类型

（1）应付账款。应付账款是企业购买货物暂未付款而欠对方的款项，是最典型、最常见的商业信用形式。销货企业在将商品转移给购货方时，并不需要买方立即支付现款，而是由卖方根据交易条件向买方开出发票或账单，买方在取得商品后的一定时期内再付清款项。这样，买方实际上以应付账款的形式获得了卖方提供的信贷，获得了短期资金的来源。

（2）应付票据。应付票据是在应付账款的基础上发展起来的另一种商业信用。为了增强收回赊销款项的安全度，商业票据这种特殊的结算工具应运而生。商业票据是指买卖双方进行赊购赊销时开具的反映债权债务关系并凭以办理清偿的票据，商业票据可以流通，是一种较为灵活的商业信用方式。

（3）预收账款。预收账款是指销货企业按照合同或协议协定，在货物交付之前，向购货企业预先收取部分或全部货款的一种形式。这种商业信用形式通常适用于市场上比较紧俏，而买方又急需的商品，或生产周期长、价格高的大型产品，如船舶、房地产等。

2. 商业信用筹资的优缺点

（1）优点。

① 筹资便利。与其他筹资方式比，商业信用筹资非常方便。因为商业信用与商品买卖同时进行，无须做特殊的筹资安排，是一种自然性筹资行为。

② 限制条件少。商业信用筹资条件宽松，无须担保或抵押，也无使用上的限定，选择余地较大。

③ 筹资成本较低。大多数商业信用是免费的，没有筹资费用或很少；即便是带息的应付票据利息也很低，且能税前列支。

（2）缺点。

① 期限较短。它属于短期筹资方式，不能用于长期资产的占用。

② 风险大。商业信用经常发生，次数频繁，需要企业随时调度资金，财务风险大。

③ 筹资数额小。相对于其他筹资方式，商业信用的每次筹资金额较小。

3.4.4 债务资金的资本成本

1. 银行借款资本成本

银行借款资本成本包括借款利息和借款手续费用。手续费用是筹资费用的具体表现。利息费用在税前支付，可以起到抵税作用，一般计算税后资本成本，以便与权益资本成本具有可比性。银行借款的资本成本按一般模式计算为：

$$K_L=\frac{I(1-T)}{L(1-f)}\times 100\%=\frac{i(1-T)}{1-f}\times 100\% \tag{3.18}$$

式中：K_L为银行借款资本成本；

L为银行借款金额；

i为银行借款年利率；

I为银行借款年利息；

f为筹资费用率；

T为所得税税率。

对于长期借款，考虑货币时间价值问题，还可以用贴现模式计算资本成本，其计算公式为：

$$M(1-f)=\sum_{t=1}^{n}\frac{I_t(1-T)}{(1+K_L)^t}+\frac{M}{(1+K_L)^n} \tag{3.19}$$

式中：M为名义借款额。

【业务3-12】 腾飞公司取得5年期长期借款1 000万元，年利率10%，到期一次还本付息，借款费用率0.2%，企业所得税税率25%，试计算该项借款的资本成本率。

解：$K_L=\dfrac{10\%\times(1-25\%)}{1-0.2\%}\times 100\%=7.52\%$

Excel 小贴士

利用IRR函数计算资本成本（一）

利用IRR函数计算资本成本

（1）函数的结构。

$$\text{IRR (Values, Guess)}$$

其中：

Values——每年净现金流量的参数，时间均匀分布在每期期末。

Guess——IRR计算结果的估计值。

（2）函数的运用。

利用IRR函数计算【业务3-12】中的资本成本，如图3-2所示：

$$\text{Value0} = 1\ 000 \times (1 - 0.2\%) = 998$$

$$\text{Value1} = \text{Value2} = \text{Value3} = \text{Value4} = -1\ 000 \times 10\% \times (1 - 25\%) = -75$$

$$\text{Value5} = -[1\ 000 - 1\ 000 \times 10\% \times (1 - 25\%)] = -1\ 075$$

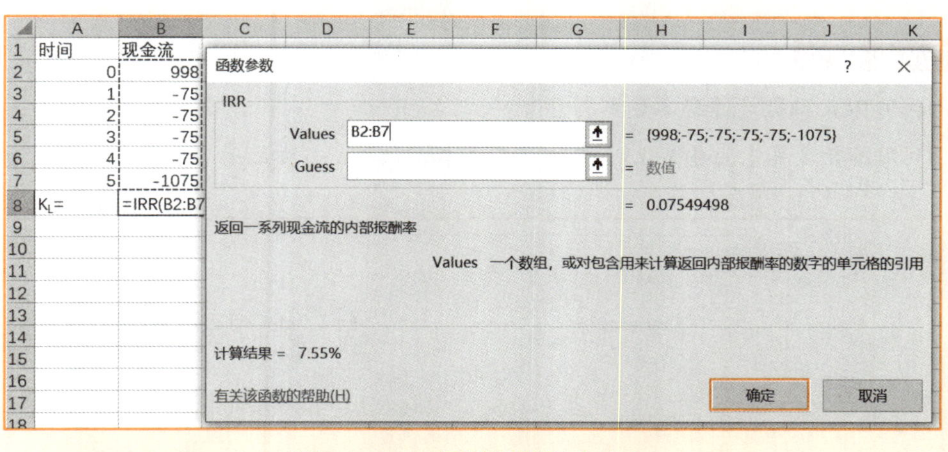

图3-2 IRR函数计算资本成本

计算得到$K_L = 7.55\%$

2. 公司债券资本成本

公司债券资本成本包括债券利息和借款发行费用。债券的发行价格有平价发行、溢价发行、折价发行三种，在不考虑资金时间价值时，长期债券资本成本的计算公式为：

$$K_b = \frac{I(1-T)}{B(1-f)} \times 100\% \tag{3.20}$$

式中：K_b为债券资本成本；

I为债券年利息额；

B为债券筹资额，按发行价格确定；

f为筹资费用率；

T为所得税税率。

在考虑时间价值时，用贴现模式计算资本成本率。

【业务3-13】腾飞公司以1 100元的价格，溢价发行面值为1 000元、期限5年、票面利率为6%的公司债券一批。每年付息一次，到期一次还本，发行费用率2%，所得税税率25%。假设不考虑资金时间价值，试计算该债券的资本成本率。

解：$K_b = \dfrac{1\ 000 \times 6\% \times (1-25\%)}{1\ 100 \times (1-2\%)} \times 100\% = 4.17\%$

若考虑时间价值，该项公司债券的资本成本计算如下：即：$1\ 100 \times (1-2\%) = 1\ 000 \times 6\% \times (1-25\%) \times (P/A, K_b, 5) + 1\ 000 \times (P/F, K_b, 5)$

按插值法计算，得$K_b = 2.81\%$

Excel小贴士

利用IRR函数计算资本成本

利用函数计算【业务3-13】中的资本成本，如图3-3所示：

利用IRR函数计算资本成本（二）

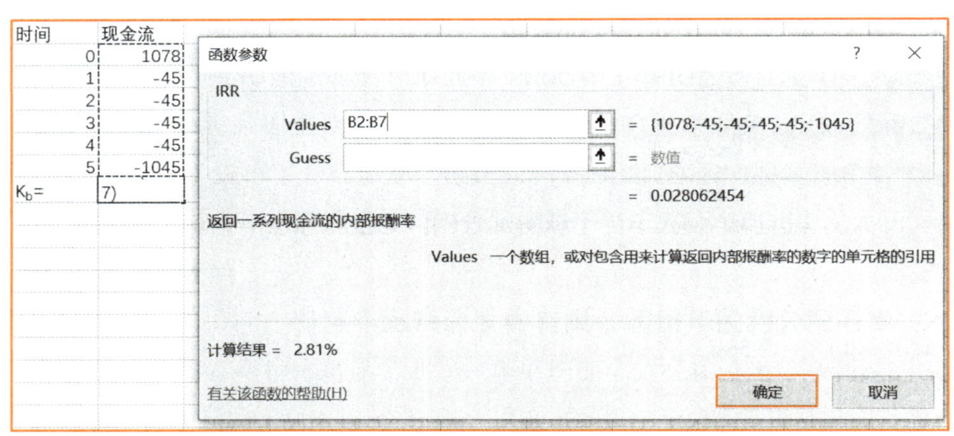

图3-3　IRR函数计算资本成本

Value0 = 1 100 (1−2%) = 1 078

Value1 = Value2 = Value3 = Value4 = −1 000 × 6% × (1 − 25%) = −45

Value5 = −[1 000−1 000 × 6% × (1 − 25%)] = −1 045

计算得到$K_b = 2.81\%$。

3. 商业信用机会成本

（1）应付账款筹资成本。通常，赊销形成的应付账款无须支付用资费用，因此没有资本成本，但是，销售方为尽早收回货款，可能在赊销合同中约定现金折扣条件，比如“2/10，n/30”，即最长信用期为30天，如果购货方在10天内付款，可享受2%的折扣优惠。此时，购货方若在折扣期即10天内付款，则该项应付账款无资本成本，我们称为购货方享受了免费信用，其免费信用额度为扣除现金折扣后的净购价；若购货方超过10天而在第30天，即最长信用期内付款时，购货企业因没有享受现金折扣，丧失了少支付货款的优惠条件，这部分多支付的货款就成为购货企业放弃现金折扣而形成的机会成本，此时，我们称购货方享受的是有代价信用。

放弃现金折扣的机会成本的计算方法为：

$$\text{放弃现金折扣成本}=\frac{\text{现金折扣百分比}}{1-\text{现金折扣百分比}}\times\frac{360}{\text{信用期}-\text{折扣期}}\times 100\% \qquad (3.21)$$

【业务3-14】腾飞公司按“2/10，n/30”的条件购入10万元的商品，试计算放弃现金折扣的机会成本。

解：如果企业在10天内付款，则可获得最长为10天的免费信用，并可取得折扣2 000元（100 000×2%），免费信用额为98 000元（100 000－2 000）。

如果该企业放弃折扣，在30天内付款，那么放弃现金折扣成本为：

$$\frac{2\%}{1-2\%}\times\frac{360}{30-10}\times 100\%=36.73\%$$

当计算出这一机会成本后，企业可利用这一数据做出是否享受折扣的决策，具体的决策原则是：

当企业有足够的资金归还货款时，若放弃现金折扣成本＞短期投资收益率，则应选择享受现金折扣；反之，则应选择放弃现金折扣。

当企业缺乏足够的资金归还货款时，若放弃现金折扣成本＞短期借款利率，则应选择享受现金折扣；反之，则应选择放弃现金折扣。

【业务3-15】接【业务3-14】，公司可以从银行取得年利率为10%的短期借款，那么该公司应该放弃折扣还是应该向银行借款在折扣期内付款？

解：由于36.73%＞10%，所以该企业应利用银行短期借款在折扣期内偿还应付账款。

（2）应付票据筹资成本。如果结算用的票据是不带息票据，则属于免费信用，没有成本；如果结算用的票据是带息票据，则到期应承担的票据利息就是应付票据的成本。带息票据的利率一般要比银行借款的利率低，而且不用保持相应的补偿性余额和支付协议费，所以其筹资成本要低于银行借款成本。

（3）预收账款筹资成本。预收账款一般无须付出代价，完全属于免费信用，因此没有成本。

3.5 资本结构优化

资本结构及其管理是企业筹资管理的核心问题。企业应综合考虑有关影响因素，运用适当的方法确定最佳资本结构，提升企业价值。

3.5.1 资本结构的含义

资本结构是指企业资本总额中各种资本的构成及其比例关系。筹资管理中，资本结构有广义和狭义之分。**广义的资本结构包括全部债务与股东权益的构成比率；狭义的资本结构则指长期负债与股东权益资本构成比率，将短期债务资金列入营运资金进行管理。**本书所指的资本结构仅指狭义的资本结构。

3.5.2 资本结构的优化

不同的资本结构会给企业带来不同的后果。企业必须权衡财务风险和资本成本的关系，确定最佳的资本结构。最佳资本结构，是指在一定条件下使企业平均资本成本率最低、企业价值最大的资本结构。

1. 平均资本成本比较法

平均资本成本比较法以平均资本成本率最低作为最佳资本结构确定的标准，它通过计算和比较各种可能的筹资组合方案的平均资本成本的方式，选择平均资本成本率最低的方案。这种方法侧重于从资本投入的角度对筹资方案和资本结构进行优化分析。在该方法下，平均资本成本率通过加权平均的方式得到，其计算公式为：

$$K_w=\sum_{j=1}^{n} W_j K_j \tag{3.22}$$

式中：K_w为平均资本成本；

W_j为第j种资金占总资金的比重；

K_j为第j种资金的资本成本。

【业务3-16】腾飞公司须筹集100万元长期资本，可以用长期借款、发行债券、发行普通股三种方式筹集，其个别资本成本率已分别测定，有关资料如表3-4所示。请确定最优筹资方案。

表3-4 不同方案下资本成本与资本结构数据表

筹资方式	资本结构			个别资本成本率
	A方案	B方案	C方案	
借款	40	30	20	6%
债券	10	15	20	8%
普通股	50	55	60	9%
合计	100	100	100	

解：首先，分别计算三个方案的平均资本成本。

$K_A = 40/100 \times 6\% + 10/100 \times 8\% + 50/100 \times 9\% = 7.7\%$

$K_B = 30/100 \times 6\% + 15/100 \times 8\% + 55/100 \times 9\% = 7.95\%$

$K_C = 20/100 \times 6\% + 20/100 \times 8\% + 60/100 \times 9\% = 8.2\%$

比较不同方案的加权平均资本成本可知，$K_A < K_B < K_C$，由于A方案的资本成本最低，因此应选择A方案。

2. 每股收益分析法

每股收益分析法以每股收益的大小作为判断资本结构合理性的标准，即能够提高普通股每股收益*EPS*（对于非上市公司以资本利润率*ROE*表示，本书以上市公司为例）的资本结构，就是最合理的资本结构。该方法主要用于权益筹资和债权筹资的选择。在该方法下，每股收益是一个重要的评价指标，其计算公式为：

$$EPS = \frac{(EBIT - I)(1 - T) - D}{N} \tag{3.23}$$

式中：*EBIT*为息税前利润，即在支付利息和缴纳所得税前企业的利润，通常*EBIT*=销售收入－变动成本－固定成本；

*I*为企业须承担的债务利息；

*T*为企业的所得税税率；

*N*为普通股股数；

*D*为优先股股利。

每股收益分析法的具体步骤如下：

第一步，确定出不同筹资方式下使每股收益（*EPS*）相同的息税前利润的值（$\overline{EBIT}$），即每股收益无差别点。具体计算公式为：

由于$EPS_1 = EPS_2$

则：$$\frac{(\overline{EBIT} - I_1)(1 - T) - D_1}{N_1} = \frac{(\overline{EBIT} - I_2)(1 - T) - D_2}{N_2}$$

当 $D_1=D_2=0$ 时
$$\overline{EBIT}=\frac{I_1N_2-I_2N_1}{N_2-N_1} \tag{3.24}$$

式中：I_1、I_2 为两种筹资方式下的债务利息；

N_1、N_2 为两种筹资方式下普通股股数；

D_1、D_2 为两种筹资方式下优先股股利。

第二步，以企业未来预计的息税前利润为依据，结合股权筹资方式和债务筹资方式下息税前利润（*BEIT*）与每股收益（*EPS*）的关系图（见图3-4），按照每股收益最大为标准，选择应采用的筹资方式。

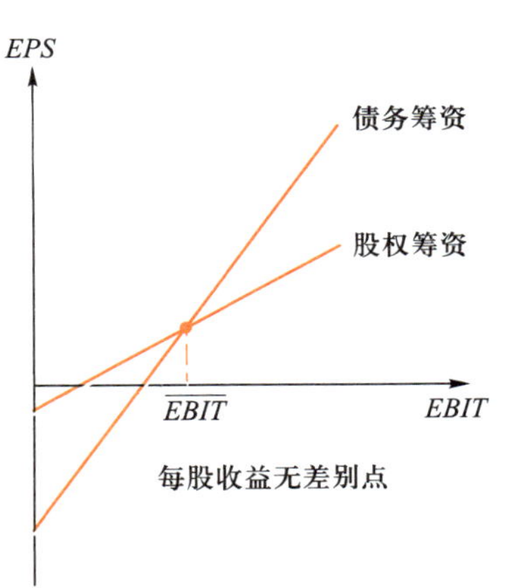

图3-4 权益和债务筹资方式下*EBIT*与*EPS*的关系

由图3-4可知，当预计息税前利润 > $\overline{EBIT}$ 时，选择债务筹资更有利；

当预计息税前利润 < $\overline{EBIT}$ 时，选择股权筹资更有利；

当预计息税前利润 = $\overline{EBIT}$ 时，选择债务筹资与选择股权筹资都一样。

【业务3-17】 腾飞公司目前资本结构为：总资本800万元，目前发行在外普通股200万股（每股面值1元），已发行利率8%的债券600万元。该公司打算为一个新的投资项目融资500万元，新项目投产后公司每年息税前利润为300万元。公司适用所得税税率为25%。现有两个方案可供选择：甲方案，按10%的利率发行债券；乙方案，增发普通股25万股，每股发行价20元。要求采用每股收益分析法选择筹资方案。

解：根据上述数据，计算每股收益无差别点：

$$\frac{(\overline{EBIT}-600\times8\%-500\times10\%)\times(1-25\%)}{200}=\frac{(\overline{EBIT}-600\times8\%)\times(1-25\%)}{200+25}$$

$\overline{EBIT}=498$（万元）

由于 $EBIT=300<498$，故应选择股权筹资，即乙方案的资本结构最佳。

3.6 杠杆效应

财务管理中存在着类似于物理学中的杠杆效应，具体表现为由于特定固定支出或费用的存在，导致当某一财务变量以较小幅度变动时，另一相关变量会以较大幅度变动。财务管理中的杠杆效应，包括经营杠杆、财务杠杆和总杠杆三种效应形式。

3.6.1 经营杠杆效应

1. 经营杠杆

经营杠杆，是指由于固定性经营成本的存在，而使得企业的资产报酬（息税前利润）变动率大于销售量变动率的现象。经营杠杆反映了资产报酬的波动性，用以评价企业经营的风险大小。

一般来讲，在企业中，导致资产报酬，即息税前利润变动的因素很多，包括产品需求、产品售价、产品成本等。当产品成本中存在固定成本时，如固定资产的折旧，如果其他条件不变，产销业务量的增加虽然不会改变固定成本的总额，但会降低单位产品中分摊的固定成本，从而提高单位产品利润，使得息税前利润的增长率大于产销业务量的增长率，进而产生杠杆效应。

2. 经营杠杆的量化——经营杠杆系数

测算经营杠杆效应程度，常用指标为经营杠杆系数。经营杠杆系数（*DOL*），是息税前利润变动率相对于销售量变动率的倍数。根据这一原理，经营杠杆系数的计算也分为基本公式和应用公式。

（1）基本公式。

$$DOL=\frac{\Delta EBIT/EBIT}{\Delta Q/Q} \tag{3.25}$$

式中：DOL 为经营杠杆系数；

$\Delta EBIT$ 为息税前利润变动额；

$EBIT$ 为变动前的息税前利润；

ΔQ 为销售量的变动额；

Q 为变动前销售量。

（2）应用公式。由于 $EBIT=Q(P-V)-F$，因此，上式经整理，经营杠杆系数的计算也可以简化为以下两个公式：

$$DOL=\frac{Q(P-V)}{Q(P-V)-F}=\frac{EBIT+F}{EBIT} \tag{3.26}$$

式中：Q为销售量；

P为产品单位销售价格；

V为产品单位变动成本；

F为固定成本总额。

【业务3-18】腾飞公司生产A产品，固定成本为60万元，变动成本率为40%（注：变动成本率＝变动成本÷销售收入），公司的销售额为400万元，则经营杠杆系数为多少？

解：$DOL=(400-400\times40\%)\div(400-400\times40\%-60)=1.33$

当销售额为400万元时，经营杠杆系数为1.33，说明销售额每变化一个单位，息税前利润将变化1.33个单位。

3. 经营杠杆与经营风险

经营风险是指企业因经营上的原因而导致利润变动的风险，是经营原因而给企业盈利带来的不确定性。引起经营风险的主要原因是市场需求和生产成本等因素的不确定性，而经营杠杆的存在，放大了这种影响，由于经营杠杆的作用，当企业的销售量下降时，企业仍然需要承担固定成本，导致息税前收益以更快的速度下降。一般情况下，经营杠杆系数越高，表明息税前利润的波动程度越大。如果销售量上升，则息税前利润会以更快的速度上升；反之，如果销售量下降，那么息税前利润会以更快的速度下降，经营风险也就越大。

综上所述，经营杠杆可以给企业带来额外的收益，也可能造成额外的损失，这就是构成经营风险的重要因素。

【业务3-19】继【业务3-18】，若腾飞公司上期的经营杠杆系数为1.2，试对公司的经营风险做出评价。

解：由于公司上期的经营杠杆系数为1.2＜1.33，说明公司的经营杠杆系数增加了，公司的经营风险也增加了。

3.6.2 财务杠杆效应

1. 财务杠杆

财务杠杆，是指由于固定性资本成本的存在，而使得企业的普通股收益（或每股收益）变动率大于息税前利润变动率的现象，其中固定性资本成本是指不随着产销业务量的变化而变化的成本，包括固定利息、固定融资租赁费等。在某一固定的资本成本水平

上，息税前利润的波动将导致普通股每股收益产生更大程度的波动，而这一波动正好反映了该固定性资本成本所带来的杠杆效应。波动越大，杠杆效应越大。

2. 财务杠杆的量化——财务杠杆系数

测算财务杠杆效应程度，常用指标为财务杠杆系数。**财务杠杆系数（*DFL*），是每股收益变动率相对于息税前利润变动率的倍数。**对于非上市公司，可通过税后资本利润率*ROE*来代替*EPS*。根据财务杠杆系数的原理，其计算包括了基本公式和应用公式两种。

（1）基本公式。

$$DFL=\frac{\Delta EPS/EPS}{\Delta EBIT/EBIT}\left(\text{非上市公司：}DFL=\frac{\Delta ROE/ROE}{\Delta EBIT/EBIT}\right) \tag{3.27}$$

式中：*DFL*为财务杠杆系数；

ΔEPS为普通股每股收益变动额；

*EPS*为变动前普通股每股收益；

$\Delta EBIT$为息税前利润变动额；

*EBIT*为变动前的息税前利润。

（2）应用公式。将基本公式进行整理，可得到应用公式：

$$DFL=\frac{EBIT}{EBIT-I} \tag{3.28}$$

式中：*I*为债务筹资的利息。

【业务3-20】腾飞公司资本总额为1 000万元，发行在外的普通股股数为300万股，每股面值1元。债务资本700万元，平均借款利率为10%，企业2020年息税前利润为120万元，预计2021年息税前利润率将增长到240万元。假定企业所得税税率为25%。试计算财务杠杆系数。

解：利用基本公式进行计算，计算过程见表3-5。

表3-5 财务杠杆系数计算表

单位：万元

项目	基期（2020年）	计划期（2021年）
息税前利润	120	240
利息	700 × 10% = 70	700 × 10% = 70
税前利润	120 − 70 = 50	240 − 70 = 170
税后利润	50 ×（1 − 25%）= 37.5	170 ×（1 − 25%）= 127.5
每股收益	37.5/300 = 0.125	127.5/300 = 0.425

$$DFL=\frac{(0.425-0.125)/0.125}{(240-120)/120}=2.4$$

利用应用公式进行计算：

$$DFL=\frac{120}{120-700\times10\%}=2.4$$

做中学

宏运公司2020年资产总额为800万元，资产负债率为40%，负债平均利息率为10%，息税前利润总额2020年为200万元，预计2021年为250万元，其他条件不变。要求：预计2021年的*ROE*增长率。

答案：*ROE*增长率为29.75%。

提示：$DFL=EBIT\div(EBIT-I)=200\div(200-800\times40\%\times10\%)=1.19$

息税前利润变动率＝(250－200)÷200＝25%，则根据*DFL*原理可求*ROE*增长率。

3. 财务杠杆与财务风险

财务风险是由于筹资原因产生的资本成本负担而导致的普通股收益波动的风险。引起财务风险的主要原因是资产报酬的不利变化和资本成本的固定负担。由于财务杠杆的作用，当企业的息税前利润下降时，企业仍然需要支付固定的资本成本，导致普通股剩余收益以更快的速度下降。财务杠杆放大了资产报酬变化对普通股收益（税后资本利润率）的影响。一般情况下，财务杠杆系数越高，表明普通股收益的波动程度越大。如果息税前利润率上升，则普通股收益会以更快的速度上升；如果息税前利润率下降，那么普通股收益会以更快的速度下降，财务风险也就越大。财务风险存在的实质是由于负债经营从而使得负债所负担的那一部分经营风险转嫁给了权益资本。

综上所述，财务杠杆可以给企业带来额外的收益，也可能造成额外损失，这就是构成财务风险的重要因素。财务杠杆利益和财务风险是企业资本结构决策的一个重要因素，资本结构决策需要在杠杆利益与财务风险之间进行合理的权衡。任何只顾获取财务杠杆利益，无视财务风险而不恰当地使用财务杠杆的做法都是企业财务决策的重大失误，最终将损害投资人的利益。

【业务3-21】继【业务3-20】，分析该公司的财务风险。

解：由于本年该公司的财务杠杆系数为2.4，意味着息税前利润每变化一个单位，那么普通股每股收益将变化2.4个单位。也就是说，如果预计的息税前利润增长100%，那么普通股每股收益将增长240%；如果预计的息税前利润减少100%，那么普通股每股收益将减少240%。财务风险较大。

3.6.3 总杠杆效应

1. 总杠杆

到目前为止我们已经引入了两个杠杆，即经营杠杆和财务杠杆。在企业的实际经营中，经营杠杆和财务杠杆既可以独自发挥作用，也可以综合发挥作用，而总杠杆就是用于反映二者共同作用的结果。**总杠杆是指由于固定性经营成本和固定性资本成本的共同作用，使得当销售量稍有变动就会使每股收益产生更大的变动的现象。**

2. 总杠杆的量化——总杠杆系数

测算总杠杆效应程度，可使用总杠杆系数。总杠杆系数（DTL），是经营杠杆系数和财务杠杆系数的乘积。其计算公式为：

$$DTL = DOL \times DFL \tag{3.29}$$

$$= \frac{Q(P-V)}{Q(P-V)-F-I} \tag{3.30}$$

$$= \frac{EBIT+F}{EBIT-I} \tag{3.31}$$

式中：DTL为总杠杆系数；

Q为销售量；

P为产品单位销售价格；

V为产品单位变动成本；

F为固定成本总额；

I为利息。

【业务3-22】腾飞公司的经营杠杆系数为2，财务杠杆系数为1.2，则公司的总杠杆系数是多少？

解：$DTL = DOL \times DFL$

$= 2 \times 1.2 = 2.4$

3. 总杠杆与企业总风险

由于总杠杆的作用，使每股收益大幅度波动而造成的风险称为总风险。在其他因素不变的情况下，总杠杆系数越大，总风险也就越大；反之，风险越小。

总杠杆效应的意义在于：第一，能够说明产销业务量变动对普通股收益的影响，据以预测未来的每股收益水平；第二，揭示了财务管理的风险管理策略，即要保持一定的风险状况水平，需要维持一定的总杠杆系数，经营杠杆和财务杠杆可以有不同的组合。例如，固定资产比重较大的资本密集型企业，经营杠杆系数高，经营风险大，企业筹资主要依靠权益资本，以保持较小的财务杠杆系数和财务风险；变动成本比重较大的劳动密集型企业，经营杠杆系数低，经营风险小，企业筹资可以主要依靠债务资金，以保持较大的财务杠杆系数和财务风险。

单元小结

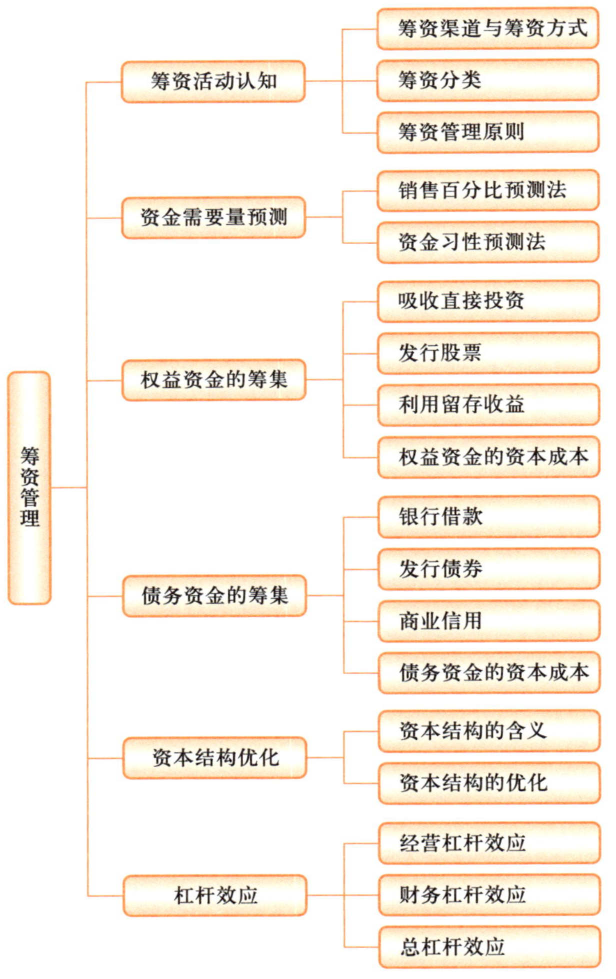

职业资格与技能同步练习

一、单项选择题

1. 相对于股票筹资而言，债券筹资的缺点是（　　）。

A. 筹资速度慢　　B. 筹资成本高

C. 筹资限制少　　D. 财务风险大

2. 某企业拟以“2/20，n/40”的信用条件购进原料一批，则企业放弃现金折扣的资金成本率为（　　）。

A. 2%　　B. 36.73%

C. 18%　　D. 36%

3. 某企业取得银行为期一年的周转信贷协定，金额为200万元，年度内使用了160万元（使用期平均4个月），假设年承诺费率为0.6%，则年终企业应支付承诺费为（　　）万元。

A. 0.88　　B. 0.56

C. 1.2　　D. 0.64

4. 在个别资本成本的计算中，不必考虑筹资费用影响因素的是（　　）。

A. 长期借款成本　　B. 债券成本

C. 留存收益成本　　D. 普通股成本

5. 某企业资本总额为150万元，权益资金占55%，负债利率为12%，当前销售额100万元，息税前利润为20万元，则财务杠杆系数为（　　）。

A. 2.5　　B. 1.68

C. 1.15　　D. 2.0

6. 一般情况下，下列筹资方式中，资本成本最低的是（　　）。

A. 发行股票　　B. 发行债券

C. 长期借款　　D. 留存收益

7. 最佳资本结构是指企业在一定时期最适宜其有关条件下的（　　）。

A. 企业价值最大化的资本结构

B. 企业目标资本结构

C. 平均资本成本最低的目标资本结构

D. 平均资本成本最低，企业价值最大化的资本结构

8. 不能利用吸收直接投资方式筹集资金的筹资渠道是（　　）。

A. 国家财政资金　　B. 银行信贷资金

C. 非银行金融机构资金　　D. 企业自留资金

9. A公司向银行借入短期借款100万元，年利息率是12%，若采用贴现法付息，实际利率是（　　）。

A. 12%　　B. 13.64%

C. 9%　　D. 10%

10. A公司向银行申请5年期贷款1 000万元，利率8%，每季度付息一次，那么该公司实际贷款利率是（　　）。

A. 8%　　B. 8.7%

C. 8.24%　　D. 10%

二、多项选择题

1. 权益资金的筹集方式主要有（　　）。

A. 吸引直接投资　　B. 发行股票

C. 商业信用　　D. 利用留存收益

2. 相对于发行债券筹资而言，企业发行股票筹集资金的优点有（　　）。

A. 增强公司筹资能力　　B. 降低公司财务风险

C. 降低公司资金成本　　D. 筹资限制较少

3. 放弃现金折扣的成本受折扣百分比、折扣期和信用期的影响。下列各项中，使放弃现金折扣成本提高的情况有（　　）。

A. 信用期、折扣期不变，折扣百分比提高

B. 折扣期、折扣百分比不变，信用期延长

C. 折扣百分比不变，信用期和折扣期等量延长

D. 折扣百分比、信用期不变，折扣期延长

4. 下列关于资本成本的说法，正确的有（　　）。

A. 资本成本是企业为筹集和使用资金而付出的代价

B. 资本成本并不是企业筹资决策中所要考虑的唯一因素

C. 资本成本的计算主要以年度的相对比率为计量单位

D. 资本成本可以视为项目投资或使用资金的机会成本

5. 下列关于杠杆的表述正确的有（　　）。

A. 财务杠杆表明息税前利润变动对每股利润的影响

B. 负债比率越高，财务杠杆系数越大

C. 负债为0，系数为1，表明无杠杆作用

D. 财务杠杆系数恒大于等于1

6. 下列各项中，属于商业信用的有（　　）。

A. 应付账款　　B. 应付票据

C. 预收账款　　D. 应交税费

7. 相对于股票筹资而言，银行借款筹资的缺点有（　　）。

A. 筹资风险较大　　B. 资金成本高

C. 限制条件较多　　D. 筹资数量有限

8. 可能导致企业实际负担利率高于名义利率的有（　　）。

A. 利随本清法付息　　B. 贴现法付息

C. 补偿性余额　　D. 分期付息，到期一次还本

9. 下列各项中，影响财务杠杆系数的因素有（　　）。

A. 销售收入　　B. 变动成本

C. 固定成本　　D. 财务费用

10. 下列属于直接筹资方式的有（　　）。

A. 发行股票　　B. 发行债券

C. 银行借款　　D. 吸收直接投资

三、计算分析题

1. 某公司2020年12月31日的简要资产负债表如下所示。

简要资产负债表

2020年12月31日　　单位：元

资产	金额	负债及所有者权益	金额
货币资金	2 000	应交税费	5 000
应收账款	28 000	应付账款	13 000
存货	30 000	短期借款	12 000
固定资产	40 000	应付债券	20 000
		实收资本	40 000
		留存收益	10 000
合计	100 000	合计	100 000

公司2020年的销售收入为20万元，销售净利率为15%，公司的利润分配给投资人的比率为60%，若该公司流动资产以及流动负债中的应付账款和应交税费均随销售收入的增加而增加，如果2021年的预计销售收入为35万元，其他条件保持不变，那么需要从企业外部筹集多少资金？

2. 某企业产销量和资金变化情况如下表所示。

产销量与资金变化情况

年份	产销量（x）/万件	资金需要量（y）/万元
2016	15	200
2017	25	220
2018	40	250
2019	35	240
2020	55	280

（1）采用高低点法确定不变资金和单位变动资金。

（2）假定2021年产销量为90万件，试预测2021年的资金需要量。

3. 某公司向银行借入短期借款10 000元，支付银行贷款利息的方式同银行协商后的结果是：

方案一：采用收款法付息，利息率为14%；

方案二：采用贴现法付息，利息率为12%；

方案三：利息率为10%，银行要求的补偿余额比例为20%。

要求：如果你是该公司财务经理，说明你将选择哪种借款方式。

4. 某公司目前拥有资金2 000万元，其中：长期借款500万元，年利率10%；普通股1 500万元，上年支付的每股股利2元，预计股利增长率为6%，发行价格20元，目前价格也为20元。该公司计划筹集资金200万元，企业所得税税率为25%，有两种筹资方案。

方案一：增加长期借款200万元，新借款利率为12%，假设其他条件不变。

方案二：增发普通股8万股，普通股市价增加到每股25元。

要求：

（1）计算该公司筹资前平均资本成本；

（2）用平均资本成本法确定该公司应选择哪种方案筹资。

5. A公司目前发行在外普通股200万股（每股面值1元），已发行利率10%的债券500万元。该公司打算为一个新的投资项目融资600万元，新项目投产后公司每年息税前利润为500

万元。公司适用所得税税率25%。现有两个方案可供选择。

甲方案：新增长期借款600万元，利率8%；

乙方案：按每股20元发行新股。

要求：

（1）计算两个方案的每股收益无差别点；

（2）判断哪个方案更好；

（3）计算两个方案的财务杠杆系数。

6. 某企业2020年资产总额为1 000万元，资产负债率为40%，负债平均利息率为10%，息税前利润总额2020年为200万元，预计2021年为300万元，其他条件不变。

要求：

（1）计算*DFL*；

（2）预计2021年的*ROE*增长率。

综合技能强化训练

曙光家具公司筹资案例

【背景资料】

一、家具行业的状况

家具业是高度分散的行业。目前国内已形成了广东东莞、四川成都、江苏蠡口、北京香河四大家具集散中心。粤式家具以深圳、东莞的企业为主，知名家具品牌众多，产品风格、种类多样，款式时尚，以设计、质量和做工为卖点。京派家具崛起迅速，儒雅大气、含蓄稳重，企业离一线城市比较近，有市场的优势，现代化管理水平普遍较高。川派家具以成都为代表，政府扶持力度大，定位中低端，中档较为普遍，以板式家具为主。其他包括：河南、浙江等地。总的来讲，我国已成为世界上的家具生产大国，同时也是一个重要的家具消费大国。我国有超过13亿人口，一个巨大的潜在消费市场已为世人瞩目，因此可以预计家具行业的发展前景是很巨大的。

二、公司背景及其规划

曙光家具公司创立于2000年，公司总部位于成都市郊，经过十余年的励精图治，已发展成为四川研、产、销一体化的中型民用家具企业，公司拥有共计占地3 000余亩①的四个工业园区，6个专业分厂、300多家专卖店。公司生产线较少，业务集中，以研发各系列木门为主，产品连续多年畅销全国，产品销量不断攀升。

三、公司相关资料

资料一：该公司2020年的销售收入为3 000万元（01号木门销售单价为3 000元/套，销售4 000套；02号木门销售单价为4 000元/套，销售4 500套），销售净利率为10%，公司的利润分配给投资人的比率为60%。若现在还有剩余生产能力，即增加收入不需要进行固定资产投资，此外流动资产以及流动负债中的应付账款和应付费用均随销售收入的增加而增加。如果2021年的预计销售收入为4 500万元（其中01号木门预计销售6 000套，02号木门预计销售6 750套），其他条件不变。

资料二：2020年12月31日的简要资产负债表如下所示。

简要资产负债表

2020年12月31日　　单位：元

资产	金额	负债和所有者权益	金额
货币资金	4 800 000	应交税费	600 000
应收账款	900 000	应付账款	900 000
存货	2 400 000	短期借款	600 000
固定资产	6 900 000	长期借款	1 500 000
无形资产		实收资本	4 500 000
		留存收益	6 900 000
合计	15 000 000	合计	15 000 000

资料三：曙光家具公司目前资本结构构成情况，由资料二可见：长期借款150万元，由该公司向中国工商银行贷款取得，合同中约定的年利率为10%，借款费用率为0.2%，企业所得税税率为25%。

发行普通股450万元。公司为申请公开发行股票做了一系列准备工作：

1. 制定股票发行方案。由发行人会议或股东大会做出同意公开发行股票的决议，股票发行方案包括：发行股票的种类和数额、发行价格、发行方式、筹资目的和运用计划等。

2. 聘请会计师事务所、资产评估机构、律师事务所等专业性机构，对公司的资信、资产、

① 亩：中国市制土地面积单位，1亩≈666.7平方米。

财务状况进行审定、评估和就有关事项出具法律意见书。

3. 选定承销机构，提出承销方案和草拟承销协议。

4. 准备申请公开发行股票向主管部门上报的各项文件：

（1）发行股票的申请报告。

（2）发行人会议或股东大会做出的公开发行股票的决议。

（3）政府批准设立股份公司的文件。

（4）由工商行政管理部门颁发的股份公司营业执照或者股份公司筹建登记证明。

（5）公司章程或者公司章程草案。

（6）招股说明书，按照证监会规定的格式制作。其中，该公司本年支付的每股股利2元，预计股利增长率为8%，目前曙光家具公司股票发行价格20元，企业所得税税率为25%。

资料四：由资料二所示，曙光家具公司所欠货款90万元中，其中有10万元是2020年12月30日所欠蓝光公司货款，蓝光公司为了及早地收回货款，提出了现金折扣条件“1/20，n/45”，即20天之内付款，给予付款方1%的折扣，如果超出20天，于45天之内付款，则不提供折扣。目前有一个短期投资机会，且收益率预计能达到10%。

资料五：曙光家具公司目前资本结构构成情况：长期借款150万元，普通股450万元。对于前文所预测出的2021年所需的资金量，该公司财务部商议采取哪种筹资方案，财务副经理王某认为：公司应该增发普通股，因为这种方式没有还本付息的压力，有利于降低筹资风险，同时增发股票，能反映公司的实力，向外界传递一个良好的稳步发展的形象。据目前情况估计，一旦增发普通股，股票市价将增加到每股25元。

而财务部经理刘某则认为：目前我国资本市场还不够完善，证券一级市场和二级市场尚处于发展初期，不利于增发普通股。公司全部资金总额为1 500万元，负债比率为24%，负债比率较小，公司应该适当增加负债比率以提高企业筹资效益。而且不会因为增发普通股而稀释原普通股股东的控制权。因此建议增加向中国工商银行再次借入长期借款。据目前情况而言，新借款利率预计为8%，不考虑借款费用。

资料六：曙光家具公司变动成本和固定费用相关信息如下表所示。

01号木门单位变动成本定额标准表

项目	金额/元
直接材料	500
直接人工	250
变动制造费用	250
单位变动成本	1 000

02号木门单位变动成本定额标准表

项目	金额/元
直接材料	1 000
直接人工	500
变动制造费用	500
单位变动成本	2 000

固定费用明细表

项目	金额/万元
办公费	200
差旅费	100
固定资产折旧费	400
物业管理费	100
业务招待费	100
通信费	100
合计	1 000

【要求】

1. 根据资料一和资料二的内容，请你选择适当方法对2021年公司资金需求量作出预测。

2. 根据资料三的内容，请你计算该公司长期借款筹资成本和普通股筹资成本。

3. 根据资料四的内容，请你帮助曙光家具公司作出决策，是否应该享受现金折扣？

4. 根据资料五和资料六的内容，请分别利用平均资本成本比较法和每股收益分析法进行筹资方案决策。

5. 已知2020年该公司的财务杠杆系数为1.8，请你计算2021年该公司的财务杠杆系数，并判断公司所面临的财务风险程度。

【完成方式】两人一组讨论完成，并提交报告。

【实训结果评价】

评价指标	评价标准	分值	评价成绩及备注
结果评价	1. 资金需求预测正确	20	
	2. 资金成本计算正确	20	
	3. 现金折扣决策正确	20	
	4. 筹资方案决策正确	20	
	5. 财务风险判断正确	20	

第4单元

项目投资管理

专业能力：

通过对项目现金流量估算方法的学习，能够对投资项目进行项目现金流量的分析；熟练掌握各种决策指标的计算方法，能够运用相关指标对投资项目做出财务可行性评价；熟练掌握多项目决策方法，能够对多个项目作出投资决策。

职业核心能力：

自我学习能力、分析及解决问题的能力、决策能力、团队协作能力。

项目投资、项目现金流量、独立方案决策、互斥方案决策。

蓝光集团项目投资决策案例①

蓝光集团有限公司是一个以高科技产品为龙头、多种产业并存发展的多元化跨国企业集团。集团以尖端的生物技术为依托，吸收中医学精华，开发高品质系列保健品。

在蓝光集团某年的执行委员会大会上，董事长兼总裁江宁要求营销部副总韩辉和投资部副总李彦负责，认真调查一下市场目前和潜在的需求情况，准备投资开发新的项目，挖掘集团新的利润增长点。

经过前期对市场的充分调查，韩辉和李彦对进军骨关节炎治疗市场很是看好。目前国际上对治疗骨关节炎的重视程度越来越高。过去，由于技术上的不成熟，对该症的治疗手段不尽如人意。而随着新技术的开发，利用先进的生物技术，该项难题正逐渐被攻破。蓝光集团以生产壮骨粉起家，在新产品的研发方面具有技术优势。

二人将前期市场调研和项目的可行性研究结果向董事长汇报，其投资建议得到认可。为确保项目的实施，集团打算进行一系列的固定资产投资，以便为进军骨关节炎治疗市场做好准备。集团的财务人员根据公司的实际情况，提供了如下两种可供选择的方案。

甲方案：① 原始投资共有1 000万元（全部来源于自有资金），其中包括：固定资产投资750万元，流动资金投资200万元，无形资产投资50万元。② 该项目的建设期为2年，经营期为10年。固定资产和无形资产投资分两年平均投入，流动资金投资在项目完工时（第二年年末）投入，并于终结点一次收回。③ 预计项目投产后，每年发生的相关营业收入（不含增值税）和经营成本分别为600万元和200万元，所得税税率为25%。该项目不享受税收优惠政策。④ 该行业的基准折现率为14%。

乙方案：比甲方案多加80万元的固定资产投资，建设期为1年，固定资产和无形资产在项目开始时一次投入，流动资金在建设期期末投放，经营期不变，经营期各年的现金净流量为300万元，其他条件不变。

公司的固定资产按平均年限法折旧，净残值率10%，折旧年限10年。

上述投资方案被提交董事会决议。

【引例分析】

在企业经营的过程中，总是面临着各种各样的投资决策，项目投资就是其中很重要的一种。项目投资涉及的资金量大、投资时间长，因此，决策失误可能意味着企业整体经营陷入困境。在项目投资前，我们需要对其进行充分的市场和财务方面的分析，面对各种可供选择的投资方案，如何科学地进行判断和选择，就是本单元将要探讨的问题。

① 改编自：蓝光集团项目投资决策案例. 百度文库，http://wenku.baidu.com/view/c4691a154431b90d6c85c77d.html.

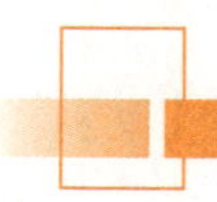

4.1 项目投资的现金流量估算

4.1.1 项目投资的含义和作用

项目投资是指将资金直接投放于生产经营实体性资产，包括有形资产和无形资产，以形成具体的生产经营能力，谋取经营利润的一项投资。例如，企业购买设备、购买专利权、建造厂房等。与其他形式的投资相比，项目投资具有投资数额大、影响时间长（至少1年或一个营业周期以上）、发生频率低、变现能力差和投资风险高等特点。

项目投资对企业的生存和发展具有重要意义，是企业开展正常生产经营活动的必要前提，是推动企业生产和发展的重要基础，是提高产品质量、降低产品成本不可缺少的条件，更是增加企业市场竞争能力的重要手段。协助管理层做出科学的项目投资决策是财务管理人员的重要职责。

4.1.2 项目投资的程序

企业实施项目投资，完整的流程中包括以下几个环节：

（1）提出投资领域和投资对象。这是投资活动的起点，企业需要根据企业的长远发展战略、中长期投资计划和投资环境的变化，在把握良好投资机会的情况下来确定。

（2）评价投资方案的可行性。在评价投资项目的环境、市场、技术和生产可行性的基础上，对财务可行性作出总体评价。具体包括：估算出投资方案的预期现金流量；预计未来现金流量的风险，并确定预期现金流量的概率分布和期望值；确定资本成本的一般水平即贴现率；计算投资方案现金流入量和流出量的总现值；通过项目投资决策评价指标的计算，作出投资方案是否可行的决策等内容。

（3）投资方案比较与选择。在财务可行性评价的基础上，对可行的多个方案进行进一步的成本收益风险方面的比较，并最终做出选择。

（4）投资方案的执行。对已作出可行性决策的投资项目，企业管理部门要编制资金预算，并筹措所需要的资金，在投资项目的实施过程中，要进行控制和监督，使之按期、按质完工，投入生产，为企业创造经济效益。

（5）投资方案的再评价。在投资方案的执行过程中，应注意原来作出的投资决策是否合理、是否正确。一旦出现新的情况，要及时根据变化的情况作出新的评价和调整。

4.1.3 项目现金流量及其预测

进行项目投资前，需要对项目的财务可行性做出评价，而项目财务可行性评价中的第一步就是需要对项目的有关现金流量做出预测，并据此计算相关指标并做出判断。项目现金流量的预测是整个项目投资的重要环节，是进行项目投资决策的基础。

1. 项目现金流量的概念和分类

现金流量是指在一个投资项目引起的企业各项现金收入或现金支出增加的数量。理解项目现金流量，需要把握几个要点：第一，这里的“现金”是一个广义的概念，不仅包括各种货币资金，还包括与该投资项目有关的非货币性资产的变现价值。如项目中所需要投入的企业原有的厂房、机器、原材料等。第二，这里的现金流量是一个增量的概念，是由于项目本身所带来的相较于原来现金收入或支出增加的数量。如由于新设备的投产，使得销售收入增加的数量；又如新设备使用而使各项成本增加的数量。

项目现金流量按照流动的具体方向来看，又可细分为现金流入量和现金流出量。现金流入量是指该项目的出现而引起的企业现金收入的增加额，如由于扩大生产能力而导致的企业营业收入的增加，通常在项目结束时回收的固定资产残值等。**现金流出量是指该项目的出现而引起的企业现金支出的增加额，**如固定资产购置价款、购置费用，项目运营期间所发生的经营成本、各种税金等。

在项目投资的每一个阶段，总是既存在现金流入也存在现金流出。通常，投资决策中某一具体时点上的现金流量的描述需要充分考虑两种现金流量带来的影响，为此就要引入现金净流量（NCF）的概念。现金净流量的计算公式为：

$$现金净流量（NCF）=现金流入量-现金流出量 \tag{4.1}$$

2. 项目计算期的构成

项目计算期（记作n）是指投资项目从投资建设开始到最终清理结束整个过程的全部时间。对项目现金流量的预测需要建立在对项目计算期的正确分析的基础上来完成。项目计算期具体包括了项目建设期和运营期。

项目建设期（记作s）是指项目资金正式投入开始到项目建成投产为止所需要的时间。建设期第一年的年初称为建设起点，建设期最后一年的年末称为投产日。

项目运营期（记作p）是指从投产日到项目终结点之间的时间间隔。运营期一般应根据项目主要设备的经济使用寿命期确定。

项目计算期、建设期和运营期三者之间有以下关系：

$$项目计算期（n）=建设期（s）+运营期（p） \tag{4.2}$$

【业务4-1】某企业拟投资新建一个项目，在建设起点开始投资，历经3年后投产，主要

固定资产的预计使用寿命为20年。根据上述资料，确定该项目计算期。

解：根据条件可知，项目建设期为3年，运营期为20年，则：

项目计算期 = 3 + 20 = 23（年）

3. 项目现金净流量（NCF）预测

按照对投资项目计算期的分析，根据不同时期现金流量的特点，一般可将完整的项目经济寿命周期划分为三个时点阶段：投资建设期、投产后运营期和寿命终结期。项目现金净流量的预测也须区分不同阶段来进行。

（1）投资建设期现金净流量。投资建设期主要涉及各种原始投资，从现金流量的特点看主要是现金流出量。从投资的具体内容上看包括针对长期性资产的投资，以及垫支的营运资金投资等。

其中，针对长期性资产的投资包括在固定资产、无形资产等长期性资产上的支出，具体如购置成本、建造费用、运输费、安装调试费等；垫支的营运资金是指随着项目投资的形成，企业的生产能力得到了提升，而增加的生产能力对原材料、在产品、产成品等流动资产的数量也提出了更高的需求，虽然生产规模扩大后，应付账款等结算性流动负债也会随之增加，但不足以弥补所有的资金需求，为此，需要追加日常营运的资金以维持新的生产规模，追加部分就是垫支的营运资金，该部分资金在项目结束时回收。即：

$$\text{垫支的流动资金} = \text{增加的流动资产} - \text{增加的结算性流动负债} \quad (4.3)$$

通常，建设期项目现金净流量的计算公式如下：

$$\text{建设期现金净流量}(NCF) = -\text{该年发生的原始投资额} \quad (4.4)$$

（2）投产后运营期现金净流量。运营期的现金流量既包括了流入量也包括了流出量，其中，现金流入量主要是指因项目投资使企业增加的营业收入。现金流出量主要是指因项目投资使企业增加的付现成本、所得税等。其中，付现成本是指以现金支付的成本费用，与之相反的概念是非付现成本，即不会导致现金支出的成本费用。非付现成本包括固定资产折旧费用、长期性资产的摊销费用（如跨年摊销的大修理费、改良工程的折旧费、筹建期间的开办费摊销等）、资产减值准备等。

一般情况下，运营期现金净流量的计算公式如下：

$$\text{运营期现金净流量}(NCF) = \text{营业收入} - \text{付现成本} - \text{所得税}$$

或
$$= \text{营业利润} + \text{非付现成本} - \text{所得税}$$

或
$$= \text{税后营业利润} + \text{非付现成本}$$

或
$$= \text{收入} \times (1 - \text{所得税税率}) - \text{付现成本} \times (1 - \text{所得税税率}) + \text{非付现成本} \times \text{所得税税率} \quad (4.5)$$

（3）寿命终结期现金净流量。终结期现金净流量是指项目经济寿命完结时发生的现金流

量。终结时项目主要体现为现金流入量，包括终结年度的经营净现金流量、回收固定资产的残值净收入和垫支营运资金的收回等。具体计算公式如下：

$$终结期现金净流量（NCF）= 终结阶段运营期现金净流量 + 该年回收的固定资产净残值 + 收回的垫支流动资金 \quad (4.6)$$

【业务4-2】某企业进行一项设备投资，在建设起点一次性投入3 500万元，无建设期，该项目的生产经营期为10年，设备预计净残值为50万元，生产经营期间每年预计的营业利润为400万元。固定资产按照直线法计提折旧。若企业适用的所得税税率为25%，则该项目在项目计算期内各年的税后净现金流量为：

解：$固定资产年折旧费 = \dfrac{3\ 500 - 50}{10} = 345（万元）$

$项目计算期 = 建设期 + 运营期 = 0 + 10 = 10（年）$

$NCF_0 = -3\ 500（万元）$

$NCF_{1\sim9} = 400 \times (1 - 25\%) + 345 = 645（万元）$

$NCF_{10} = 645 + 50 = 695（万元）$

【业务4-3】企业拟购建一项固定资产，须在建设起点一次投入全部资金1 100万元，建设期为一年。固定资产的预计使用寿命为10年，期末有100万元净残值，按直线法计提折旧。运营期第一年年初须垫支流动资金20万元，该项垫支资金预计将在项目结束时一次性收回。预计投产后每年可使企业获得100万元营业利润。若企业适用的所得税税率为25%，根据上述资料，估算该项目各年税后净现金流量：

解：$固定资产年折旧额 = \dfrac{1\ 100 - 100}{10} = 100（万元）$

$项目计算期 = 1 + 10 = 11（年）$

$NCF_0 = -1\ 100（万元）$

$NCF_1 = -20（万元）$

$NCF_{2\sim10} = 100 \times (1 - 25\%) + 100 = 175（万元）$

$NCF_{11} = 100 \times (1 - 25\%) + 100 + 100 + 20 = 295（万元）$

做中学

某固定资产建设项目投资总额为110万元。项目建设期为2年，该项目投资于建设起点分2年平均投入。该项目经营期5年，固定资产按直线法计提折旧，预计净残值为10万元。预计项目投产后，每年可获得营业收入100万元，增加的付现成本为60万元。若企业适用的所得税税率为25%。要求：计算该项目投资在项目计算期内各年的现金净流量。

答案：$NCF_{0\sim1} = -55$（万元）；$NCF_2 = 0$（万元）；$NCF_{3\sim6} = 35$（万元）；$NCF_7 = 45$（万元）

提示：投资分两次平均投入，每次投入110 ÷ 2 = 55（万元），因此，$NCF_{0\sim1}=-55$（万元）；

第二年年末开始投产，因此，$NCF_2=0$（万元）；

从第三年年末开始至第六年年末连续四年，每年的$NCF_{3\sim6}=100\times(1-25\%)-60\times(1-25\%)+(110-10)\div5\times25\%=35$（万元）；

第七年年末由于残值的收回，$NCF_7=35+10=45$（万元）。

4.2 项目投资财务可行性评价

在对项目进行现金流量估计的情况下，为了客观、科学地分析、评价各种投资方案是否可行，需要使用不同的指标，从不同的侧面或角度反映投资方案的收益状况。项目投资决策评价指标是衡量和比较投资项目可行性并据以进行方案决策的定量化标准与尺度，它由一系列综合反映投资效益、投入产出关系的量化指标构成，包括投资回收期、净现值、现值指数、内含报酬率等。

4.2.1 投资回收期

投资回收期是指收回全部投资总额所需要的时间，即投资项目的未来现金净流量与原始投资额相等时需要经历的时间。按照是否考虑货币时间价值，投资回收期又分为静态投资回收期和动态投资回收期两种。当存在建设期，按照回收期中是否包括建设期又可分为包括建设期的投资回收期（记作PP）和不包括建设期的投资回收期（记作PP'）。二者的关系如公式所示：

$$\text{包括建设期的投资回收期}(PP)=\text{不包括建设期的投资回收期}(PP')+\text{建设期} \qquad (4.7)$$

通常，计算出其中一种情况，即可根据公式得到另一种情况。

1. 静态投资回收期

静态投资回收期是指不考虑货币时间价值的投资回收期，直接用未来现金净流量累计到原始投资数额时所经历的时间来计算。具体来讲，静态投资回收期的计算可分为两种情况。

（1）未来每年现金净流量（NCF）相等，且其合计大于或等于建设期发生的原始投资合计，则可按以下简化公式计算投资回收期：

$$\text{不包括建设期的静态投资回收期}(PP')=\frac{\text{建设期发生的原始投资合计}}{\text{营运期内前若干年每年相等的净现金流量}} \quad (4.8)$$

【业务4-4】企业有A、B两个投资方案，A方案投资总额为8万元，B方案投资总额为10万元，均全部用于购置新的设备，折旧采用直线法计提，使用期均为5年，无残值，其他有关资料如表4-1所示。

表4-1　A、B方案各期现金净流量情况表

单位：元

项目计算期	A方案各年现金净流量（NCF）	B方案各年现金净流量（NCF）
0	（80 000）	（100 000）
1	35 000	30 000
2	35 000	34 000
3	35 000	38 000
4	35 000	42 000
5	35 000	46 000
合计	95 000	90 000

要求：计算A方案的静态投资回收期。

解：由于A方案各期的营业净现金流量相等，则静态投资回收期 $=\frac{80\ 000}{35\ 000}=2.29$（年）

做中学

某投资项目投资总额为100万元，分别于第一年年初和年末分两次平均投入，项目建设期为2年，投产后第1年至第8年每年现金净流量为25万元，第9年、第10年每年现金净流量均为20万元。要求：计算包括建设期的项目静态投资回收期。

答案：包括建设期的项目静态投资回收期＝6（年）。

提示：不包括建设期的项目静态投资回收期＝（50＋50）÷25＝4（年），项目建设期2年，则包括建设期的项目静态投资回收期＝4＋2＝6（年）。

（2）未来每年现金净流量不相等时，须计算逐年累计的现金净流量和各年尚未回收的投资额，然后用插值法计算出静态投资回收期。

$$\text{包括建设期的静态投资回收期}(PP)=\text{累计现金净流量最后一次出现负值的年数}+\frac{\text{当年累计现金净流量的绝对值}}{\text{下年现金净流量}} \quad (4.9)$$

【业务4-5】根据【业务4-4】及表4-2的资料，要求：计算B方案的静态投资回收期。

表4-2　B方案累计现金净流量计算表

单位：元

项目计算期	B方案	
	现金净流量（*NCF*）	累计现金净流量
0	（100 000）	（100 000）
1	30 000	（70 000）
2	34 000	（36 000）
3	38 000	2 000
4	42 000	44 000
5	46 000	86 000

解：从表4-2可看出，B方案的累计现金净流量在第2年时是最后一次为负数的时间，则：

$$\text{B方案包括建设期的静态投资回收期（}PP\text{）}=2+\frac{100\ 000-64\ 000}{38\ 000}=2.95\text{（年）}$$

做中学

公司现有两个投资方案，A、B方案的具体资料见表4-3，要求计算两个项目的包括建设期的静态投资回收期。

表4-3　投资项目净现金流量

单位：万元

项目计算期	A方案各年净现金流量（*NCF*）	B方案各年净现金流量（*NCF*）
0	−400	−700
1	−400	120
2	0	240
3	500	400
4	500	480
5	500	500
6	500	600

答案：A方案包括建设期的静态投资回收期＝3.6（年）；B方案包括建设期的静态投资回收期＝2.85（年）。

提示：A方案不包括建设期的静态投资回收期＝（400＋400）÷500＝1.6（年），项目建设期2年，则包括建设期的静态投资回收期＝1.6＋2＝3.6（年）；B方案包括建设期的静态投资回

收期 = 2 +（700 − 120 − 240）÷ 400 = 2.85（年）。

2. 动态投资回收期

动态投资回收期是指考虑货币时间价值的投资回收期，是将投资引起的未来现金流量进行贴现，以未来现金净流量的现值之和等于原始投资额现值时所经历的时间来计算。

【业务4-6】神州企业有一项固定资产投资方案，投资总额为15万元，无建设期，项目寿命期限为5年，每年的现金净流量为50 000元，假定折现率为10%，计算该项目的动态投资回收期。

解：由于各年的现金净流量相等，均为50 000元，因此：

150 000 = 50 000 ×（P/A，10%，n）

（P/A，10%，n）= 3

查表，当n = 3时，（P/A，10%，n）= 2.486 9

查表，当n = 4时，（P/A，10%，n）= 3.169 9

利用插值法可得n = 3.75（年）

做中学

神州企业有一投资项目，投资额12万元，无建设期，项目年限6年，每年的现金净流量及累计情况见表4-4，假定折现率为10%，要求计算投资回收期。

表4-4　项目现金流量表

单位：元

年份	现金净流量	现金净流量现值	累计现值
1	40 000	36 364	36 364
2	45 000	37 188	73 552
3	60 000	45 078	118 630
4	62 000	42 346	160 976
5	58 000	36 012.2	196 988.2
6	52 000	29 354	226 342.2

答案：项目投资回收期为3.03年。

提示：根据动态投资回收期的计算原理，由表中"累计现值"一栏可知，该项目的投资回收期在第3年和第4年之间。则计算方法为：

$$项目投资回收期 = 3 + \frac{120\ 000 - 118\ 630}{42\ 346} = 3.03（年）$$

投资者总是希望所投入的资本能够尽快地收回，因为收回时间越长，企业所承担的风险也将越大。因此，用该指标评价方案优劣时，回收期越短越好。

投资回收期法的主要优点是：计算简便，易于理解，可以很快使投资者估计自己的投资何时可以收回，是一种比较保守的决策方法。这种方法的缺点是仅从资金回收的角度分析项目，无法反映投资的盈利程度，不利于对某项投资进行全面评价。

4.2.2 净现值

净现值（*NPV*）是指一个投资项目未来现金流量现值与原始投资额现值之间的差额。计算现值时所用的贴现率可以是资本市场的市场利率，可以是企业的资本成本率，也可以是企业所要求的最低报酬率。净现值的计算公式为：

$$\text{净现值}(NPV)=\text{未来现金净流量的现值}-\text{原始投资额的现值} \quad (4.10)$$

【业务4-7】某企业购入生产用设备一台，价值为30 000元，按直线法计提折旧，使用寿命6年，期末无残值。预计投产后每年可获得营业利润4 000元，企业适用的所得税税率为25%，假定贴现率确定为12%。要求：计算该项目的净现值。

解：$\text{固定资产折旧}=\dfrac{30\ 000}{6}=5\ 000\text{（元）}$

$NCF_0=-30\ 000$（元）

$NCF_{1\sim6}=4\ 000\times(1-25\%)+5\ 000=8\ 000$（元）

$NPV=8\ 000\times(P/A，12\%，6)-30\ 000$

$=8\ 000\times4.111\ 4-30\ 000$

$=2\ 891.2$（元）

Excel小贴士

利用NPV函数计算项目净现值

（1）函数的结构。

NPV (Rate, Value1, Value2, …)

其中：

Rate——某一期间的贴现率。

Value1，Value2，…：支出及收入的1到254个参数，时间均匀分布在每期期末。

（2）函数的运用。

利用NPV函数计算【业务4-7】中的项目净现值，如图4-1所示：

利用NPV函数计算项目净现值

年份	项目各年净现金流量
0	-30000
1	8000
2	8000
3	8000
4	8000
5	8000
6	8000
净现值	=NPV (12%, B3 : B8)

函数参数

NPV

Rate 12% = 0.12

Value1 B3:B8 = {8000;8000;8000;8000;8000;8000}

Value2 = 数值

= 32891.25859

基于一系列将来的收(正值)支(负值)现金流和一贴现率，返回一项投资的净现值

Rate: 是一期的整个阶段的贴现率

计算结果 = ¥32,891.26

有关该函数的帮助(H) 确定 取消

图4-1 NPV函数计算项目净现值

$NPV = 32\ 891.26 - 30\ 000$

$= 2\ 891.26$（元）

计算得到项目净现值为2 891.26元。

【业务4-8】某企业拟建一项固定资产，须投资55万元，按直线法计提折旧，使用寿命10年，预计净残值5万元。该项工程建设期为1年，投资额分别于年初投入30万元，年末投入25万元。预计项目投产后每年获得营业利润6万元，企业适用的所得税税率为25%，假定贴现率为10%。要求：计算该投资项目的净现值。

解：固定资产折旧 $= \frac{55-5}{10} = 5$（万元）

$NCF_0 = -30$（万元）

$NCF_1 = -25$（万元）

$NCF_{2\sim10} = 6 \times (1 - 25\%) + 5 = 9.5$（万元）

$NCF_{11} = 9.5 + 5 = 14.5$（万元）

$NPV = 9.5 \times [(P/A,\ 10\%,\ 10) - (P/A,\ 10\%,\ 1)] + 14.5 \times (P/F,\ 10\%,\ 11) - [30 + 25 \times (P/F,\ 10\%,\ 1)]$

$= 9.5 \times (6.144\ 6 - 0.909\ 1) + 14.5 \times 0.350\ 5 - (30 + 25 \times 0.909\ 1)$

$= 2.092$（万元）

做中学

企业拟进行一项固定资产投资，有A、B两个项目可供选择，假设项目的贴现率为10%，两个方案各年的现金净流量见表4-5，试计算各方案的净现值。（计算结果保留两位小数）

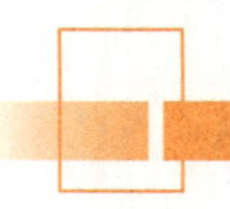

表4-5 项目现金净流量

单位：万元

项目计算期	A方案各年现金净流量（NCF）	B方案各年现金净流量（NCF）
0	−200	−200
1	100	90
2	100	120
3	100	120
4	100	120
5	100	120
6	100	120

答案：NPV_A为235.53万元；NPV_B为295.36万元。

提示：$NPV_A = 100 \times (P/A, 10\%, 6) - 200 = 235.53$（万元）

$$NPV_B = 90 \times (P/F, 10\%, 1) + 120 \times (P/A, 10\%, 5) \times (P/F, 10\%, 1) - 200 = 295.36\text{（万元）}$$

利用净现值指标进行项目可行性判断时，净现值大于或等于零时项目可行；净现值为负时，方案不可行。其他条件相同时，净现值越大，方案越好。以【业务4-7】为例，由于项目的净现值为2 891.2元大于零，该方案可行。

使用净现值指标进行方案可行性判断，其优点在于简便易行，且由于贴现率的设定中考虑了投资风险，即风险越大，贴现率就越高，反之越低，使得对项目的评价在考虑收益的同时体现了风险。

但是该指标的缺点也是明显的：其一，贴现率不易确定，且两个方案比较时若贴现率选择不一致，将影响决策的正确性；其二，由于是一个绝对数指标，因而无法直接反映出投资的效率，不便于投资额不同的项目的比较。

4.2.3 年金净流量

投资项目的未来现金净流量与原始投资额的差额，构成该项目的现金净流量总额。**项目期间内全部现金净流量总额的总现值或总终值折算为等额年金的平均现金净流量，称为年金净流量（ANCF）**。年金净流量的计算公式为：

$$\text{年金净流量（}ANCF\text{）} = \frac{\text{现金净流量总现值}}{\text{年金现值系数}} = \frac{\text{现金净流量总终值}}{\text{年金终值系数}} \qquad (4.11)$$

其中，现金净流量总现值即为NPV。年金净流量指标大于零，说明每年平均的现金流入能抵补现金流出，投资项目的净现值（或净终值）大于零，方案的报酬率大于所要求的报酬率，方案可行。在两个以上寿命不同的投资方案比较时，年金净流量越大，方案越好。

【业务4-9】有甲、乙两个投资方案，甲方案需一次性投资10 000元，可用8年，残值2 000元，每年取得税后营业利润3 500元；乙方案需一次性投资10 000元，可用5年，无残值，第1年获利3 000元，以后每年递增10%。如果资本成本率为10%，应采用哪种方案？

解：由于两个项目年限不同，采用净现值法无法进行比较，因此应考虑它们的年金净流量。由于：

甲方案营业期每年NCF＝3 500＋（10 000－2 000）÷8＝4 500（元）

乙方案营业期各年NCF：

第1年＝3 000＋10 000÷5＝5 000（元）

第2年＝3 000×（1＋10%）＋10 000÷5＝5 300（元）

第3年＝3 000×（1＋10%）^{2}＋10 000÷5＝5 630（元）

第4年＝3 000×（1＋10%）^{3}＋10 000÷5＝5 993（元）

第5年＝3 000×（1＋10%）^{4}＋10 000÷5＝6 392.30（元）

甲方案净现值＝4 500×5.335＋2 000×0.467－10 000＝14 941.50（元）

乙方案净现值＝5 000×0.909＋5 300×0.826＋5 630×0.751＋5 993×0.683＋6 392.30×0.621－10 000＝11 213.77（元）

甲方案年金净流量＝14 941.50/（P/A，10%，8）＝2 801（元）

乙方案年金净流量＝11 213.77/（P/A，10%，5）＝2 958（元）

尽管甲方案净现值大于乙方案，但它是8年内取得的。而乙方案年金净流量高于甲方案，如果按8年计算可取得15 780.93元（2 958×5.335）的净现值，高于甲方案。因此，乙方案优于甲方案。本例中，用终值进行计算也可得出同样的结果。

年金净流量法是净现值法的辅助方法，在各方案寿命期相同时，实质上就是净现值法。因此它适用于期限不同的投资方案决策。但同时，它也具有与净现值法同样的缺点，即不便于对原始投资额不相等的独立投资方案进行决策。

4.2.4 现值指数

现值指数（PVI）是指投资项目的未来现金流入量的现值与原始投资额现值的比值，是一个相对数指标。其计算公式为：

$$现值指数（PVI）=\frac{未来现金流入量净现值}{原始投资额的现值} \quad (4.12)$$

【业务4-10】承【业务4-8】，要求计算该投资项目的现值指数。

解：根据【业务4-8】的要求条件：

项目的原始投资现值 $=30+25\times(P/F，10\%，1)=30+25\times0.909\ 1=52.727\ 5$（万元）

项目的未来现金流入量的现值 $=52.727\ 5+2.092=54.819\ 5$（万元）

$$PVI=\frac{54.819\ 6}{52.727\ 5}\approx1.04$$

做中学

企业拟投资一个项目，该项目的各年现金流量估计如下：$NCF_0=-100$万元，$NCF_1=-100$万元，$NCF_{2\sim6}=120$万元，若贴现率为10%，试计算该项目的现值指数。（计算结果保留两位小数）

答案：$PVI=1.97$。

提示：未来现金流量现值 $=120\times(P/A，10\%，5)\times(P/F，10\%，1)=413.55$（万元）

原始投资的现值合计 $=100\times(P/F，10\%，1)+100=190.91$（万元）

$PVI=413.55\div190.91=2.17$

利用现值指数进行项目决策时，只有在方案的现值指数大于或等于1时，方案可行，而该指标小于1时，方案不可行。

以【业务4-10】为例，由于项目的现值指数大于1，该方案可行。

该指标的优点是利用相对数的方式反映了投资的效率，且可以从动态的角度反映投资项目的资金投入与产出之间的关系。而该指标的缺陷在于无法直接反映投资项目的实际收益水平。

4.2.5 内含报酬率

内含报酬率（IRR）又称内部收益率，是指使投资项目的净现值等于零时的贴现率。该指标反映的是项目的真实报酬率水平，是项目本身可以达到的收益率。

在计算方案的净现值时，以预期的投资报酬率作为贴现率计算，净现值的结果或者大于0，或者小于0，而其内在含义是方案的实际报酬率大于或小于预期投资报酬率，而当净现值为0时，说明两种报酬率相等。据此，内含报酬率的计算就是找到让净现值等于0时的投资报酬率。进一步，根据投资项目各年现金流量的不同特点，内含报酬率的求解过程可以分为以下两种情况：

（1）建设期为零，即全部投资于建设起点一次投入，经营期内各年现金净流量相等时，可采用年金的计算方法进行相关的计算，计算公式为：

经营期每年相等的现金净流量（NCF）×（P/A，IRR，n）－投资总额（NCF_0）＝0

$$(P/A,\ IRR,\ n)=\frac{\text{投资总额}}{\text{经营期每年相等的现金净流量}} \tag{4.13}$$

根据计算出来的年金现值系数与已知的年限n，查年金现值系数表，如果恰好在年金现值系数表中能够找到对应的期数和系数，则该折现率为内含报酬率。否则采用插值法计算确认。

【业务4-11】承【业务4-7】的资料，计算内含报酬率。

解：$(P/A,\ IRR,\ 6)=\dfrac{30\ 000}{8\ 000}=3.75$

查表可知：

15%	IRR	16%
3.784 5	3.75	3.684 7

$$IRR=15\%+\frac{3.75-3.784\ 5}{3.684\ 7-3.784\ 5}\times(16\%-15\%)=15.35\%$$

利用IRR函数计算项目内含报酬率

（1）函数的结构。

利用IRR函数计算项目内含报酬率

IRR (Values, Guess)

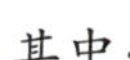

其中：

Values——数组或单元格的引用，包含用来计算返回的内含报酬率的数字。必须包括至少一个正值和一个负值。

Guess——对函数IRR计算结果的估值。大多数情况下，并不需要为函数IRR的计算提供Guess值。如果省略Guess，假设它为0.1（10%）。如果函数IRR返回错误值，或结果没有靠近期望值，可用另外一个Guess值再试一次。

（2）函数的运用。

利用IRR函数计算【业务4-11】中的内含报酬率，如图4-2所示：

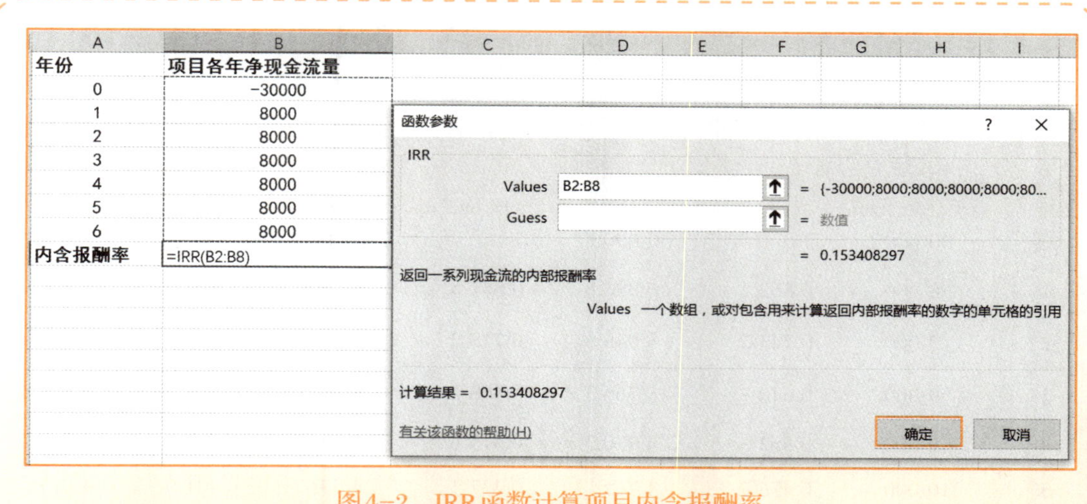

图4-2 IRR函数计算项目内含报酬率

计算得到项目的内含报酬率为15.34%。

（2）经营期内各年现金净流量不相等，或建设期不为零，投资额是在建设期内分次投入的情况下，上述方法不再适用，则此时必须按定义采用逐步测试的方法，计算出使净现值等于零的贴现率。具体步骤如下：

第一步，预估一个贴现率，以此来计算净现值。当净现值为正数时，说明方案的实际内含报酬率大于预计的贴现率，应提高贴现率再进一步测试；当净现值为负数时，说明方案本身的报酬率小于估计的贴现率，应降低贴现率再进行测算。经过反复测试，找到能使净现值由正到负或由负到正且接近零的两个贴现率。

第二步，运用插值法求出该方案的内含报酬率。

【业务4-12】 某项目一次性投入30 000元，第一年、第二年的现金净流量为8 000元，第三年、第四年的现金净流量为9 000元，第五年为10 000元，第六年为11 000元。

要求：计算该项目的内含报酬率。

解：由于该方案各年的现金流入量不相等，应通过“逐步测试法”来确定内含报酬率。先按16%的估计贴现率进行测试，其净现值为2 855.8元，是正数；于是把贴现率提高到18%进行测试，净现值为1 090.6元，仍为正数；再把贴现率提高到20%重新测试，净现值为−526.5元，是负数。说明该项目的内含报酬率在18%～20%之间。有关测试计算见表4-6。

表4-6　逐步测试结果一览表

单位：元

年份	现金净流量（NCF）	贴现率=16%		贴现率=18%		贴现率=20%	
		现值系数	现值	现值系数	现值	现值系数	现值
0	（30 000）	1	（30 000）	1	（30 000）	1	（30 000）
1	8 000	0.862 1	6 896.8	0.847 5	6 780	0.833 3	6 666.4
2	8 000	0.743 2	5 945.6	0.718 2	5 745.6	0.694 4	5 555.2
3	9 000	0.640 7	5 766.3	0.608 6	5 477.4	0.578 7	5 208.3
4	9 000	0.552 3	4 970.7	0.515 8	4 642.2	0.482 3	4 340.7
5	10 000	0.476 2	4 762	0.437 1	4 371	0.401 9	4 019
6	11 000	0.410 4	4 514.4	0.370 4	4 074.4	0.334 9	3 683.9
净现值			2 855.8		1 090.6		（526.5）

然后用插入法近似计算内含报酬率：

18%	IRR	20%
NPV=1 090.6	NPV=0	NPV=−526.5

$$IRR = 18\% + \frac{1\ 090.6 - 0}{1\ 090.6 - (-526.5)} \times (20\% - 18\%) = 19.35\%$$

利用内含报酬率进行项目决策，往往还需要一个对比的标准，此时可以选择企业的资本成本率或者企业的必要报酬率。前者反映企业用于项目的资金的成本情况；后者是指企业投资所期望获得的最低报酬率。具体判断标准是：若方案的内含报酬率大于或等于企业的资本成本率或必要报酬率，该方案就具备财务可行性；否则，方案不可行。

内含报酬率是个动态相对量正指标，它考虑了资金时间价值，可以反映出投资项目的真实报酬率，有利于对投资额不同的项目进行决策。但该指标的计算过程比较复杂，特别是在经营期每年的*NCF*不等的情况下，一般需要经过多次测试才能算出，且不易直接考虑投资风险的大小。

4.2.6 评价指标之间的关系

NPV、*PVI*和*IRR*三个指标存在以下数量关系：

当$NPV>0$时，$PVI>1$，$IRR>i$；

当 $NPV=0$ 时，$PVI=1$，$IRR=i$；

当 $NPV<0$ 时，$PVI<1$，$IRR<i$。

4.3 项目投资决策

在上一节中我们对项目的财务可行性进行了分析和评价，对于企业来讲，只有具备财务可行性的项目才可作为投资的对象，但是，当企业面对多个项目，且均具备财务可行性时，如何作出最优的选择又成了决策者所需要思考的内容，这种针对多项目的最终选择就是项目投资决策。企业所面对的项目，根据各个方案之间的相互关系可以分为独立方案和互斥方案两种，不同情况下处理的策略和选择的方法有所区别，下面就分别进行学习。

4.3.1 独立方案的排序

独立方案是指在决策过程，一组互相分离、互不排斥、可以同时并存的方案。在独立方案中，选择某一方案并不排斥选择另一方案，当企业资源能够充分保障时，方案可同时实施。但是，当企业资源有限的情况下，独立方案之间就存在按照对企业的贡献进行排序的问题。即对其投资的先后顺序作出安排，一般评价的依据是能够较为综合地反映项目的获利程度的内含报酬率指标，即内含报酬率法。具体的评价要求是按照内含报酬率由大到小依次选择。

【业务4-13】现有甲、乙、丙三个独立的投资方案可供选择，三个方案的相关资料及经测算出的各项指标情况如表4-7所示，假设贴现率为12%。试问：应该如何作出投资决策？

表4-7　独立投资方案可行性指标

单位：元

项目	甲方案	乙方案	丙方案
原始投资额	（20 000）	（15 000）	（15 000）
项目计算期	6	6	3
净现值（*NPV*）	8 897	4 975	6 897
现值指数（*PVI*）	1.44	1.33	1.45
内含报酬率（*IRR*）	36%	23.5%	24.48%

解：由于甲、乙、丙三个项目为独立项目，因此，按照内含报酬率法进行选择，根据表4-7可知，按照内含报酬率排序为：甲方案 > 丙方案 > 乙方案，因此，三个方案应该首先选择投资甲方案，再选择投资丙方案，最后选择投资乙方案。

4.3.2 互斥方案的择优

互斥方案是指互相关联、互相排斥的方案，即一组方案中的各个方案彼此可以相互代替，采纳方案组中的某一方案，就会自动排斥这组方案中的其他方案。因此，互斥方案具有排他性。例如，某企业拟投资增加一条生产线（购置设备），既可以自行生产制造，也可以向国内其他厂家订购，还可以向某外商订货，这一组设备购置方案即为互斥方案，因为在这三个方案中，只能选择其中一个方案。

针对互斥方案决策的过程就是利用具体决策方法比较各个方案的优劣，从各个备选方案中最终选出一个最优方案的过程。

在进行决策时，经济效益是选择的主要依据，即获利的多少是考虑方案选择与否的核心。而在进行各个备选方案的比较时，由于项目计算期的差异，可能导致决策指标的使用的不同。

通常，当项目的计算期相同时，采用净现值法进行决策；而当项目的计算期不同时，采用年金净流量法作出判断。

1. 项目的计算期相同时采用净现值法进行项目的比较

净现值法，是指通过比较互斥方案的净现值指标的大小来选择最优方案的方法。净现值最大的方案为优。

【业务4-14】承【业务4-13】，若甲、乙、丙三个方案为互斥方案，试进行甲、乙方案的比较和选择。

解：由于甲、乙方案的项目计算期相同，则这两个方案的择优可以采用净现值法进行。根据已知条件，由于甲方案的净现值8 897元 > 乙方案的净现值4 975元，因此，甲方案更优。

2. 项目的计算期不同时采用年金净流量法进行项目的比较

对于项目计算期不同的方案，直接用净现值进行两个项目的比较并作出最优决策是不合理的，因为，按照持续经营假设，寿命期短的项目，收回了投资后可再用于新的投资。此时两个项目的净现值并不能真正反映项目的投资收益情况，为此，引入年金净流量。**年金净流量（*ANCF*）是指项目期间内全部现金净流量总额的现值或终值折算为等额年金的平均现金净流量。**在决策时，应选择年金净流量较大的方案。

其计算公式为：

$$\text{年金净流量（}ANCF\text{）}=\frac{\text{现金净流量总现值}}{\text{年金现值系数}}=\frac{NPV}{(P/A,\ i,\ n)} \tag{4.14}$$

【业务4-15】承【业务4-13】，若甲、乙、丙三个方案为互斥方案，假设贴现率为10%，试进行甲方案和丙方案的比较和选择。

解：根据表4-7，甲方案和丙方案的项目计算期不同，因此，应采用年金净流量法进行判断。

甲方案年金净流量（ANCF）= 8 897 ÷（P/A，10%，6）= 8 897 ÷ 4.355 3 = 2 042.80（元）

丙方案年金净流量（ANCF）= 6 897 ÷（P/A，10%，3）= 6 897 ÷ 2.486 9 = 2 773.33（元）

由于甲方案的年金净流量小于丙方案，因此，应选择丙方案。

单元小结

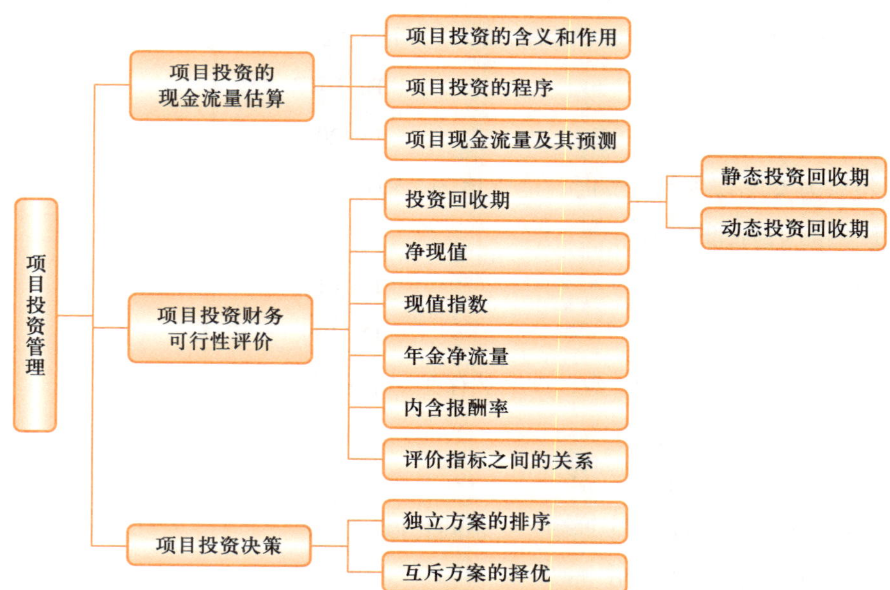

职业资格与技能同步练习

一、单项选择题

1. 项目投资的现金流量是指一个投资项目引起的企业（　　）。

A. 现金收入和现金支出增加的数量

B. 现金收入和现金支出

C. 货币资金收入和货币资金支出增加的数量

D. 长期性资金增加的数量

2. 当新建项目的建设期不为0时，建设期内各年的净现金流量（　　）。

A. 小于或等于零　　B. 大于零

C. 一定小于零　　D. 一定等于零

3. 下列项目投资评价指标中，数值越小越好的指标是（　　）。

A. 净现值　　B. 现值指数

C. 内含报酬率　　D. 投资回收期

4. 某企业计划投资20万元建设一条生产线，预计该生产线投产后每年可为企业带来2万元税后营业利润，假定，生产线的年折旧额为3万元，则该项目的静态投资回收期为（　　）。

A. 10年　　B. 5年

C. 4年　　D. 20年

5. 某投资方案贴现率为12%时，净现值为2.5万元，贴现率为14%时，净现值为-3.5万元，则该方案的内含报酬率为（　　）。

A. 12.83%　　B. 12.56%

C. 13.12%　　D. 15%

6. 如果某项目的净现值为正数，则必然存在的结果是（　　）。

A. 该项目投资回收期大于1

B. 该项目现值指数大于1

C. 该项目的投资回收期小于期望的投资回收期

D. 该项目内含报酬率等于0

7. 已知某项目的现值指数为1.5，该项目的原始投资额现值为800万元，且原始投资全部于建设起点一次性投入，则该项目的净现值为（　　）万元。

A. 150　　B. 300

C. 400　　D. 1 600

8. 某项目的计算期为5年，没有建设期，投产后每年的净现金流量均为100万元，原始投资额为120万元，资本成本为10%，（P/A，10%，5）= 3.791，则该项目的年金净流量为（　　）万元。

A. 51.2　　B. 68.35

C. 200　　D. 37.91

9. 在下列项目投资决策评价指标中，没有考虑资金时间价值的指标是（　　）。

A. 净现值　　B. 现值指数

C. 静态投资回收期　　D. 内含报酬率

二、多项选择题

1. 对于一个新建项目投资，在计算各年现金净流量时，以下说法正确的有（　　）。

A. 建设期现金净流量 = − 该年发生的原始投资额

B. 运营期税后现金净流量 = 营业收入 − 付现成本 − 所得税

C. 运营期税后现金净流量 = 收入 ×（1 − 所得税税率）− 付现成本 ×（1 − 所得税税率）+ 非付现成本 × 所得税税率

D. 终结年度所得税后净现金流量 = 终结期现金净流量 = 终结阶段运营期现金净流量 + 该年回收的固定资产净残值 + 收回的垫支流动资金

2. 下列说法中，正确的有（　　）。

A. 当净现值大于0时，现值指数大于1

B. 当净现值大于0时，内含报酬率大于选定的基准收益率

C. 当净现值等于0时，现值指数等于1

D. 当净现值等于0时，内含报酬率大于选定的基准收益率

3. 净现值法的优点包括（　　）。

A. 考虑了资金时间价值　　B. 可用于投资额不同的方案的选择

C. 考虑了投资风险性　　D. 考虑了项目计算期的全部现金净流量

4. 判断一个独立项目是否具有财务可行性的评价标准是（　　）。

A. 现值指数大于或等于1

B. 净现值大于或等于0

C. 内含报酬率大于或等于0

D. 内含报酬率大于或等于资本成本率或期望的最低报酬率

5. 当净现值为负数，则表明（　　）。

A. 该项目为亏损项目

B. 该项目的投资回收期小于期望的投资回收期

C. 该项目的内含报酬率不一定小于0

D. 该项目的现值指数小于1

6. 如果以内含报酬率作为评价指标，那么要求内含报酬率（　　）。

A. 大于1　　B. 大于零

C. 大于或等于资金成本率　　D. 大于或等于期望的最低投资收益率

7. 下列各项中，可能作为净现值法的贴现率的有（　　）。

A. 企业要求的最低报酬率　　B. 资本成本率

C. 银行借款利率　　D. 内含报酬率

8. 下列选项中，可用于评价互斥方案优劣的方法有（　　）。

A. 净现值法　　B. 差额法

C. 年金净流量法　　D. 内含报酬率法

9. 对独立项目进行评价时，得出的结论与利用净现值指标的判断结论相同的指标有（　　）。

A. 年金净流量　　B. 投资回收期

C. 内含报酬率　　D. 现值指数

三、计算分析题

1. 公司有两个投资方案可供选择，两个方案的原始投资均为100 000元，无建设期，投产后各年的现金净流量如下表所示。

方案现金流量表

单位：元

年份	第一个方案	第二个方案
第一年	25 500	20 000
第二年	25 500	30 000
第三年	25 500	40 000
第四年	25 500	50 000
第五年	25 500	80 000

要求：计算两个方案的静态投资回收期。

2. 企业欲投资某项目，需要原始投资120万元，其中固定资产投资100万元，流动资金垫支20万元。项目建设期为2年。固定资产投资在建设期内分两次在年初均匀投入，流动资金于第2年年末投入。该固定资产的寿命为10年，按直线法计提折旧，预计净残值10万元。预

计投产后税后营业利润为10万元，流动资金于终结点一次收回。

要求：计算项目计算期各年的净现金流量。

3. 公司欲购入一台设备以扩充生产能力，现有甲、乙两个方案可供选择。

（1）甲方案：投资20 000元，使用寿命为5年，直线法计提折旧，5年后设备无残值。5年中每年获得的税后营业利润为5 000元。

（2）乙方案：投资20 000元，使用寿命为5年，直线法计提折旧，5年后无有残值收入，另须垫支流动资金3 000元，于项目结束时一次性收回，项目无建设期。项目投产后第一年获得的税后营业利润为6 000元，由于固定资产维护费用的增加，从投产后第二年开始，以后每年税后营业利润逐年减少200元。假设所得税税率为25%，资本成本为10%。

要求：计算项目的现金净流量及净现值并比较方案的优劣。

4. A、B是两个投资方案，预计的现金流量情况如下表所示。

项目现金流量表

单位：元

年份	0	1	2	3	4
A方案	−30 000	10 000	10 000	10 000	10 000
B方案	−30 000	0	0	0	50 000

要求：计算两个方案的内含报酬率，并作出方案的选择。

5. 公司拟在2020年年初购置设备一台，须一次性投资100万元，建设期1年。经测算，该设备使用寿命为5年，按照直线法计提折旧，预计的净残值率为10%；设备投入运营第一年年初须垫支流动资金20万元，并于设备报废时一次性收回，投产后每年可新增税后营业利润20万元。

要求：

（1）计算使用期内各年净现金流量。

（2）计算该设备的静态投资回收期。

（3）如果以10%作为折现率，计算其净现值，并进行可行性判断。

综合技能强化训练

亦得包装公司项目投资案例

【背景资料】

资料一：亦得包装公司创办于2010年，是一家以木包装材料生产及销售为主的企业，企业生产和销售的木包装材料因质量过硬、价格适中曾一度受到市场的追捧，在国内市场和国际市场都具有很好的口碑。近年来，木包装材料市场逐渐趋于饱和，市场需求量逐年下降，同时，由于欧盟、美国、加拿大等国家或地区限制中国出口货物采用木质包装进入该国市场，因此亦得公司的发展遇到了前所未有的挑战。面对未来，为了寻求新的发展机会，公司有了新的战略设想。通过市场调查，公司发现环保包装材料的市场需求日益增加，也将逐渐成为未来包装材料需求的主流，于是，公司准备全面投入环保包装材料市场。经初步市场调研，环保包装大多采用全自动智能型、数字化包装设备。目前公司现有设备无法完全满足生产的要求，因此，项目的开展意味着需要引入新的设备，经多方考察，公司最终确定需要购买KL-250B回转式枕包机，公司转型的关键就在于该设备的引入和使用。

在正式进行投资前，公司要求财务部门对该项投资的财务可行性做出判断。

为了对该项投资项目进行可行性分析，公司财务部门通过各种渠道收集和估算项目将带来的现金流量的变化，首先，通过采购部门公司对设备的主要供应商进行了询价，得到询价采购供应商报价函如下：

询价采购供应商报价函

项目编号：QW00099

亦得包装公司：

关于本次询价采购项目，我公司认真阅读了贵公司发布的询价采购函，报价如下：

一、报价表

序号	货物名称	技术配置		数量	单价	金额
		询价配置	报价配置			
01	KL-250B回转式枕包机	附件1	附件2	2	60万元	120万元
合计		壹佰贰拾万元整				
人民币大写		壹佰贰拾万元整				

续表

二、交货期

合同签订后10日内将送至指定地点，并完成安装调试。

三、技术支持与服务承诺

四、备注

1. 我公司的报价函一式三份，正本一份，副本两份；

2. 我公司已了解了贵公司货物招标文件标准文本中的“合同条款”。

五、有关资质证明文件

六、联系方式

联系人：张先生　　　　电话：0105567834

地址：北京市海淀区67号信箱

供应商名称：运发包装设备有限公司

2019年12月

同时，公司还对项目的安装、前期设备使用的技术服务等费用进行了估计。设备的安装比较简单，在购入后很快可投入使用。设备生产阶段，由于原材料购买、员工工资、各种制造费用的增加，企业预计须垫支流动资金20万元。综合各方面信息，企业对初始投资阶段的各种费用进行了预测，得到如下的支出明细表：

项目建设投资支出明细表

单位：元

投资项目	预计支出
设备购买	1 200 000
安装调试费用	200 000
专业人员服务费	50 000
其他固定资产取得费用	50 000
垫支的流动资金	200 000
合计	1 700 000

预计，上述费用均在第一年年初一次性发生，所垫支的流动资金将在设备报废时一次性收回。

会计上对于该设备的入账价值为1 500 000元，该设备预计可以使用10年，10年后设备报废，设备报废时预计无残值，假设该企业设备按照直线法折旧。

设备的投产会带来企业销售收入的增加，为此，销售部门对投产后未来的销售情况进行了预测，得到如下的销售预测表：

销售预测表

金额单位：元

年份	预测销售量	单价/元	预测销售额
1	10 000	80	800 000
2	10 000	80	800 000
3	10 000	80	800 000
…			
10	10 000	80	800 000

假设上述销售收入均能在当期收到现金。

根据销售情况，企业对未来的生产情况进行了预测，并对经营成本进行了预测，得到如下预测资料：

经营成本预测表

金额单位：元

年份	变动成本				固定成本		预计生产量	经营成本总额
	材料费用	燃料费用	其他费用	总额	总额	其中：固定资产折旧		
1	250 000	50 000	100 000	400 000	160 000	150 000	10 000	560 000
2	250 000	50 000	100 000	400 000	160 000	150 000	10 000	560 000
3	250 000	50 000	100 000	400 000	160 000	150 000	10 000	560 000
…								
10	250 000	50 000	100 000	400 000	160 000	150 000	10 000	560 000

注：假设变动成本均在当期支付了现金。

企业适用的所得税税率为25%。

结合销售收入预测和经营成本预测，项目投产后将带来的各年营业利润的情况如下表所示。

经营期营业利润预测表

金额单位：元

年份	预测销售额	预测经营成本	各年的营业利润=销售额-经营成本
1	800 000	560 000	240 000
2	800 000	560 000	240 000

续表

年份	预测销售额	预测经营成本	各年的营业利润=销售额-经营成本
3	800 000	560 000	240 000
…			
10	800 000	560 000	240 000

资料二：财务经理就该项投资的资金来源进行了考虑。由于所需资金量较大，且占用时间较长，公司计划通过自有资金和借款两种方式来筹集所需资金，计划用自有资金解决其中60%的资金，借款解决剩余部分。自有资金的资金成本假定为20%。经过同银行的接触，银行可为公司提供一笔长期借款，预计该项借款利率为9.8%，所得税税率为25%，借款的手续费率预计为2%。

资料三：在整个项目的讨论过程中，项目的反对派提出了他们的意见。他们认为，环保包装材料市场的确是未来的发展方向，但是，就目前来看，该市场还不成熟，市场的接受度还存在很大的不确定性，进军该市场，公司需要进行大量的固定资产投资，风险较大，公司可再观望。对于目前公司发展的瓶颈，他们认为可以进一步挖掘现有市场的潜力，大城市市场虽已饱和，但二级城市的开发仍有空间，通过预测，如果二级市场得以开发，现有的生产能力显然不足，因此，他们建议再投入一台设备扩大原有产品的生产而不是缩减。经过测算，该方案须一次性投入900 000元，固定资产的使用期限为5年，营运期每年的现金净流量均为300 000元，终结阶段的现金净流量为650 000元。两个方案将同时被提到董事会中讨论，董事长要求财务部门就该两个方案的财务可行性做出判断，并从财务的角度作出选择。

【要求】根据资料一至三，对两个方案的财务可行性作出判断并从财务的角度作出选择。

【完成方式】5~7人一组讨论完成，并制作PPT进行展示。

【实训结果评价】

评价指标	评价标准	分值	评价成绩及备注
结果评价	1. 指标选择正确	10	
	2. 结论正确	20	
	3. PPT制作情况	20	
	4. PPT汇报情况	20	
过程评价	1. 出勤	5	
	2. 态度	5	
	3. 团队协作	10	
	4. 创新	10	

第5单元

证券投资管理

专业能力：

通过学习股票投资、债券投资以及其他证券投资的含义和内容，能够运用股票投资和债券投资的估价模型进行股票和债券估价，并能够通过计算持有证券收益率对证券投资项目作出判断和决策。

职业核心能力：

自我学习能力、分析及解决问题的能力。

股票投资、债券投资、股票估价模型、债券估价模型、债券收益率、股票收益率。

珠海格力电器股份有限公司证券投资决策管理案例

珠海格力电器股份有限公司（以下简称“格力电器”），成立于1991年，是一家集研发、生产、销售、服务于一体的国际化家电企业，主营家用空调、中央空调、空气能热水

器、手机、生活电器、冰箱等产品。连续9年上榜美国《财富》杂志“中国上市公司100强”。格力电器旗下的“格力”品牌空调，是中国空调业的“世界名牌”产品，业务遍及全球100多个国家和地区。

公司于2019年4月26日召开第十一届董事会第三次会议，会议审议通过了《珠海格力电器股份有限公司2019年使用自有闲置资金进行投资理财的议案》，并于2019年6月26日召开珠海格力电器股份有限公司2018年年度股东大会，审议通过了该议案，同意公司在不影响正常经营及风险可控的前提下，使用自有闲置资金不超过人民币290亿元进行投资理财，投资项目包括：① 银行低风险存款和理财类产品、券商收益凭证；② 债券、结构性票据、固定收益基金；③ 低风险资产管理计划、信托产品。截至2019年年末，格力电器证券投资收益1.2亿。

【引例分析】

企业在生产经营中经常会有一定量的流动资金，为了更好地利用闲散资金，企业将其投入到证券市场进行短期投资，可以取得一定的收益。但是短期投资同样具有一定的风险，因此，也要对股票和债券的价值进行科学的预计和估计。面对各种可供选择的投资方案，如何科学地进行判断和选择，这就是我们在本单元中将要探讨的问题。

5.1 证券投资概述

5.1.1 证券投资的含义和目的

证券投资是指投资者将资金投资于股票、债券、基金及衍生证券等金融工具，从而获取收益的一种投资行为。

进行证券投资的目的主要有以下几个方面：

其一，暂时存放闲置资金。证券投资在多数情况下都是出于预防的动机，以替代较大量的非盈利性的现金余额。

其二，与筹集长期资金相结合。处于长期或扩张期的公司一般每隔一段时间就会发行长期证券，所获得的资金往往不会一次用完，企业可将暂时闲置的资金投资于证券，以获取一定的收益。

其三，满足未来的财务需求。企业根据未来对资金的需求，可以将现金投资于期限和流动性较为恰当的证券，在满足未来需求的同时获得证券投资带来的收益。

其四，满足季节性经营对现金的需求。从事季节性经营的公司在资金有剩余的月份可以投资证券，而在资金短缺的季节将证券变现。

其五，获得对相关企业的控制权。通过购入相关企业的股票可以实现对该企业的控制。

5.1.2 证券投资的种类

证券投资的分类要以证券的分类为基础，按不同标准可以进行以下不同的分类。

1. 按证券的发行主体分类

按发行主体不同，证券可以分为政府债券、金融证券和公司证券。政府证券的发行主体是中央政府和地方政府；金融证券的发行主体是银行或其他金融机构；公司证券又称企业证券，其发行主体是各工商企业。这些证券中，政府证券的风险较小，金融证券次之，公司证券的风险视企业的规模、财务情况和其他情况而定。

2. 按证券的期限分类

按期限长短不同，可以分为短期证券和长期证券。短期证券是指期限短于一年（含一年）的证券，如短期国债、商业票据、银行承兑汇票等。长期证券是指长于一年的证券，如股票、债券等。一般来说，短期证券的风险小，变现能力强，但收益相对较低。而长期证券的收益一般较高，但时间长，风险大。

3. 按证券的收益状况分类

按收益状况不同，证券可以分为固定收益证券和变动收益证券。固定收益证券是指某些证券的票面上规定有固定的收益率，如债券和优先股，票面上规定了固定的利息和股息率。变动收益证券是指证券的票面上没有标明固定的收益率，其收益情况随企业经营状况的变动而变动的证券，普通股股票是最典型的变动收益证券。一般来说，固定收益证券的风险比较小，收益不高，而变动收益证券的风险大，但收益较高。

证券是多种多样的，与此相对应，证券投资的种类也是多种多样的。按不同标准，也可以对证券投资进行不同的分类。本章将根据证券的投资对象，按照债券投资、股票投资和其他证券投资进行讨论。

5.1.3 证券投资的特点

证券投资是近些年来投资市场比较流行的一种方式。相对于实物投资而言，它具有如下

特点：

其一，流动性强。相比购买固定资产、无形资产等长期资产，证券投资的流动性明显地高于实物资产，这样就可以保证企业时刻都具有一定的现金流量。

其二，价格不稳定。证券相对于实物资产来说，受人为因素的影响较大，且没有相应的实物作保证，其价值受政治、经济、环境等各种因素的影响较大，具有价值不稳定、投资风险较大的特征。

其三，交易成本低。相对于实物资产而言，证券交易过程快速、简捷、成本较低，而固定资产和无形资产的更新换代的时间较长，购买过程中涉及运费、安装维护等费用较高。

5.1.4 证券投资的基本程序

1. 选择投资对象

一般来讲，如果企业进行证券投资的目的是寻求未来稳定的收益，应该选择那些收益稳定、信誉较高的债券（如国债）或优先股作为投资对象。如果企业进行证券投资是为了分散投资风险，就应该重视投资行业的选择，在行业选择的基础上选择合适的企业股票作为投资对象。

2. 开户与委托

证券投资必须通过那些有资格进入证券交易所进行交易的证券商（作为经纪人）代为进行。这样，证券投资者就面临着一个选择恰当的证券商作为自己的经纪人的问题。选定经纪人后，投资者要在经纪人处开立户头，从而确立委托买卖关系。投资者开户后，就可以向经纪人下委托指令，进行证券投资了。

3. 交割与清算

证券交易后，买卖双方要相互交付价款和证券。比如某投资者买入一笔股票，买卖成立后，他要向股票的卖方交付价款，收取股票；而卖方则要向他交付股票，收取价款，这一过程，即为证券的交割。

4. 过户

对于不记名的证券，投资者办完交割手续之后，交易程序即告结束。如果投资者买的是记名的证券，则还需要办理过户手续。投资者只有办理了过户手续，才能享有证券所有者的权益。

5.2 债券投资决策

5.2.1 债券投资概述

1. 债券投资的含义

债券是由企业、金融机构或政府发行的，表明发行人（债务人）对其承担还本付息义务的一种有价证券。企业以自己的资金购买债券称为债券投资。

债券投资行为是企业通过购入债券成为债券发行单位的债权人并获得债券利息的一种投资行为。这种投资行为可以在一级市场（发行市场）上进行，也可以在二级市场（交易市场）上进行；既可以进行长期投资，又可以进行短期投资。

2. 债券投资的目的

企业债券投资的目的主要是与投资的期限有关系。企业进行短期债券投资的目的主要是为了合理利用暂时闲置资金，调节现金余额，获取收益。当企业现金余额太多时，便投资于债券，使现金余额降低，反之，当现金余额太少时，则出售原来投资的债券，收回现金，使现金余额提高。企业进行长期债券投资的目的主要是为了获得稳定的收益。

3. 债券投资的相关概念

要正确认识债券投资，首先需要了解一系列与之相关的概念：

（1）面值，即债券票面上注明的价值，也称为票面价值或本金。一般而言，债券特别是公司债券的面值不宜定得过高，这样便于低收入阶层购买。

（2）到期日，是指偿还面值（本金）的日期。从债券发行日至到期日之间的时间间隔一般被称为债券的期限。债券的期限一般较长，很多企业发行的公司债券期限在10~20年。

（3）票面利率，是指发行者在债券上标明的利率，债务人承诺依据该年利率按期支付利息。从国际上看，利息的支付通常是每半年一次。

票面利率是每年支付的票面利息除以面值。例如，某公司的每张债券面值为1 000元，每年支付利息90元，其票面利率为90÷1 000＝9%。

（4）新发行的债券与发行在外的债券。刚刚发行的债券是新发行债券，而在市场上流通了一定时期的债券归为发行在外的债券。新发行的债券一般按其面值出售，但发行在外的并非如此，它取决于当前的经济条件。债券的市场价格在很大程度上是靠其票息率确定的。也就是说，票息率越高，在其他条件不变的情况下，债券的市场价格就越高。在债券发行时，通常按照使债券的市价等于面值的折现率来确定票息率。如果确定了一个较低的票息率，投资者将不愿意以面值购买债券；如果确定了一个较高的票息率，债券又会以高于面值的价格

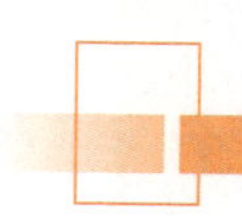

出售。一般而言，债券的发行者能够相当精确地确定按面值出售的票息率。

5.2.2 债券估价模型

债券作为一种证券投资，现金流出是其购买价格，现金流入是利息和归还的本金，或者出售时得到的现金。**债券未来现金流入的现值，称为债券价值。当债券发行以后便在二级市场上交易，市场收益率发生变化时，债券价格也将发生变化。对于投资者一般只有当债券的价值大于购买价格时，才值得投资。**

1. 债券价值计算的基本模型

一般情况下的债券价值计算模型是指按复利方式计算债券价值的方式。其计算公式为：

$$V_b=\sum_{t=1}^{n}\frac{I_t}{(1+R)^t}+\frac{M}{(1+R)^n} \tag{5.1}$$

式中：V_b为债券价格；

I_t为每年利息；

M为债券面值；

R为贴现率，通常用市场利率（投资者要求的必要报酬率）表示；

n为债券到期前的年数。

【业务5-1】某种债券面值为100元，期限为3年，票面利率为8%，现投资者想购入这种债券，目前市场利率为10%，则当前价格为多少时该投资者才能进行投资？

解：$V_b=100\times8\%\times(P/A,\ 10\%,\ 3)+100\times(P/F,\ 10\%,\ 3)$

$=8\times2.486\ 9+100\times0.751\ 3$

$=95.03$（元）

即该投资者如果能以低于95.03元的价格买到这种债券，对他来说是一项正净现值的投资，债券的价值比他支付的价格要高。如果他必须支付高于95.03元的价格，它就是一项负净现值的投资。当然，价格刚好是95.03元时，它是一项公平投资，净现值为零。

Excel小贴士

利用NPV函数计算债券价值

（1）函数的结构。

NPV (Rate, Value1, Value2, …)

其中：

Rate——某一期间的贴现率。

利用NPV函数计算债券价值

Value1, Value2, …：支出及收入的1到254个参数，时间均匀分布在每期期末。

（2）函数的运用。

利用NPV函数计算【业务5-1】中的债券价值，如图5-1所示：

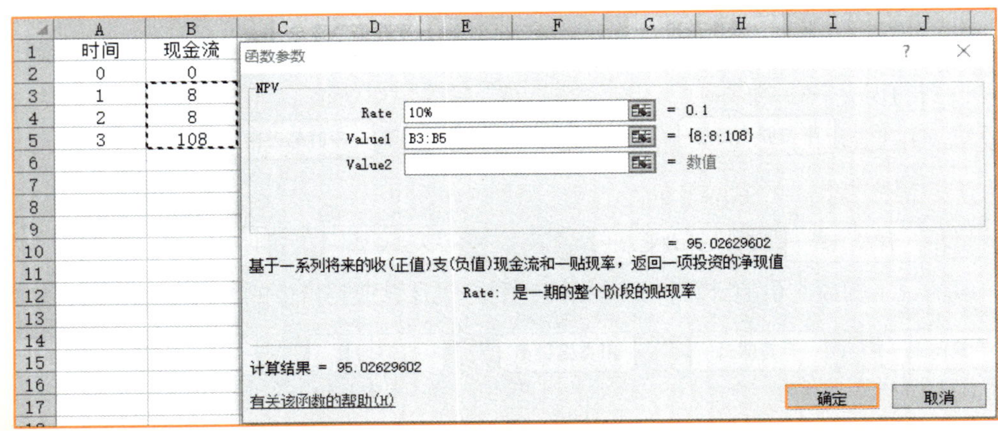

图5-1　NPV函数计算债券价值

计算得到债券价值为95.03元。

2. 利随本清债券价值的计算

我国大多数债券采取利随本清即一次还本付息方式。其价值计算公式为：

$$V_b = \frac{M+I}{(1+R)^n} = (M + M \times i \times n) \times (P/F, R, n) \tag{5.2}$$

式中：V_b为债券价格；

I为利息总额；

i为票面利率；

M为债券面值；

R为贴现率，通常用市场利率（投资者要求的必要报酬率）表示；

n为债券到期前的年数。

【业务5-2】某投资者准备投资一家公司发行的利随本清的公司债券，该债券面值1 000元，期限3年，票面利率8%，不计复利。目前市场利率为6%，则该债券价格为多少时，投资者才能购买？

解：$V_b = (1\ 000 + 1\ 000 \times 8\% \times 3) \times (P/F, 6\%, 3)$

$= 1\ 240 \times 0.839\ 6$

$= 1\ 041.104$（元）

即当该债券价格低于1 041.104元时，投资者买入可以获得正的净现值。

3. 零息债券价值的计算

零息债券又称纯贴现债券，它是以贴现方式发行的债券，一般都没有票面利率，只支付终值，即到期按面值偿还。这类债券价值的计算公式：

$$V_b=\frac{M}{(1+R)^n}=M\times(P/F,R,n) \tag{5.3}$$

式中：V_b为债券价格；

M为债券面值；

R为贴现率，通常用市场利率（投资者要求的必要报酬率）表示；

n为债券到期前的年数。

【业务5-3】 某种零息债券面值为1 000元，期限5年，投资者想要投资这种债券，目前市场利率为10%，则当债券价格为多少时该投资者才能进行投资？

解：$V_b=1\ 000\times(P/F,10\%,5)$

$=1\ 000\times0.620\ 9$

$=620.9$（元）

即当该债券价格低于620.9元时，投资者买入比较有利。

做中学

昆仑公司2020年1月1日发行一批债券，面值为4 000万元，票面利率为8%，市场利率为6%，债券期限为3年。

（1）如果债券付息方式是每年年末支付一次，公司债券的发行价不低于多少？

（2）如果债券付息方式是最后一次还本付息，公司债券的发行价不低于多少？

在进行债券投资决策时关键是计算出债券的价值，在计算过程中要注意债券利息的付息方式。因为利息的时间点不同，计算出来的债券价值就有所差异。

答案：（1）4 213.76（万元）

（2）$V_b=(4\ 000\times8\%\times3+4\ 000)\times(P/F,6\%,3)$

$=4\ 960\times0.839\ 6$

$=4\ 164.42$（万元）

提示：在进行债券投资决策时关键是计算出债券的价值，在计算过程中要注意债券利息的付息方式。因为利息的时间点不同，计算出来的债券价值就有所差异。

5.2.3 影响债券价值的因素分析

1. 市场利率

债券定价的基本原则是：市场利率等于债券票面利率时，债券的市场价值就是其面值；市场利率高于债券票面利率时，债券的市场价值就低于其面值；如果市场利率低于债券票面利率，债券的市场价值就高于其面值。

2. 到期时间

债券到期时间是指当前日至债券到期日之间的时间间隔。不论市场利率高于或低于票面利率，只要市场利率保持不变，债券价值都会随到期时间的缩短逐渐向债券面值靠近，至债券到期日，债券价值等于债券面值。

3. 利息支付方式

不同的利息支付频率也会对债券价值产生影响。债券的利息支付频率越高，代表债权人越早获得债务人支付的利息，因此债券的价值也就越高。

4. 票面利率

票面利率越高，表示的是一定时间内债权人从债务人处收取的利息越多，是资金时间价值的表现。因此，票面利率越高，债券的价值也就越高。

5.2.4 债券投资到期收益率的计算

在实践中，债券的期望报酬率是用到期收益率来估计的。**债券到期收益率是指债券市场价格等于其约定未来现金流量现值的年利率。**

债券价值计算的基本模型为：

$$V_b = I \times (P/A, R, n) + M \times (P/F, R, n) \tag{5.4}$$

由于无法直接计算收益率，所以必须先用试误法测算出收益率的范围，再用内插法求出收益率。

【业务5-4】某公司于2020年5月10日以912.5元购入当天发行的面值为1 000元的公司债券，其票面利率为6%，期限为6年，每年5月1日计算并支付利息。则该公司到期收益率是多少？

解：根据债券价值计算的基本模型可得：

$912.5 = 1\,000 \times 6\% \times (P/A, R, 6) + 1\,000 \times (P/F, R, 6)$

利用试误法进行测试，当 $R = 7\%$ 时：

$V_b = 1\,000 \times 6\% \times (P/A, 7\%, 6) + 1\,000 \times (P/F, 7\%, 6)$

$=60\times4.7665+1000\times0.6663$

$=952.29$（元）

由于952.29元大于912.50元，说明实际收益率大于7%。

当 $R=8\%$ 时：

$V_b=1000\times6\%\times(P/A,8\%,6)+1000\times(P/F,8\%,6)$

$=60\times4.6229+1000\times0.6302$

$=907.57$（元）

由于907.57元小于912.50元，说明实际收益率小于8%。采用内插法计算如下：

$$\frac{7\%-R}{7\%-8\%}=\frac{952.29-912.50}{952.29-907.57}$$

$R=7.89\%$

由于试误法计算比较麻烦，为了简化计算，还可以采用下面的方法求得收益率的近似值：

$$R=\frac{I+(B-P)/n}{(B+P)/2} \tag{5.5}$$

式中：P 为债券的当前购买价格；

B 为面值；

n 为债券期限。

将上例数据代入得：

$$R=\frac{60+(1000-912.50)/6}{(1000+912.50)/2}=7.80\%$$

到期收益率是指导选购债券的标准，它反映债券投资按复利计算的真实收益率。一般情况下，当高于投资者要求的报酬率时，就可以买进，否则就应该放弃。

Excel 小贴士

利用IRR函数计算到期收益率

IRR (Values, Guess)

（1）函数的结构。

其中：

Values——计算到期收益率所用到的现金流。

（2）函数的运用。

利用IRR函数计算【业务5-4】中的到期收益率，如图5-2所示：

利用IRR函数计算到期收益率

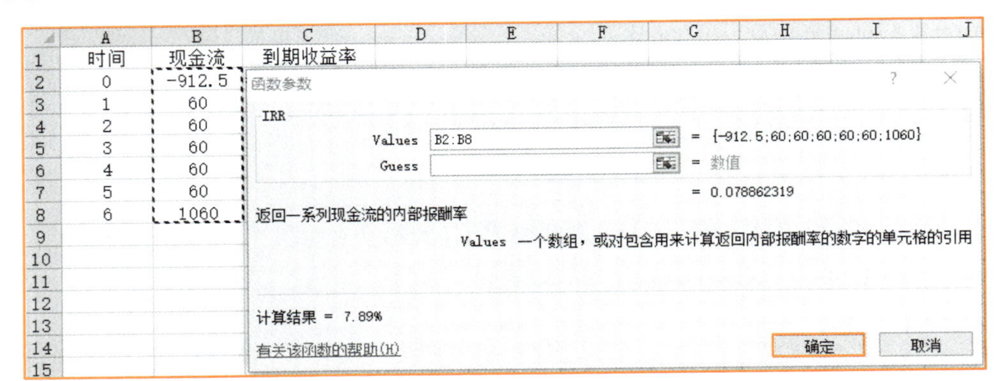

图5-2　IRR函数计算到期收益率

计算得到到期收益率为7.89%。

做中学

宏达公司于2020年7月1日以51 000元的价格购入一张面值为50 000元的公司债券，其票面利率为8%，并于每年的7月1日和1月1日支付两次利息，该债券于2021年7月1日到期，到期按面值收回本金。公司预期达到的最低收益率为10%，如果无法达到则不购买该债券。试问宏达公司是否应该购买该债券？

方法一：用公司要求达到的最低收益率作为折现率计算出债券价值与发行价比较。

方法二：用试差法计算出债券的实际收益率与公司要求的最低收益率进行比较。

答案：

$$R=\frac{50\ 000\times 8\%+(50\ 000-51\ 000)}{(50\ 000+51\ 000)/2}$$

$$=5.94\%$$

由于5.94%低于10%，没有达到预期收益率，因此不应该购买该债券。

提示：用简单算法计算出债券收益率，与最低报酬率比较判断。

5.2.5 债券投资评价

1. 债券投资的优点

（1）本金安全。与股票相比，债券投资风险比较小。政府发行的债券有国家财力作后盾，其本金的安全性非常高，通常视为无风险的证券。企业债券的持有者拥有优先求偿权，即当企业破产时，债权人优先于股东分得企业资产，因此，其损失的可能性小。

（2）收入稳定。债券票面一般都标有固定利息率，债券的发行人有按时支付利息的法定

义务。因此，在正常情况下，投资于债券都可以获得比较稳定的收入。

（3）流动性强。大部分债券都具有较强的流动性。政府及大企业发行的债券都可以在金融市场上迅速出售，流动性强。

2. 债券投资的缺点

（1）购买力风险较大。债券的面值和利率在发行时就已经确定，如果投资期间通货膨胀率比较高，则本金和利息的购买力将不同程度地受到侵蚀，在通货膨胀非常高时，投资者虽然名义上有收益，但实际上却可能有损失。

（2）没有经营管理权。投资于债券只是债权人获得收益的一种手段，债权人无权对债券发行单位施以影响和控制。

5.3 股票投资决策

5.3.1 股票投资概述

1. 股票投资的定义

股票是股份公司为筹集自有资金而发行的有价证券，是持股人拥有被投资公司股份的基本凭证，股票持有者拥有对股份公司的重大决策权、盈利分配要求权、剩余财产求偿权和股份转让权。企业购买其他企业发行的股票，称为股票投资。

2. 股票投资的目的

企业进行股票投资的目的：一是获利，二是控股。获利是企业进行股票投资的短期目的，企业购买股票后可定期获得股利，并在未来出售股票获取资本利得（股票买卖差价）。控股是企业股票投资的长期目的，通过购买某一企业的一定数量股票控制该企业。

3. 股票投资的种类

股票有两种基本类型，普通股和优先股。普通股代表股东在公司里的剩余所有者权益。也就是说，普通股股东是公司的所有者，他们选举公司的董事。遇到公司清理时，按比例优先分配满足优先股股东和其他更高法律优先权的要求者（如政府得到拖欠的税款），之后普通股股东取得剩余财产。

普通股股东获得的股利，是从公司支付利息后的盈利中支付的。但股利不是公司的合同义务。如果公司没有盈利，某些情况下法律可能禁止发放股利。因此，普通股股东比优先股股东承担了更大的风险。他们将要得到的支付更加不确定。实际上，普通股没有明确规定未来的支付。当然，我们期望公司至少在未来的某些时候能向普通股股东发放现金股利。

优先股有比普通股高但比公司债券低的优先要求权。它有一个设定的现金股利率，就像设定债券利率一样。但是如果公司不能发放股利，优先股股东不能强迫公司破产。与普通股股东相比，优先股股东只有非常有限地参与公司事务的权利。因此优先股是“混合证券”，它在金融证券的法律优先等级上介于债券和普通股之间。优先股的风险也介于公司普通股和公司债券之间。当然，有优先股又想保持良好财务声誉的公司会想方设法履行其优先股义务。因此，优先股支付义务看起来很像债券义务。所以，在公司会满足优先股支付义务的假设条件下，债券价值计算模型也可以用于优先股估值。

这里仅介绍普通股投资的问题。

5.3.2 股票估价模型

股票评价的主要方法是计算价值，并将它与股票市价比较，根据它是低于、高于或等于其市价，再决定是否买入、卖出或继续持有。

1. 股票价值计算的基本模型

股票带给投资者的现金流入包括：股利收入和出售时由价格的上涨（或下跌）形成的资本利得。**股票的价值就等于一系列股利和将来出售股票时售价的现值之和。**

如果股东永久持有股票，则他就只获得一个永续的现金流入，即股利收入。这时，股利收入的现值就是股票的价值。其计算公式为：

$$V_S=\frac{D_1}{(1+R_S)^1}+\frac{D_2}{(1+R_S)^2}+\cdots+\frac{D_n}{(1+R_S)^n}+\cdots=\sum_{t=1}^{\infty}\frac{D_t}{(1+R_S)^t} \tag{5.6}$$

式中：V_S为股票现在的价值；

D_t为第t期的预计股利；

R_S为贴现率，即投资者要求的必要报酬率。

该公式是股票价值计算的基本模型。它用股票期望未来现金股利流量来表达。该公式没有假设未来现金股利的任何特定形式也没有关于何时出售这一股票的任何假设。但在实际应用时，必须确定如何预计未来每年的股利，以及如何确定贴现率。由于该模型要求无限期地预计历年的股利实际上不可能做到。因而应用的模型都是采用简化方式。如假定每年股利相同或按固定比率增长等。

贴现率应当是投资者所要求的收益率。因为投资者要求的收益率一般不低于市场利率是

投资者投资于股票的机会成本，所以通常可以将市场利率作为贴现率。

2. 常用的股票估价模式

（1）固定成长股利模式下股票价值的计算。由于投资者把公司（及其股票）看作是财务增长的源泉，因此他们对公司的基础增长率及其对股票价格的影响非常感兴趣。假设将来现金股利支付变化率为g，第t期的股利D_t可以表示为上期股利D_{t-1}乘以（$1+g$），这样，D_t就可以表示成从现在到第t期任何一期股利的函数，即：

$$V_S=\frac{D_1}{(1+R_S)}+\frac{D_1(1+g)}{(1+R_S)^2}+\frac{D_1(1+g)^2}{(1+R_S)^3}+\cdots\cdots=\sum_{t=0}^{\infty}\frac{D_1(1+g)^t}{(1+R_S)^{t+1}} \tag{5.7}$$

式中：V_S为股票现在的价值；

g为现金股利支付变化率；

D_t为第t期的预计股利；

R_S为贴现率，即投资者要求的必要报酬率。

因为g是一个固定的常数，上式可以简化为：

$$V_S=\frac{D_1}{R_S-g} \tag{5.8}$$

【业务5-5】假定某公司明年普通股每股股利预计为3元，必要报酬率为10%，预计股利以每年2%的速度永续增长，则该公司股票的价格应该是多少？

$$V_S=\frac{D_1}{K-g}$$

$$=\frac{3}{10\%-2\%}$$

$$=37.5（元）$$

即该公司股票价格应该是每股37.5元。

（2）零增长股利模式下股票价值的计算。**零增长股票价值是指股票在未来股利稳定不变的股票。**这种股票股利的支付过程类似一个永续年金的支付。其计算公式为：

$$V_S=D/R_S \tag{5.9}$$

式中：V_S为股票现在的价值；

D为固定的现金股利；

R_S为贴现率，即投资者要求的必要报酬率。

【业务5-6】假设A公司未来永续每年支付普通股股利每股5元。该公司普通股的必要报酬率是12%，则该股票价值多少？

解：$V_S=D/R_S$

$=5\div 12\%$

$=41.67$（元）

即该股票的价值每股41.67元。

（3）阶段性增长股利模式下股票价值的计算。许多公司的股利在某一阶段有一个超常的增长率，这段期间的增长率g可能大于R_S，而后阶段公司的股利不变或按照R_S正常增长。对于阶段性增长的股票，需要分段计算，才能确定股票的价值。

【业务5-7】假定某投资者准备购买B公司的股票，打算长期持有，要求达到12%的收益率。B公司今年每股股利0.6元，预计未来三年的股利以15%的速度高速增长，而后以9%的速度转入正常增长。试计算股票价值。

B公司股票须分两段计算。首先，计算高速增长阶段股利的现值，计算过程见表5-1。

表5-1　高速增长阶段股利现值计算表

年份	股利	现值系数（12%）	股利现值/元
1	0.6×（1+15%）=0.69	0.893	0.616 2
2	0.69×（1+15%）=0.793 5	0.797	0.632 4
3	0.793 5×（1+15%）=0.912 5	0.712	0.649 7
合计			1.898 3

其次，正常增长股利在第三年度末的现值：

$$V_3=\frac{D_4}{(R_s-g)}=\frac{0.912\,5\times(1+9\%)}{12\%-9\%}=33.154\,2\text{（元）}$$

最后，计算股票的价值：

$V_0=33.154\,2\times 0.712+1.898\,3=25.50$（元）

5.3.3 股票投资收益率的计算

企业进行股票投资，每年获得的股利是经常变动的，当售出股票时，也可以收回一定的资金。股票投资收益率可以根据股票价值的计算公式倒求得到。其计算公式为：

$$V_S=\sum_{t=1}^{n}\frac{D_t}{(1+R_S)^t}+\frac{P_t}{(1+R_S)^n} \quad (5.10)$$

式中：V_S为股票现在的价值；

D_t为第t期的预计股利；

R_S为贴现率，即投资者要求的必要报酬率；

P_t为出售股票时售价。

【业务5-8】某公司投资500万元购买某一公司股票100万股，连续三年每股分得现金股利分别为0.20元、0.40元和0.50元，并于第三年年末以每股7元的价格将股票全部售出，则该项股票投资的投资收益率是多少？

解：现采用试误法和内插法计算，当$R_S=20\%$时：

$$V_S=\sum_{t=1}^{n}\frac{D_t}{(1+R_S)^t}+\frac{P_t}{(1+R_S)^n}$$

$=20\times(P/F,20\%,1)+40\times(P/F,20\%,2)+50\times(P/F,20\%,3)+700\times(P/F,20\%,3)$

$=20\times0.8333+40\times0.6944+50\times0.5787+700\times0.5787$

$=478.47$（万元）

由于478.47万元小于500万元，实际投资收益率应低于20%，降低折现率进行第二次测试。

当$R_S=18\%$时：

$V_S=20\times(P/F,18\%,1)+40\times(P/F,18\%,2)+50\times(P/F,18\%,3)+700\times(P/F,18\%,3)$

$=20\times0.8475+40\times0.7182+50\times0.6086+700\times0.6086$

$=502.13$（万元）

由于502.13万元大于500万元，实际投资收益率应该高于18%，采用内插法计算，即：

$$R_S=18\%+\frac{502.13-500}{502.13-478.47}\times(20\%-18\%)$$

$=18.18\%$

做中学

南方公司在2020年4月将400万元的资金进行证券投资，目前市场上有甲、乙两种股票可以买入。若购买甲股票100万股，在2021年、2022年、2023年4月每股可得股利0.4元、0.6元、0.7元，并于2023年4月以每股5元将甲股票全部出售；若购买乙股票80万股，在以后的3年中，每股均可获股利0.7元，并于2023年4月以每股6元全部抛出。

要求：确定该公司应投资于哪种股票，并说明理由。

答案：可以通过比较两种股票的收益率进行判断。先计算甲股票收益率，现采用试误法和内插法计算，当$R_S=20\%$时：

$$V_S=\sum_{t=1}^{n}\frac{D_t}{(1+R_S)^t}+\frac{P_t}{(1+R_S)^n}$$

$=40\times(P/F,20\%,1)+60\times(P/F,20\%,2)+70\times(P/F,20\%,3)+500\times(P/F,20\%,3)$

$=40\times0.8333+60\times0.6944+70\times0.5787+500\times0.5787$

$=33.332+41.664+40.509+289.35$

$=404.855$（万元）

由于404.855万元大于400万元，实际投资收益率应高于20%，提高折现率进行第二次测试。

$V_S=40\times(P/F,25\%,1)+60\times(P/F,25\%,2)+70\times(P/F,25\%,3)+500\times(P/F,25\%,3)$

$=40\times0.800+60\times0.640+70\times0.512+500\times0.512$

$=32+38.4+35.84+256$

$=362.24$（万元）

由于362.24万元小于400万元，实际投资收益率应该低于25%，采用内插法计算，则

$$R_S=20\%+\frac{400-404.855}{362.24-404.855}\times(25\%-20\%)$$

$=20.57\%$

再计算乙股票收益率，得

$$V_S=\sum_{t=1}^{n}\frac{D_t}{(1+R_S)^t}+\frac{P_t}{(1+R_S)^n}$$

$=80\times0.7\times(P/A,20\%,3)+80\times6\times(P/F,20\%,3)$

$=56\times2.106\ 5+480\times0.578\ 7$

$=117.964+277.776$

$=395.74$（万元）

由于395.74万元小于400万元，实际投资收益率应低于20%，到此可以判断应当选择甲股票。

5.3.4 股票投资评价

1. 股票投资的优点

（1）投资收益高。股票投资是一种最具挑战性的投资，由于股票价格变动频繁，因此，其投资风险较高，但只要选择得当，股票投资的收益也是非常优厚的。

（2）拥有经营控制权。普通股股东是股份公司的所有者，他们有权监督和控制企业的生产经营情况，因此收购公司股票是对这家公司实施控制的常用的有效手段。

（3）降低购买力风险。由于普通股的股利不固定，在通货膨胀率比较高时，因物价普遍上涨，股份公司盈利增加，股利的支付也会随之增加，因此，与固定收益证券相比，普通股能有效地降低购买力风险。

2. 股票投资的缺点

股票投资的缺点主要是风险大，这是因为：

（1）收入不稳定。普通股股利的多少，要视企业经营状况和财务状况而定，其股利有无、多寡均无法律上的保证，因此，其收入的风险远大于固定收益证券。

（2）价格不稳定。普通股的价格受众多因素的影响，如政治因素、经济因素、企业的盈利情况、投资者心理因素等，这使得股票投资具有较高的风险。

（3）求偿权居后。普通股对企业资产和盈利的求偿权均居于最后。企业一旦破产，股东原来的投资就有可能得不到全额补偿，甚至血本无归。

5.4 其他证券投资决策

5.4.1 基金投资

1. 投资基金的概念和分类

基金投资是以投资基金为运作对象的投资方式。投资基金，是一种利益共享、风险共担的集合投资方式，即通过发行基金股份或受益凭证等有价证券，聚集众多的不确定投资者的出资，交由专业投资机构经营运作，并利用投资组合原理分散投资，以达到在保证投资收益的前提下规避投资风险的目的。

投资基金按照不同的标准可以进行各种分类：

（1）按基金的组织形式可分为契约型基金和公司型基金。

契约型基金又称为单位信托基金，是指把受益人（投资者）、管理人（基金经理公司）、托管人（基金保管公司）三者作为基金的当事人，由管理人与信托人通过签订信托契约的形式发行受益凭证而设立的一种基金。契约型基金是基于一定的信托契约而联结起来的代理投资行为，是发展史最为悠久的一种投资基金。

公司型基金是按《中华人民共和国公司法》组建股份有限公司而构建的代理投资组织，公司型基金本身就是一个基金股份公司，通常称为投资公司。投资公司向社会发行基金股份，投资者通过购买股份成为股东，凭其拥有的基金份额依法享有投资收益。

（2）按基金发行的限制条件分为开放型基金和封闭型基金。

封闭型基金（Close-end Fund），有基金发行总额和发行期限的限定，在募集期间结束和达到基金发行限额后，基金即告成立并予以封闭，在封闭期内不再追加发行新的基金单位，

也不可赎回原有的基金单位。基金单位的流通采取在交易所上市的办法，投资者以后要买卖基金单位都必须经过证券经纪商，在二级市场上进行竞价交易。

开放型基金（Open-end Fund），没有基金发行总额和发行期限的限定，发行者可以连续追加发行新的基金单位，投资者也可以随时将原有基金单位退还给基金经理公司。从基金退还角度看，基金经理公司可回购基金股份或受益凭证、赎回基金，投资者可退还基金、赎回现金，因此开放型基金也叫可赎回基金。

2. 基金投资的优缺点

（1）基金投资的优点。基金投资的最大优点是在不承担太大风险的情况下获得较高收益。因为，其一，投资基金具有专家理财优势。投资基金的管理人都是投资方面的专家，他们在投资前进行多种研究，能够降低风险，提高收益。其二，投资基金具有资金规模优势。我国的投资基金一般拥有资金20亿元以上，西方大型投资基金一般拥有资金百亿美元以上，这种资金优势可以进行充分的投资组合，降低风险，提高收益。

（2）基金投资的缺点。其一，无法获得很高的投资收益。投资基金进行投资组合过程中，在降低风险的同时，也丧失了获得巨大投资收益的机会。其二，在大盘整体大幅度下跌情况下，进行基金投资也可能损失较多，这时投资人要承担较大风险。

5.4.2 证券组合投资

1. 证券组合投资的含义和目的

证券组合投资并不是一种新的投资形式，而是将上述所说的证券投资组合起来使用。这种组合表面上看起来是多种证券投资的相加，但实际产生的效果却有很大的区别。这是因为组合投资的收益不低于单项投资的收益，同时组合投资的风险也并不会超过单项证券投资的风险。也就是说，**证券组合投资目的就是分散投资风险。**

2. 证券组合投资的策略

既然证券组合投资的目的是分散投资风险，那么如何进行组合投资，或者说，采用什么投资组合策略，才能实现既定收益下风险最小，或者既定风险下收益最大呢？在证券组合理论的发展过程中，形成了各种各样的派别，从而也形成了不同的组合策略，现介绍其中最常见的几种：

（1）保守型策略。**这种策略认为，最佳证券投资组合策略是要尽量模拟市场现状，将尽可能多的证券包括进来，以便分散掉全部可分散风险，得到与市场所有证券的平均收益同样的收益。**这种投资组合有以下好处：首先，能分散掉全部可分散风险；其次，不需要高深的证券投资的专业知识；最后，证券投资的管理费比较低。但这种组合获得的收益不会高于证券市场上所有证券的平均收益。因此，此种策略属于收益不高、风险不大的策略，故称之为保守型策略。

（2）冒险型策略。**这种策略认为，与市场完全一样的组合不是最佳组合，只要投资组合做得好，就能击败市场或超越市场，取得远远高于市场平均水平的收益。在这种组合中，一些成长型的股票比较多，而那些低风险、低收益的证券不多。**另外，其组合的随意性强，变动频繁。采用这种策略的人都认为，收益就在眼前，何必死守苦等。对于追随市场的保守派，他们是不屑一顾的。这种策略收益高、风险大，称为冒险型策略。

（3）适中型策略。**这种策略认为，证券的价格特别是股票的价格，是由特定企业的经营业绩来决定的。市场上股票价格的一时沉浮并不重要，只要企业经营业绩好，股票一定会升到其本来的价值水平。**采用这种策略的人一般都善于对证券进行分析，如行业分析、企业业绩分析、财务分析等。通过分析，选择高质量的股票和债券，组成投资组合。适中型策略如果做得好，可获得较高的收益，而又不会承担太大风险。

单元小结

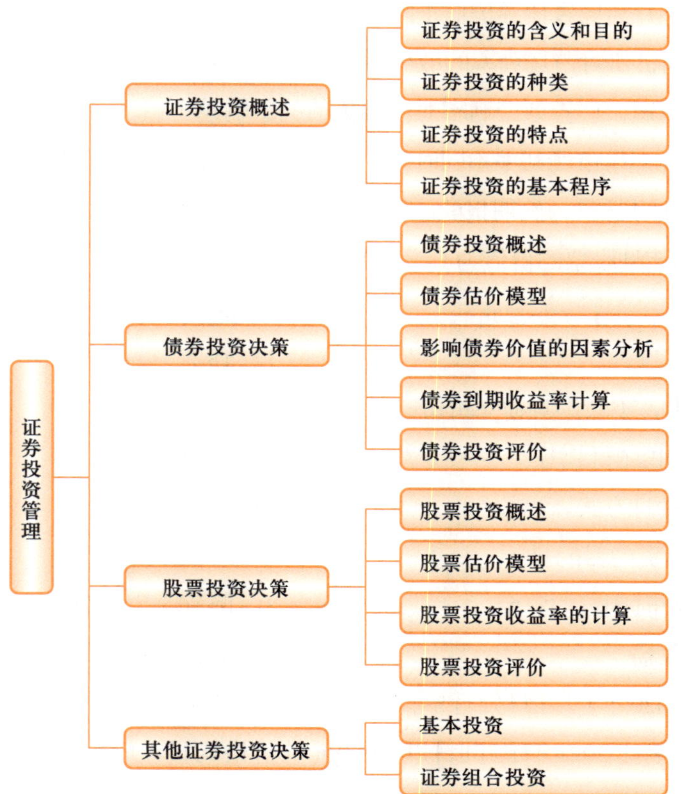

职业资格与技能同步练习

一、单项选择题

1. 短期投资的主要目的是（　　）。

A. 经营性投资　　B. 防范性投资

C. 扩张性投资　　D. 谋求短期利益

2. 甲债券目前距到期日还有3年，如果市场利率出现了急剧上涨，则下列说法中正确的是（　　）。

A. 债券价值上涨　　B. 债券价值下跌

C. 债券价值不变　　D. 债券价值无法判断

3. 按照投资基金能否赎回，可以分为（　　）。

A. 公司型和契约型　　B. 封闭式和开放式

C. 股权式和证券式　　D. 股权式和债券式

4. 市场利率和债券期限对债券价值都有较大的影响。下列相关表述中，不正确的是（　　）。

A. 市场利率上升会导致债券价值下降

B. 长期债券的价值对市场利率的敏感性小于短期债券

C. 债券期限越短，债券票面利率对债券价值的影响越小

D. 债券票面利率与市场利率不同时，债券面值与债券价值存在差异

5. 某公司发行的股票，预期报酬率为20%，最近刚支付的每股股利是2元，估计股利年增长率为10%，则该种股票的价值为（　　）元。

A. 20　　B. 24

C. 22　　D. 18

6. 下列因素中，不会影响债券价值的是（　　）。

A. 票面价值和票面利率　　B. 市场利率

C. 到期日和付息方式　　D. 购买价格

7. 长期债券投资的目的是（　　）。

A. 合理利用暂时闲置的资金　　B. 调节现金余额

C. 获得稳定收益　　D. 获得企业的控制权

8. 某公司于2020年1月1日发行5年期、到期一次还本付息债券，面值为1 000元，票面利率10%。甲投资者于2021年1月1日以1 020元的价格购买该债券并打算持有至到期日，则

该投资者进行该项投资的到期收益率为（　　）。

A. 41.18%　　B. 10.12%

C. 4.12%　　D. 10%

9. 以下影响债券价值的基本因素中，属于影响债券持有期间价值的主要因素是（　　）。

A. 期限　　B. 票面利率

C. 面值　　D. 市场利率

10. 某公司发行5年期债券，债券的面值为1 000元，票面利率5%，每年付息一次，到期还本，投资者要求的必要报酬率为6%。则该债券的价值为（　　）元。

A. 784.6　　B. 769

C. 1 000　　D. 957.92

二、多项选择题

1. 按照证券的收益状况可将证券投资分为（　　）。

A. 短期证券　　B. 变动收益证券

C. 固定收益证券　　D. 长期证券

2. 基金的组织形式可分为（　　）。

A. 契约型基金　　B. 公司型基金

C. 开放式基金　　D. 封闭式基金

3. 以下属于证券投资特点的有（　　）。

A. 交易成本低　　B. 流动性强

C. 价格稳定　　D. 投资风险大

4. 证券投资的收益包括（　　）。

A. 资本利得　　B. 股利

C. 债券利息　　D. 出售售价

5. 相对于股票投资来说，债券投资的缺点包括（　　）。

A. 市场流动性差　　B. 购买力风险大

C. 没有经营管理权　　D. 收入不稳定

6. 与股票投资相比，债券投资的优点有（　　）。

A. 本金安全性好　　B. 投资收益率高

C. 购买力风险低　　D. 收入稳定性强

7. 以下关于债券的叙述中，正确的有（　　）。

A. 债券是债务人依照法定程序发行，承诺按约定的利率和日期支付利息，并在特定日期偿还本金的书面债务凭证

B. 对于新发行的债券而言，估价模型计算结果反映了债券的发行价格

C. 债券价值是指债券未来现金流入的现值，又称“债券的内在价值”

D. 对于到期一次还本付息的债券而言，随着时间的推移债券价值逐渐降低

8. 与长期持有、股利固定增长的股票价值呈同方向变化的因素不包括（　　　　）。

A. 预期第1年的股利　　　　B. 股利年增长率

C. 投资人要求的收益率　　　　D. 票面价值

9. 股票投资的优点有（　　　　）。

A. 投资收益高　　　　B. 投资风险小

C. 投资风险大　　　　D. 比债券投资享有更多的控制权

10. 股票投资的缺点有（　　　　）。

A. 求偿权居后　　　　B. 价格不稳定

C. 收入不稳定　　　　D. 投资风险大

三、计算分析题

1. 某上市公司本年度支付的股利额为20 000万元，每股支付股利2元。预计该公司未来三年进入成长期，股利第一年增长10%，第二年增长10%，第三年增长8%，第四年及以后将保持第三年的股利水平。该公司没有增发普通股的计划。

要求：假设投资人要求的报酬率为12%，计算股票的价值（精确到0.01元）。

2. 某公司发行公司债券，面值为1 000元，票面利率为10%，期限为5年。已知市场利率为8%。要求计算并回答下列问题：

（1）债券为按年付息、到期还本，发行价格为1 020元，投资者是否愿意购买？

（2）债券为单利计息、到期一次还本付息债券，发行价格为1 010元，投资者是否愿意购买？

（3）债券为贴现债券，到期归还本金，发行价为700元，投资者是否愿意购买？

3. 甲公司以1 020元的价格购入债券A，债券A是2020年9月1日发行的5年期债券，其面值为1 000元，票面利率为8%。请分别回答下列问题：

（1）如果该债券每年8月31日付息，计算该债券的本期收益率；

（2）如果该债券每年8月31日付息，甲公司于2022年9月1日购入该债券并持有至到期，计算该债券的到期收益率。

年金现值、复利现值系数表

	$i=6\%$	$i=7\%$	$i=8\%$	$i=9\%$
$(P/A, i, 2)$	1.833 4	1.808 0	1.783 3	1.759 1
$(P/F, i, 2)$	0.890 0	0.873 4	0.857 3	0.841 7

4. ABC企业计划进行长期股票投资，企业管理层从股票市场上选择了两种股票：甲公司股票和乙公司股票，ABC企业只准备投资一家公司股票。已知甲公司股票现行市价为每股6元，上年每股股利为0.2元，预计以后每年以5%的增长率增长。乙公司股票现行市价为每股8元，每年发放的固定股利为每股0.6元。ABC企业所要求的投资必要报酬率为8%。

要求：利用股票估价模型，分别计算甲、乙公司股票价值并为该企业作出股票投资决策。

综合技能强化训练

富兴集团证券投资决策案例

【背景资料】

资料一：富兴集团是一家以新兴产业为龙头，汽车服务为支柱，产业园区开发为主导，医药和公益服务为辅，科工贸协调发展的综合性大型民营企业集团。业务涉足汽车服务、产业园区运营开发、房地产、国际贸易、医药化工、旅游开发等领域，形成了以模块促建设，以板块强管理，以规模保发展的集团化、集约化、规模化的格局。集团企业分布在加拿大温哥华，我国北京、上海、沈阳及湖南长沙等大中型城市。集团本着“忠诚、责任、创新、完美”的企业精神，坚持诚信经营，依法经营，取得了良好的经济效益、社会效益和环境效益，赢得了各级政府和社会各界的广泛赞誉，被授予“中国房地产诚信百强企业”“全国重合同守信用企业”“全国质量信誉双满意企业”等称号。

随着集团规模的日益扩大，集团在多个领域不断扩张，资金的流量也越来越大。2019年12月，为了更好地运营资本，公司成立了专门的投资部，其中一项重要的工作，就是充分利用公司的部分闲置资金进行金融市场投资，公司于2020年1月召开了董事会，会上出现了三种观点：

理财顾问王鑫认为：“从2019年全年表现上看，沪深两市状况很好，上证指数年度涨幅接近80%，为其20年历史上第5大年度涨幅，第一大年度涨幅出现在2002年，涨幅达到166.57%。据新浪网统计，除年内上市的新股外，2019年涨幅超过100%的个股达到1 107只，个股涨幅超过200%达到303只。企业应该抓住历史机遇，投资股票市场。”

财务总监李国全发言中谈道：“公司虽然有资金暂时处于闲置状态，但公司明年可能会投资一条价值2 000万元的生产线，以目前公司的融资状况，想从外部筹集到足够的资金是十分困难的，因此这笔资金不宜进行风险较大的投资，而为了实现资金的效益最大化，提出将该笔资金投入债券市场，换取更稳定的收益。”

财务副总何文涛认为：根据历年现金预算，在下半年现金流量较大，而且技术部门最近研发的一项新技术已经初见端倪，如果在下半年取得成功，就会很快投入生产，届时急需500万元左右的资金进行部分设备的更新改造。公司既要保证获取收益，又要控制风险，不如投资基金，或者做一些证券的组合，保证资本的流动性和收益性并存。

经过董事会所有成员的讨论和投票，决定将现有的流动资金2 000万元分成三部分，其中800万元投资股票市场，600万元投资债券市场，600万元投资基金市场，分别由提出相应观点的管理人员负责，预计投资期间6个月左右。

资料二：财务总监李国全在董事会后，开始对债券市场进行考察工作。由于发行债券的公司较多，资质不等，债券发行的时间长短不齐，因此考察工作必须细致周全。最后，经过仔细的筛选，有三家公司的债券进入了最后考察阶段。预计公司投资债券的最低收益率为6%。三家备选的公司债券的有关资料如下：

（1）长城公司债券，债券面值为1 000元，5年期，票面利率为8%，每年付息一次，到期还本，债券的发行价格为1 105元。

（2）金科公司债券，债券面值为1 000元，5年期，发行价格为600元，期内不付息，到期还本。

（3）华昌公司债券，债券面值为1 000元，5年期，票面利率为8%，单利计息，到期一次还本付息，债券的发行价格为1 105元。

资料三：理财顾问王鑫在董事会后，开始对股票市场进行考察工作。在分析了2019年总体股市走势及各投资板块的冷热状况后，最后对三家公司进行最后考察，公司预计股票投资的最低收益率为10%。三家备选的公司股票的有关资料如下：

（1）兴达公司股票2017年年末分配现金股利为每股0.20元，目前价格14元/股，兴达公司一贯坚持固定股利政策，富兴集团准备持有5年后将其出售，预计售价每股20元。

（2）恒客隆公司2017年年末分配股利0.15元/股，预计其股利每年年增长率为5%，富兴集团准备长期持有，恒客隆公司股票目前价格为每股3元。

（3）美嘉公司预计未来两年每股股利与当前一致为0.1元，预计从第3年起股利逐年增长率为2%，富兴集团准备长期持有，美嘉公司股票目前价格为每股1.5元。

【要求】根据资料一至三，回答以下的问题：

1. 归纳一下这次研讨会上提出了哪几种投资方案。

2. 如果选择债券，你会选择哪一家公司的债券呢？请阐述理由。

3. 如果选择股票，你会选择哪一家公司的股票呢？请阐述理由。

【完成方式】两人一组讨论完成，制作PPT并进行展示。

【实训结果评价】

评价指标	评价标准	分值	评价成绩及备注
结果评价	1. 方案归纳正确	10	
	2. 投资决策正确	10	
	3. PPT制作情况	20	
	4. PPT汇报情况	30	
过程评价	1. 出勤	5	
	2. 态度	5	
	3. 团队协作	10	
	4. 创新	10	

第6单元

营运资金管理

专业能力：

通过本单元的学习，能够运用成本分析模式、存货模式确定企业最佳现金持有量，并对现金实施科学的日常管理；掌握应收账款信用政策的决策方法和日常管理方法；掌握存货经济批量模型以及存货的日常控制方法，并能够对存货持有量进行决策。

职业核心能力：

自我学习能力、分析及解决问题的能力、决策能力。

最佳现金持有量、应收账款信用政策、存货经济批量。

Q公司营运资金管理模式创新与实践①

Q公司是国内一家具有国际品牌影响力的食品饮料生产公司，包括采购、生产、销售等经营环节。在发展过程中，Q公司持续加强营运资金管理，搭建全面有效的营运资金管理体系，优化营运资金管理模式，提升营运效率，减少资金占用和资金成本。

1. 现金周期管理模式

（1）整合营运资金管理。通过运用现金周期指标，将应收账款、存货、应付账款进行整合管理，跟踪公司和各子公司营运资金周转情况，加大监控措施，促使各子公司合理控制存货和应收账款占用，优化营运资金效率，降低资金成本。

（2）对标管理，持续优化。公司加强现金周期等指标的对标管理，包括与外部竞争对手以及内部各子公司之间的对标。同时，公司根据各子公司的现金周期进行分类管理，重点关注现金周期指标排名落后和同比管理水平下降的子公司，提出改进目标及措施，并跟踪持续优化。

2. 应收账款管理模式

（1）现款现货的销售回款政策。为发挥资金最大效益，Q公司实行现款现货的销售回款政策：对内规范结算纪律，加速资金周转；对外严格控制赊销、加紧催收货款，防止坏账损失的发生。同时，各子公司必须严格执行现款现货的销售回款政策。对未经公司批准擅自赊销的子公司，根据赊销额及赊销期，按照一定的资金成本率计算资金成本及处罚额，其中70%的额度处罚所在子公司高管团队（包括总经理、分管业务负责人和财务负责人），30%的额度处罚所在子公司的相关业务人员；造成损失的，按公司制度要求追究相关责任。

（2）对赊销进行严格限制和管理。对于个别特殊的赊销子公司，应每年提报赊销政策申请报告，包括但不限于营销实施方案、赊销对象、赊销限额、赊销账期、催收欠款措施、追责奖惩措施等内容，报公司批准后方可继续赊销；对于报公司批准后继续执行原有赊销业务的特殊子公司，原则上须在3年过渡期后取消赊销方式。

3. 存货管理模式

（1）以销定产、以产订购、产销协同。公司对存货采用“以销定产，以产定购”的方式进行管理。同时，结合月度滚动预算，建立动态的产销协同机制，提高生产计划的准确

① 改编自：于竹明，彭家钧．Q公司营运资金管理模式创新与实践．财务与会计．

性，合理控制采购及库存量，提升存货周转效率。

（2）集中采购、统一管理。集中采购的大宗物资全部由总部统一竞价采购，降低采购成本、减少库存，同时紧盯行业变化、判断行情适时调整。

4. 应付账款管理模式

（1）按账期付款、合理利用商业信用。按账期付款有利于保持对供应商付款周期的稳定，构建可持续的供应商战略合作伙伴关系，也有利于公司有效进行资金计划管理。Q公司根据采购类别规定了统一的付款账期，并要求各子公司严格执行，未经批准不得擅自调整付款账期，若出现任意一次擅自调整账期付款的行为，扣除相应子公司当月财务总监考核得分。

（2）授权审批、动态监控。Q公司跟踪集中采购物料、资本性支出等付款账期执行情况，严格落实预付款以及提前付款特殊事项的审批机制，对重大资金支出采用集体决策制或联签制。

【引例分析】

经营成功的企业，各有不同的战略和秘密，但经营失败的企业，都有共同的问题和征兆，就是现金链条断裂。营运资金管理是对企业流动资产及流动负债的管理。一个企业要维持正常的运转就必须拥有适量的营运资金，因此，营运资金管理成为企业财务管理的重要组成部分。据调查，公司财务经理有60%的时间都用于营运资金管理。在本单元中我们将一起学习营运资金中最核心的现金、应收账款、存货的管理。通过本单元的学习，我们将认识如何确定企业最佳的现金、应收账款、存货持有量，从而为营运资金的进一步管理奠定基础。

6.1 现金管理

6.1.1 现金管理的目标

在企业中现金有广义与狭义之分。**狭义的现金仅指企业持有的库存现金；广义的现金是指企业在生产经营过程中持有的以货币形态存在的所有资产，包括库存现金、银行存款和其他货币资金等。**本书所讲的现金管理是针对广义现金的管理。

持有现金一方面会给企业带来收益，另一方面又会给企业带来成本，因此，现金的管理实质上就是在其收益和成本之间进行权衡和选择的过程。要实现这一选择，首先需要了解持有现金的收益和成本究竟有哪些？持有现金所带来的收益也被称为现金持有动机。一般来讲，**企业持有现金主要出于三种动机：交易性动机、预防性动机和投机性动机。**

1. 现金持有动机

（1）交易性动机。**交易性动机是指企业为了维持日常周转及正常商业活动所需持有的现金余额。**在企业生产运营过程中每天都会发生现金的收入和支出，而由于这些收入与支出在数额上不相等、时间上不匹配，使得企业必须持有一定量现金来加以调节，以便生产经营能持续进行。

（2）预防性动机。**预防性动机是指企业需要维持充足现金以应付突发事件。**企业的经营总会面临很多的不确定性，突发事件就是这种不确定性的具体体现。这类突发事件可能是政治环境变化，也可能是企业的某大客户违约导致企业突发性偿付等。尽管可以利用各种手段来较准确地估算企业需要的现金数额，但这些突发事件会使原本很好的财务计划失去效果。因此，企业为了应对突发事件的发生，有必要维持比日常正常运转所需金额更多的现金。

（3）投机性动机。**投机性动机是指企业为了抓住突然出现的获利机会而持有的现金。**如原材料价格的突然下跌，产品价格的突然上涨等，这种机会大都稍纵即逝，为了抓住这些机会，企业就有了投机性动机的现金需求。

2. 现金持有成本

（1）机会成本。**现金的机会成本是指企业因保留一定现金余额而丧失掉的再投资收益，即企业因持有现金而不能同时用该现金进行有价证券投资所丧失的投资收益。**企业持有现金的数量越多，机会成本将越大，即机会成本与现金持有量成正比例关系。

（2）管理成本。**现金的管理成本是指企业因持有一定数量的现金而产生的管理费用。**例如，支付给相关现金管理人员的工资、为保证现金安全而发生的费用等。在一定范围内，管理成本是一种固定成本，它与现金持有量的多少关系不大，是进行现金持有量决策时的无关成本。

（3）短缺成本。**现金的短缺成本是指因现金持有量不足而又无法及时通过有价证券变现加以补充而给企业造成的损失。**如因货款到期无法支付而带来的信用损失、因缺乏现金无法购买原材料而带来的停工损失等。现金的短缺成本随现金持有量的增加而下降，随现金持有量的减少而上升，即与现金持有量呈反方向变动关系。

3. 现金管理的目标

现金管理的目标是在综合考虑企业对现金的需求和持有现金的成本，确定最佳现金持有量。其中，最佳现金持有量又称为最佳现金余额，是指现金既满足生产经营的需要，又使现金使用的效率和效益最高时的现金持有量。企业能否保持足够的现金余额，对于降低或避免经营风险与财务风险具有重要的意义。

6.1.2 最佳现金持有量的确定

最佳现金持有量，是指使持有现金相关成本之和最低的现金持有数额。它的确定通常有成本分析模式和存货模式两种方法。

1. 成本分析模式

成本分析模式下确定现金最佳持有量的着眼点在于成本。在该模式下，最佳现金持有量就是使相关成本最小的现金持有量。持有现金的成本包括管理成本、机会成本和短缺成本。其中，管理成本属于固定成本，为非相关成本，可不予考虑。因此，**成本分析模式就是要找到机会成本和短缺成本之和最小时的现金持有量。**又因为机会成本与现金持有量正相关，短缺成本与现金持有量负相关，因此，相关总成本呈U形曲线，如图6-1所示，成本最低点在理论上是存在的。成本分析模式正是基于这一原理，通过比较各备选方案的相关成本之和，找出总成本最小的方案。

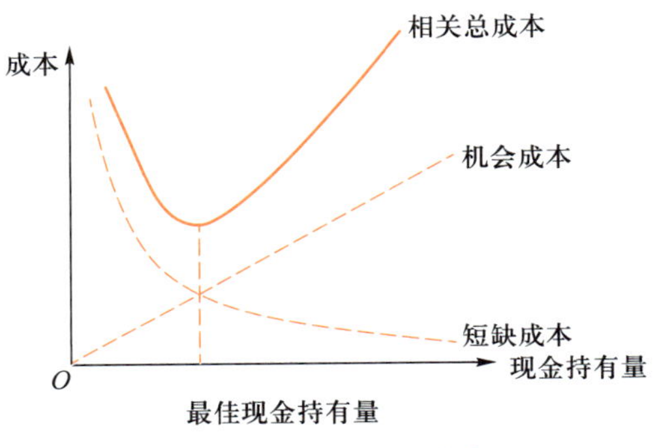

图6-1　成本分析模式

【业务6-1】天宇公司现有A、B、C、D四种现金持有方案，企业持有现金的机会成本率为10%，各方案的具体情况如表6-1所示。试运用成本分析模式，为天宇公司选择最佳的现金持有量方案。

表6-1　现金持有量备选方案表

单位：元

项目	A方案	B方案	C方案	D方案
现金持有量	100 000	200 000	300 000	400 000
机会成本率	10%	10%	10%	10%
短缺成本	48 000	35 000	10 000	5 000

解：根据表6-1，各方案的相关总成本计算情况如下：

A方案的相关总成本 = 100 000 × 10% + 48 000 = 58 000（元）

B方案的相关总成本 = 200 000 × 10% + 35 000 = 55 000（元）

C方案的相关总成本＝300 000×10%＋10 000＝40 000（元）

D方案的相关总成本＝400 000×10%＋5 000＝45 000（元）

比较分析表6–1中各方案的相关总成本，由于C方案的相关总成本最低，因此公司最佳现金持有量为300 000元。

2. 存货模式

存货模式由美国经济学家威廉·J.鲍摩提出。他认为，公司现金持有量的确定原理与存货持有量之间存在很多相似之处，因此，他将存货经济订货批量模型用于现金最佳持有量的确定。该模型的着眼点也是相关成本最低，鲍摩将持有有价证券与持有现金联系起来，认为有价证券可作为持有现金的一种替代方式。通过分析持有现金的机会成本和现金与有价证券转换而产生的转换成本（如因证券买卖而发生的佣金、手续费、印花税等）之间的关系，他发现，转换成本与现金持有量之间存在负相关的关系，转换成本与转换次数有关，当一定时期内现金总需求量固定时，每一次的现金持有量越少，进行证券变现的次数将越多，转换成本也就越大。而机会成本与现金持有量之间正相关，因此，相关总成本呈U形曲线，如图6–2所示，曲线的最低点即为相关总成本最低点，此时的现金持有量即为最佳持有量。

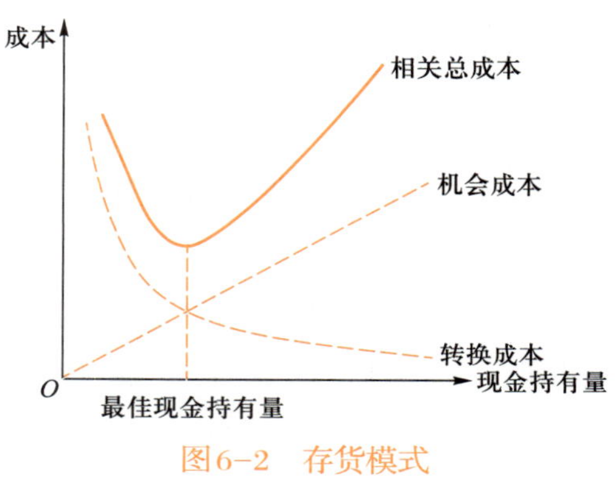

图6–2 存货模式

运用该模型，通常存在以下假设：① 企业某一时期内的现金需求总量可以预测；② 企业现金的支出过程是稳定、均匀的，当现金余额降至零时，即通过有价证券的变现补足，证券变现的不确定性很小；③ 证券的报酬率及每次变现的交易成本固定且可知。

在满足上述假设后，即可采用存货模式确定现金最佳持有量。存货相关总成本的公式为：

$$TC = Q \div 2 \times i + T \div Q \times F \qquad (6.1)$$

式中：TC为持有现金的相关总成本；

Q为每次交易资金量，也即最佳现金持有量；

T为一个周期内资金需求总量；

F为每次转换有价证券的固定成本；

i为有价证券的收益率，也即持有现金的机会成本。

对上述总成本公式求导，以Q为自变量，当TC的一阶导数为零时，TC取得极小值，此时：

$$\text{最佳现金持有量}\ Q = \sqrt{\frac{2FT}{i}} \qquad (6.2)$$

$$最低现金持有总成本TC=\sqrt{2FTi} \tag{6.3}$$

【业务6-2】慧远公司每年现金需要量为240万元，现金与有价证券的转换成本为每次4 000元，有价证券的年收益率为12%。要求：计算最佳现金持有量和最低现金持有成本。

解：根据题意可知：$T=240$，$F=0.4$，$i=12\%$，因此：

$$最佳现金持有量Q=\sqrt{\frac{2\times0.4\times240}{12\%}}=40（万元）$$

$$最低现金持有成本TC=\sqrt{2\times0.4\times240\times12\%}=4.8（万元）$$

做中学

承【业务6-2】，计算现金转换次数。

答案：现金转换次数$=240\div40=6$（次）

6.1.3 现金的日常管理

在确定了最佳现金持有量之后，财务管理人员还需要针对现金进行日常控制和管理，以提高现金的使用效率，获取最大的长期利益，而提升现金使用效率的关键在于进行现金周转期管理和充分利用闲置资金。

现金周转期是现金在企业中循环一次所经历的时间，即最初投入的现金到增值了的现金所经历的时间，每循环一次，现金出现一次增值。在现金总量保持不变的情况下，为了创造更多的价值，企业就必须加快现金的周转，不断缩短现金周转期。

现金周转期的长短受到存货周转期、应收账款周转期和应付账款周转期的影响，其具体计算公式为：

$$现金周转期=存货周转期+应收账款周转期-应付账款周转期$$

通过上述公式可以发现，要想降低现金周转期，可以从缩短存货周转期和应收账款周转期以及适当延长应付账款周转期的角度入手。为缩短存货周转期，企业需要不断加快产品的生产速度和销售速度，不断降低存货；为缩短应收账款周转期，企业要不断研究加快应收账款收款的政策和策略；为适当延长应付账款周转期，企业需要思考如何延缓应付账款的支付。通过各种方法的设计和运用，加快现金的周转速度，不断提高现金周转效率。

1. 收款管理

为了高效且低成本地完成收款工作，企业需要进行专门的收款管理。而一个高效率的收款系统能够使收款成本和收款浮动期达到最小，同时能够保证客户汇款及其他现金注入来源相关信息的质量。收款系统成本包括浮动期成本、管理收款系统相关费用及第三方处理费用

或清算相关费用，在获得资金之前，收款在途项目使企业无法利用这些资金，也会产生机会成本。信息的质量包括收款方得到的付款人的姓名、付款的内容和时间。信息要求及时、准确地到达收款人一方，以便收款人及时处理资金，做出发货安排。

收款浮动期是指从支付开始到企业收到资金的时间间隔，包括邮寄浮动期（从付款人寄出支票至收款人或收款人的处理系统收到支票的时间间隔）、处理浮动期（支票的接受方处理支票和将支票存入银行以收回现金所花的时间）和结算浮动期（通过银行系统进行支票结算所需的时间）。

收款管理的基本思路是在不断降低收款成本的同时不断缩短收款浮动期，以实现现金的尽快收回。

2. 付款管理

付款管理的主要任务是在合理合法的前提下尽可能延缓现金的支出时间，具体做法包括：

（1）推迟支付应付账款法。一般情况下，供应商在向企业收取账款时，都会给企业预留一定的信用期限。企业可以在不影响信誉的前提下，尽量推迟支付的时间。

（2）汇票代替支票。这种方法是在支付账款时，可以采用汇票付款的尽量使用汇票，而不采用支票或银行本票，更不是直接支付现钞。因为，在使用汇票时，只要不是“见票即付”的付款方式，在受票人将汇票送达银行后，银行还要将汇票送交付款人承兑，并由付款人将一笔相当于汇票金额的资金存入银行，银行才会付款给受票人，这样就有可能合法地延期付款。而在使用支票或银行本票时，只要受票人将支票存入银行，付款人就必须无条件付款。

（3）改进员工工资的支付方式。企业每月在发放职工工资时，都需要大笔的现金，而这大笔的现金如果在同一时间提取，则在企业现金周转困难时会陷入危机。解决此危机的方法就是最大限度地避免这部分现金在同一时间提取。为此可在银行单独开设一个专供支付职工工资的账户，然后预先估计出开出支票到银行兑现的具体时间与大致金额。

（4）透支。透支是指企业开出的支票金额大于活期存款余额，实际上是银行向企业提供的信用。透支的限额，由银行和企业共同商定。

（5）争取现金流出与现金流入同步。企业应尽量使现金流出与流入同步，这样就可以减少交易性现金余额，同时还可以减少有价证券转换为现金的次数，提高现金的利用效率，节约转换成本。

（6）合理利用“浮游量”。**现金的浮游量是指企业现金账户上现金余额与银行账户上所示的存款额之间的差额。**有时，企业账户上的现金余额已为零或负数，而银行账户上该企业的现金余额还有很多。这是因为有些企业已开出付款票据，而银行尚未付款出账所形成的未达账项。对于这部分现金的浮游量，企业可以根据历年的资料，进行合理的分析、预测，有效

地加以利用，为企业创造价值。但在使用时要注意预测的现金浮游量必须充分接近实际值，否则容易开出空头支票。

（7）使用零余额账户。即企业与银行合作，保持一个主账户和一系列子账户。企业只在主账户保持一定的安全储备，而在一系列子账户不需要保持安全储备。当从某个子账户签发的支票需要支付现金时，所需要的资金立即从主账户划拨过来，从而使更多的资金可以用作他用。

6.2 应收账款管理

6.2.1 应收账款管理的目标

应收账款是指企业因销售产品、材料、提供劳务等，应向购货单位或接受劳务的单位及其他单位收取的款项，包括应收销售款、应收票据、其他应收款等。

企业通过提供商业信用，采取赊销、分期付收款等方式可以扩大销售、增强竞争力、获得利润，但同时应收账款作为企业的一种投资，也会发生一定的成本。要想实施有效的应收账款管理，就需要对应收账款所带来的收益和所产生的成本加以充分的认识。

1. 应收账款的收益

（1）扩大销售。企业销售产品可以采用现销和赊销两种方式。现销方式是企业最理想的一种销售结算方式，其现金流入量与现金流出量完全吻合，可以避免呆坏账损失，又能及时将收回的现金投入再增值过程。但是在激烈的市场竞争中，单靠这种方式很难取得竞争优势，而通过提供赊销可以有效地促进销售。因为企业提供赊销，在向顾客销售商品的同时，还向顾客提供了可以在一定期限内无偿使用的资金，即商业信用资金，顾客能从赊销中得到好处。所以赊销会引起企业销售收入和利润的增加。

（2）减少存货。企业持有一定量的产成品存货时，会相应地占用资金，并形成仓储费用、管理费用等；而赊销可以加速产品销售的实现，加快库存商品向销售收入的转化速度，从而对降低存货中的产成品数量起到积极的作用。所以当企业的产成品存货较多时，一般会采用优惠的信用条件进行赊销，将存货转化为应收账款，降低存货成本。

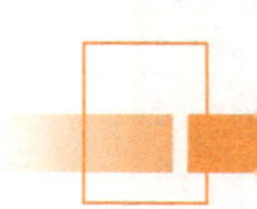

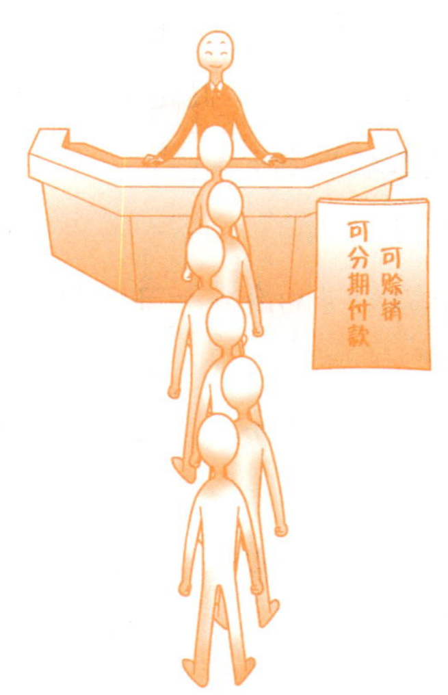

2. 应收账款的成本

（1）机会成本。企业持有应收账款必然会占用企业一定量的资金，这部分资金若不被应收账款占用，便可以用于其他投资并可能获得收益，因此投放于应收账款而放弃其他投资所带来的收益，即为应收账款的机会成本。这一成本大小通常与应收账款占用资金数额和资金成本（一般按短期有价证券利率计算）有关。其计算公式为：

机会成本＝应收账款占用资金 × 资本成本　（6.4）

其中：应收账款占用资金＝应收账款平均余额 × 变动成本率　（6.5）

应收账款平均余额＝日销售额 × 平均收现期＝全年销售额/360 × 平均收现期　（6.6）

上述公式的运用还需要注意以下问题：① 假设所有销售均为赊销。② 平均收现期的确定分两种情况：当没有现金折扣时，信用期限即平均收现期；当有现金折扣时，则按照加权平均法计算，即：平均收现期＝折扣期 × 享受折扣的客户比例＋最长信用期 × 不享受折扣的客户比例。③ 变动成本率是变动成本占销售收入的比率。

【业务6-3】 某公司预测2020年销售额为3 600万元，应收账款的平均收现期为60天，变动成本率为50%，企业的资金成本率为10%。要求：计算2020年应收账款的机会成本额。

解：应收账款的平均余额＝日赊销额 × 平均收现期

＝3 600 ÷ 360 × 60＝600（万元）

应收账款占用资金＝应收账款的平均余额 × 变动成本率

＝600 × 50%＝300（万元）

应收账款的机会成本＝应收账款占用资金 × 资金成本率

＝300 × 10%＝30（万元）

【业务6-4】承【业务6-3】，若该公司的应收账款的最长信用期为60天，并提供了现金折扣条件为“2/30，n/60”，假定有30%的客户选择享受现金折扣。在其他条件不变时，则应收账款的机会成本额为多少？

解：平均收现期 = 30 × 30% + 60 × 70% = 51（天）

应收账款的平均余额 = 日赊销额 × 平均收现期

= 3 600 ÷ 360 × 51 = 510（万元）

应收账款占用资金 = 应收账款的平均余额 × 变动成本率

= 510 × 50% = 255（万元）

应收账款的机会成本 = 应收账款占用资金 × 资金成本率

= 255 × 10% = 25.5（万元）

做中学

承【业务6-3】，若该公司的应收账款的最长信用期为60天，提供的现金折扣条件为“2/30,1/50,n/60”，假定有30%的客户选择在30天内付款，有40%的客户选择在50天内付款，其余客户在60天内付款。在其他条件不变时，则应收账款的机会成本额为多少？

答案：平均收现期 = 30 × 30% + 50 × 40% + 60 × 30% = 47（天）

应收账款的平均余额 = 3 600 ÷ 360 × 47 = 470（万元）

应收账款占用资金 = 470 × 50% = 235（万元）

应收账款的机会成本 = 235 × 10% = 23.5（万元）

提示：此时平均收现期的确定是关键。

（2）坏账成本。坏账成本是指企业的应收账款因故不能收回而发生的损失。坏账成本的发生不可避免，而此项成本一般与应收账款的数量成正比，即应收账款越多，坏账成本也可能越高。坏账成本的计算方法为：

坏账成本 = 年赊销额 × 预计坏账损失率　　（6.7）

（3）管理成本。应收账款的管理成本是指企业因管理应收账款而发生的各种费用，主要包括调查顾客信用状况的费用、收集各种信息的费用、账簿的记录费用、收账费用等。在一定范围内，通常认为管理成本是固定成本。

3. 应收账款管理的目标

应收账款是企业为扩大销售和利润而进行的投资，它能为企业增加收益，但同时又给企业带来了各种成本。因此，进行应收账款管理的基本目标就在于：在应收账款的收益与成本之间做出权衡，制定科学的信用政策、实施有效的日常管理措施，在充分发挥应收账款功能的同时，尽可能降低应收账款成本，以获取尽可能高的经济效益。

6.2.2 信用政策的制定

信用政策是企业对应收账款投资进行规划和控制的基本原则和行为准则。制定合理的信用政策，是企业加强应收账款管理、提高应收账款投资收益的重要前提。**完整的信用政策包括信用标准、信用条件和收账政策三部分内容。**

1. 信用标准的制定

信用标准是指客户获得企业的交易信用所应具备的条件，是企业选择客户建立信用关系的判断标准，高品质的客户是应收账款质量的重要保证。企业信用标准的确定是一个困难的抉择，如果企业执行的信用标准过于严格，虽然有利于降低收账费用减少坏账损失，但也将会使很多客户由于达不到设定的信用标准，而被拒于企业商业信用之外，阻碍企业市场竞争能力的提高和销售收入的扩大。相反，如果企业执行的信用标准过于宽松，销售收入虽大幅度提高，但企业又将面临较大的呆坏账损失的风险，收账费用也会随之增加。因此，制定恰当的信用标准，是应收账款管理的首要环节。进行信用标准的制定，要采用科学的方法，“5C”系统评估法为其提供了较好的思路。

“5C”系统，是指在对客户的信用情况做出判断时可从五个方面着手，即：品质（Character）、能力（Capacity）、资本（Capital）、抵押（Collateral）、条件（Conditions）。品质即客户信用品质，是指客户履行偿债义务或赖账的可能性，这是决定是否给予客户信用的首要因素；能力即客户的偿付能力，主要是反映企业或个人在其债务到期时可以用于偿债的当前和未来的财务资源，它取决于企业的资产，特别是流动资产的数量和质量；资本是指客户的经济实力与财务状况，是企业为了偿债可动用的其他财务资源，主要表现为一些长期资产，如注册资本数额、有形资产净值、留存收益等；抵押是指当企业或个人不能满足还款条款时，可以用作债务担保的资产或其他担保物；条件是指影响顾客还款能力和还款意愿的经济环境。企业应从上述五个方面着手，对客户进行充分的调查，以确定是否对其提供信用。

【业务6-5】某公司为不断扩大业务，拟发展A公司为新客户。公司在确定客户之前，根据所掌握的资料严格划分信用等级，建立相应的评价指标。有关A公司的详细记录如下：公司注册资本2 000万元，年营业额4 000万元，财务实力雄厚；据调查，A公司信誉良好，在与供应商之间的往来结算中无恶意拖欠情况；近年来，A公司所处房地产行业蓬勃发展，市场前景广阔；A公司近几年流动比例维持在100%以上；A公司愿意以部分已建成楼盘抵押。试分析：上述A公司相关调查分别是针对信用标准的哪些评价指标展开的？并对其作出评价。

解：对客户的评价是以“5C”为基础的，具体的评价标准及客户对应情况如表6-2所示。

表6-2　“5C”系统评价表

客户资料	标准
A公司注册资本2 000万元，年营业额4 000万元，财务实力雄厚	资本
近年来，A公司所处房地产行业蓬勃发展，市场前景广阔	条件
据调查A公司信誉良好，在与供应商之间的往来结算中无恶意拖欠情况	品质
A公司近几年流动比例维持在100%以上	能力
A公司愿意以部分已建成楼盘抵押	抵押

综上，A公司5C评价较好，可选择。

2. 信用条件的确定

信用条件是指企业接受客户信用订单时所提出的付款要求，其内容主要包括信用期限、折扣期限和现金折扣三方面。信用条件的基本表达方式是“3/10，n/30”，即信用期限为30天，折扣期限为10天，折扣率为3%。

（1）信用期限的设置。**信用期限是企业允许顾客从购货到付款之间的最长时间间隔。**在确定信用期限时，企业必须慎重考虑，过短或过长都不利于应收账款的管理。如果信用期限过短，将不足以吸引顾客，在竞争中会使销售额下降；反之，如果信用期限过长，对销售额增加固然有利，但只顾及销售增长而盲目放宽信用期限，所得的收益有时会被增加的费用抵减，甚至造成利润减少。

信用期限确定的理论基础是分析改变现行信用期限对收益和成本的影响，只有当收益大于成本时才可做出改变。具体来讲，如果延长信用期限，一方面会使销售额增加，导致收益增加；但同时应收账款、收账费用和坏账损失也将增加，从而导致成本增加。当前者大于后者时，可以延长信用期限，否则不宜延长。如果缩短信用期限，情况与此相反。

【业务6-6】某公司以往采用现销方式销售产品，每年销量8万件，每件售价3元，单位变动成本1.5元，固定成本3万元。企业生产能力有剩余，考虑进一步扩大销售，决定给客户30天的信用期限，预计销量将增长到12万件。公司的坏账损失率为1%，收账成本为0.5万元，企业的投资报酬率为10%。试问：企业是否采用赊销方式进行销售？

解：采用现销方式和赊销方式对企业收益和成本的影响如表6-3所示。

表6-3　信用政策决策表

单位：万元

项目	现销方式	赊销方式（n/30）
销售收入	8 × 3 = 24	12 × 3 = 36
减：变动成本	8 × 1.5 = 12	12 × 1.5 = 18

续表

项目	现销方式	赊销方式（n/30）
固定成本	3	3
应收账款机会成本	0	$36\div360\times30\times(18\div36)\times10\%=0.15$
应收账款管理成本	0	0.5
应收账款坏账成本	0	$36\times1\%=0.36$
税前收益	9	13.99

因为13.99＞9，即采用赊销的税前收益大于现销的税前收益，所以企业应选择给予客户30天的信用期限。

做中学

承【业务6-6】，若该企业计划进一步延长信用期限，提供60天的信用期，预计销量可达15万件，坏账损失率为2%，收账成本为10 000元。试通过填写表6-4，帮助企业作出选择。

表6-4　信用政策决策表

单位：万元

项目	信用期限（n/30）	信用期限（n/60）
销售收入		
减：变动成本		
固定成本		
应收账款机会成本		
应收账款管理成本		
应收账款坏账成本		
税前收益		

答案：如表6-5所示。

表6-5　信用政策决策表

单位：万元

项目	信用期限（n/30）	信用期限（n/60）
销售收入	$12\times3=36$	$15\times3=45$
减：变动成本	$12\times1.5=18$	$15\times1.5=22.5$
固定成本	3	3
应收账款机会成本	$36\div360\times30\times(18\div36)\times10\%=0.15$	$45\div360\times60\times(22.5\div45)\times10\%=0.375$

续表

项目	信用期限（n/30）	信用期限（n/60）
应收账款管理成本	0.5	1
应收账款坏账成本	36×1%＝0.36	45×2%＝0.9
税前收益	13.99	17.225

提示：两个机会成本都要计算，最终选择税前收益大的。

（2）折扣期与现金折扣。为了使货款能够尽快回收，企业在给予顾客一定信用期限的同时，往往还会给予客户一定的现金折扣条件。**现金折扣是企业对顾客在商品价格上的扣减，吸引顾客为享受优惠而提前付款，有利于缩短企业平均收款期，减少坏账损失。**

企业提供何种现金折扣，需要与信用期限结合起来考虑。比如，最长信用期为30天时，若希望顾客在20天，甚至10天内付款，能给予多大折扣？或者给予5%、3%的折扣，能吸引顾客在多少天内付款？不论是信用期限还是现金折扣，都可能给企业带来收益，但也会增加成本。提供现金折扣将带来一项新的成本，即折扣成本，计算公式如下：

$$折扣成本＝年赊销额×享受折扣的比例×现金折扣率 \quad (6.8)$$

当企业给予顾客某种现金折扣时，应当考虑折扣所能带来的收益与成本的关系，权衡利弊。

【业务6-7】公司以往给予客户20天的信用期，每年销量7.2万件，每件售价2.5元，单位变动成本1元，固定成本为4万元。坏账损失率为1%，并发生收账成本0.6万元。企业生产能力有剩余，决定延长信用期以促销，假定信用期延长为40天，同时给予“2/20，n/40”的现金折扣条件。预计延长信用期限后，销量将增加到9万件，预计客户享受折扣的比例为40%，坏账损失率将增加到2%，同时收账成本将增加到1万元。企业的投资报酬率为10%。试判断是否应该延长期限并给予现金折扣。

解：提供现金折扣和不提供现金折扣对企业收益成本的影响如表6-6所示。

表6-6 信用政策决策表

单位：万元

项目	不提供现金折扣（n/20）	提供现金折扣（2/20，n/40）
销售收入	7.2×2.5＝18	9×2.5＝22.5
减：变动成本	7.2×1＝7.2	9×1＝9
固定成本	4	4
应收账款机会成本	18÷360×20×（7.2÷18）×10%＝0.04	22.5÷360×（20×0.4+0.6×40）×（9÷22.5）×10%＝0.08

续表

项目	不提供现金折扣（n/20）	提供现金折扣（2/20，n/40）
应收账款管理成本	0.6	1
应收账款坏账成本	18 × 1% = 0.18	22.5 × 2% = 0.45
折扣成本	0	22.5 × 40% × 2% = 0.18
税前收益	5.98	7.79

因为7.79 > 5.98，即提供现金折扣的税前收益大于不提供现金折扣的税前收益，因此，应选择给予客户现金折扣。

做中学

某公司原有信用政策为“1/30，n/60”，销售收入为360万元，有30%的客户享受折扣，坏账比例和收账费用均占销售收入的1%。现拟作出调整，调整政策为“2/30，1/60，n/90”，预计新政策将使得销售收入增加到540万元，有30%的客户会在30天内付款，有40%客户会在60天内付款，其余客户会在第90天付款。调整政策后坏账比例和收账费用均增加到2%。企业的变动成本率为40%，固定成本为60万元，资本成本率为10%。试通过填写表6-7，帮助企业作出选择。

答案：

表6-7　信用政策决策表

单位：万元

项目	信用期限（1/30，n/60）	信用期限（2/30，1/60，n/90）
销售收入	360	540
减：变动成本	360 × 40% = 144	540 × 40% = 216
固定成本	60	60
应收账款机会成本	360 ÷ 360 ×（30 × 30% + 60 × 70%）× 40% × 10% = 2.04	540 ÷ 360 ×（30 × 30% + 40% × 60 + 90 × 30%）× 40% × 10% = 3.6
应收账款管理成本	360 × 1% = 3.6	540 × 2% = 10.8
应收账款坏账成本	360 × 1% = 3.6	540 × 2% = 10.8
折扣成本	360 × 30% × 1% = 1.08	540 ×（30% × 2% + 40% × 1%）= 5.4
税前收益	145.68	233.4

提示：应收账款机会成本的计算是关键。

3. 收账政策的制定

收账政策是指当客户违反信用条件，拖欠甚至拒付账款时企业采取的收账策略和措施，包括书信催讨、电话催讨、上门催缴及诉诸法律等。在企业向客户提供商业信用时，必须考虑三个问题：一是客户是否会拖欠或拒付账款，程度如何；二是怎样最大限度地防止客户拖欠账款；三是一旦账款遭到拖欠甚至拒付时，企业应采取怎样的对策。其中前两个问题主要是靠信用调查和严格信用审批制度来予以预防，第三个问题则必须通过制定完善的收账政策，采取有效的收账措施予以解决。

企业在对待收账这项工作时往往有积极和消极两种态度，对应着积极和消极两类收账政策。若采取积极的收账政策，会减少资金的占用和坏账损失，但会增加收账成本；若采取消极的收账政策，则会增加应收账款投资，增加坏账损失及应收账款机会成本，但同时会减少收账成本。**收账成本是指企业在收账过程中发生的各类支出，包括专人监管、通信联系、上门催收和诉诸法律等各项费用。**一般来说，随着收账费用的增加，坏账损失会逐渐减少。企业在制定收账政策时，应充分考虑应收账款的机会成本、坏账损失与收账费用之间的这种此消彼长的关系，权衡收账过程的成本与收益，确定最合适的收账策略。

【业务6-8】某公司的年赊销收入为720万元，平均收账期为60天，坏账损失为赊销额的10%，年收账费用为5万元。该公司认为通过增加收账人员等措施，可以使平均收账期降为50天，坏账损失降为赊销额的7%。假设公司的资本成本率为6%，变动成本率为50%。要求：计算为使上述变更经济上合理，新增收账费用的上限（每年按360天计算）应为多少。

解：新的收账政策会带来收账费用的增加，同时其他相关成本会减少，但其相关成本不能超过原来收账政策下的成本，否则就失去了意义。相关成本计算如表6-8所示。

表6-8　收账政策决策表

单位：万元

项目	原收账政策	新收账政策
机会成本	$(720 \div 360) \times 60 \times 50\% \times 6\% = 3.6$	$(720 \div 360) \times 50 \times 50\% \times 6\% = 3$
坏账成本	$720 \times 10\% = 72$	$720 \times 7\% = 50.4$
收账费用	5	x
成本合计	80.6	$53.4+x$

因为 $53.4+x \leqslant 80.6$

新收账政策下收账费用总和 x 应小于等于 $80.6-53.4=27.2$（万元）

即新增收账费用上限 $=27.2-5=22.2$（万元）

故采取新收账政策而增加的收账费用，不应超过22.2万元。

6.2.3 应收账款的日常控制

应收账款信用政策的制定为企业应收账款的形成奠定了基础，而一旦信用政策确定下来，针对所形成的应收账款所进行的管理就显得不可或缺，为了保证应收账款投资的安全性，需要进行应收账款的日常控制。

1. 账龄分析

应收账款账龄分析就是将应收账款划分为未到信用期的应收账款和以30天为间隔的逾期应收账款，计算出各部分应收账款金额占全部应收账款金额的百分比，并据此进行应收账款监控和管理的方法。这是衡量应收账款管理状况的一种做法。企业既可以按照应收账款总额进行账龄分析，也可以分顾客进行账龄分析。企业应收账款时间有长有短，对于逾期应收账款，随着逾期时间的增加，应收账款收回的可能性变小。因此，企业应定期对应收账款进行账龄分析，密切注意应收账款的回收情况，提高应收账款的管理效益。

【业务6-9】某公司的应收账款明细表如表6-9所示，根据资料完善信息。应收账款账龄分析表如表6-11所示，试对企业应收账款情况进行分析。

表6-9　应收账款明细表

日期　2019-12-31

客户代码	客户名称	应收款金额	开票日期	信用期限/天	到期日	是否到期	未到期	0~30天	31~60天	61~90天	91天以上
KH01	成都红威食品有限公司	24 000	2019-12-1	60	2020-1-30						
KH02	成都佳美乳业有限公司	2 200	2019-11-5	50	2019-12-25						
KH03	广元佳美食品加工厂	4 200	2019-10-1	50	2019-11-20						
KH04	乐山双河机床有限公司	63 000	2019-10-25	60	2019-12-24						
KH05	重庆美味食品加工厂	44 000	2019-9-12	50	2019-11-1						
KH06	成都润达科技有限公司	73 500	2019-8-25	60	2019-10-24						

续表

客户代码	客户名称	应收款金额	开票日期	信用期限/天	到期日	是否到期	未到期	0~30天	31~60天	61~90天	91天以上
KH07	成都美达贸易有限公司	50 000	2019-8-12	50	2019-10-1						
合计	—										

利用IF函数分析应收账款是否到期及其账龄

利用IF函数分析应收账款是否到期及其账龄

IF函数是条件判断函数。如果指定条件的计算结果为 TRUE，IF函数将返回某个值；如果该条件的计算结果为 FALSE，则返回另一个值。

（1）函数的结构。

IF (Logical_test, Value_if_true, Value_if_false)

Logical_test：判断的条件，表示计算结果为TRUE或FALSE的任意值或表达式。

Value_if_true：表示logical_test为TRUE时返回的值。

Value_if_false：表示 logical_test为FALSE时返回的值。

（2）函数的运用。

是否到期：

If（日期－到期日＞0,是，否）

未到期：

If（日期－到期日<0,应收款金额，－）

0～30天：

If（And(日期－到期日≥0, 日期－到期日≤30),应收款金额，－）

31～60天：

If（And(日期－到期日≥31, 日期－到期日≤60),应收款金额，－）

61～90天：

If（And(日期－到期日≥61, 日期－到期日≤90),应收款金额，－）

91天以上：

If（日期－到期日≥91,应收款金额，－）

承上表6-9，IF函数分析结果见表6-10、表6-11。

表6-10 应收账款明细表

日期 2019-12-31

客户代码	客户名称	应收款金额	开票日期	信用期限/天	到期日	是否到期	未到期	0~30天	31~60天	61~90天	91天以上
KH01	成都红威食品有限公司	24 000	2019-12-1	60	2020-1-30	否	24 000	—	—	—	—
KH02	成都佳美乳业有限公司	2 200	2019-11-5	50	2019-12-25	是	—	2 200	—	—	—
KH03	广元佳美食品加工厂	4 200	2019-10-1	50	2019-11-20	是	—	—	4 200	—	—
KH04	乐山双河机床有限公司	63 000	2019-10-25	60	2019-12-24	是	—	63 000	—	—	—
KH05	重庆美味食品加工厂	44 000	2019-9-12	50	2019-11-1	是	—	—	44 000	—	—
KH06	成都润达科技有限公司	73 500	2019-8-25	60	2019-10-24	是	—	—	—	73 500	—
KH07	成都美达贸易有限公司	50 000	2019-8-12	50	2019-10-1	是	—	—	—	—	50 000
合计	—						24 000	65 200	48 200	73 500	50 000

表6-11 账龄分析表

账龄/天	应收账款金额/元	占应收账款总额的百分比
未到期	24 000	9%
过期0~30天	65 200	25%
过期31~60天	48 200	18%
过期61~90天	73 500	28%
过期91天以上	50 000	19%
合计	260 900	100%

分析：从表6-11中可以看出，在该企业应收账款余额中，有24 000元尚在信用期内，占全部应收账款的9%。这些款项尚未到期，属于正常欠款，但到期后能否收

回，还要到时再查，所以后续仍要及时监督。逾期数额为236 900元，占全部应收账款的91%，其中超过信用期90天的占19%。企业对逾期应收账款应给予足够重视，查明具体属于哪些客户，这些客户的资信情况如何，发生拖欠的原因是什么。对不同拖欠时间的账款及不同品质的客户，企业应采取不同的收账方法：对可能发生的坏账损失，需提前做好准备，充分估计这一因素对企业损益的影响；对尚未过期的应收账款，也不能放松管理，应防微杜渐。对于逾期款项，财务人员应足够重视，有必要进一步研究制定新的信用政策。

2. ABC分析法

ABC分析法又称为重点管理法，是现代经济管理中广泛应用的一种管理方法，其核心管理理念为在管理过程中“抓住重点，照顾一般”。具体运用到应收账款管理中，它将企业的所有欠款客户按照金额的多少和逾期时间的长短进行分类排队，然后再根据其重要性采用不同的收账策略。

在此方法下，应收账款被划分为A、B、C三类。对其中逾期金额较大且逾期时间较长的客户，将其划入A类，这类客户是催款的重点对象；对其逾期金额总额较小且逾期时间较短的客户，我们将其划入C类；中间部分，划入B类。

对这三类不同的客户，企业应采取不同的收款策略。例如，对A类客户，可以发出措词较为严厉的信件催收，或派专人催收，或委托代理机构处理，甚至可以通过法律解决；对B类客户可以多发几封信函催收，或打电话催收；对C类客户只需要发出通知其付款的信函即可。通过该方法的使用，能够充分利用企业有限的人力、财力，实现对应收账款最高效的管理。

6.3 存货管理

6.3.1 存货管理的目标

存货是指企业在经营过程中为了销售或生产耗用的需要而储备的各种物资，主要包括原材料、低值易耗品、在产品和库存商品等。

企业持有充足的存货，不仅有利于生产过程的顺利进行，节约采购费用与生产时间，而且能够迅速地满足客户各种订货的需要，从而为企业的生产与销售提供较大的机动性，避免因存货不足带来的机会损失。

然而，存货的增加必然会占用企业更多的资金，将使企业付出更大的持有成本（存货的机会成本），而且存货的储存与管理费用也会相应增加，影响企业获利能力的提高。因此，如何在存货的功能（收益）与成本之间进行利弊权衡，在充分发挥存货功能的同时降低成本、增加收益、实现其最佳组合，成为存货管理的基本目标。

1. 存货持有的收益

（1）保证公司生产经营正常进行。适量的原材料、在产品、半成品是公司正常生产经营的前提和保障。尽管理论上存在零存货目标，但要完全实现这一目标几乎不可能。就企业外部而言，供货方的生产和销售往往会因某些原因而暂停或推迟。就企业内部而言，有适量的半成品储备，能使各生产环节的生产调度更加合理，各生产工序步调更为协调，联系更为紧密，不至于因等待半成品而影响生产。因此，适量的存货能有效防止停工待料的发生，保证生产的连续性。

（2）适应市场变化。市场对企业产品的需求量一般来说是不稳定的，一定数量的存货储备可以增强公司销售的机动性和适应市场变化的能力，特别是对于销售季节性很强的商品更应储存足够的存货，避免因存货不足而错失良机。

（3）降低存货的取得成本。一般来说，企业的采购成本、订货成本与采购物资的单位售价及采购的次数有密切的关系。许多企业为了鼓励客户购买其产品，往往在采购量达到一定数量时在价格上给予相应的折扣。由此可见，企业采取大批量的集中进货，既可以降低单位物资的买价，又可以降低采购费用的支出，从而降低成本。

（4）保险储备防止意外损失。企业面对的市场是千变万化的，不确定因素有很多，如采购、运输、生产、销售过程中都可能发生意外事故，为防止意外事故的发生而影响企业的生产经营活动，企业保持定量的存货保险储备是必要的。

2. 存货持有的成本

（1）取得成本。**取得成本是指为了某种存货而支出的成本，通常用TC_a来表示，又分为订货成本和购置成本。**

① 订货成本。订货成本是指取得订单的成本，如办公费、差旅费、邮资、电报电话费等。订货成本中有一部分与订货次数无关，如常设采购机构的基本开支等，这类固定性订货成本属于决策无关成本，用F_1表示。另一部分与订货次数有关，如差旅费、邮资等，这类变动性订货成本属于决策的相关成本。每次订货的变动成本用K表示，订货次数等于存货年需要量D与每次进货量Q之商。订货成本的计算公式为：

$$订货成本 = F_1 + \frac{D}{Q} \cdot K \tag{6.9}$$

式中：F_1为固定性订货成本；

D为存货年需要量；

Q为每一次进货量；

K为每次订货的变动成本。

② 购置成本。**购置成本是由买价、运杂费、装卸费、运输途中合理损耗和入库前的挑选整理费等构成，等于采购单价乘以采购数量。**由此可知，当进货总量在一定时期为既定的情况下，由于采购单价（假设物价不变而且无采购数量折扣）不变，采购成本在存货管理决策中就属于无关成本；但在有数量折扣时，采购成本就成为决策的相关成本。

因此，订货成本加上购置成本就等于存货的取得成本。其公式可表达为：

$$取得成本 = 订货成本 + 购置成本 \tag{6.10}$$

$$= 订货固定成本 + 订货变动成本 + 购置成本 \tag{6.11}$$

$$TC_a = F_1 + \frac{D}{Q} \cdot K + D \cdot U \tag{6.12}$$

式中：TC_a为取得成本；

F_1为订货固定成本；

D为年需要量；

U为单价。

（2）储存成本。**储存成本指为保持存货而发生的成本，包括存货占用资金的应计利息、仓库费用、保险费用、存货损耗费用等，用TC_C来表示。**储存成本分为变动性储存成本和固定性储存成本。变动性储存成本与储存数量成正比，如存货占用资金的应计利息、保险费用、存货损耗费用等，单位成本用K_C表示。固定性储存成本与储存数量无关，如仓库折旧、仓库职工的固定工资等，常用F_2表示。用公式表达的储存成本为：

$$TC_C = F_2 + K_C \frac{Q}{2} \tag{6.13}$$

式中：F_2为固定性储存成本；

K_C为单位变动性储存成本；

Q为每一次进货量。

（3）缺货成本。**缺货成本是由于存货数量不足而给生产和销售带来的损失，如停工损失、失去销售机会的损失、采取补救措施而发生的额外成本等。**缺货成本与存货的储存数量成反比。缺货成本用TC_S表示。

因此总成本的表达公式为：

$$TC=TC_a+TC_C+TC_S=F_1+\frac{D}{Q}\cdot K+D\cdot U+F_2+K_C\frac{Q}{2}+TC_S \quad (6.14)$$

3. 存货管理的目标

企业存货管理的目标是在存货的功能（收益）与成本之间进行利弊权衡，在充分发挥存货功能的同时降低成本、增加收益，实现两者的最佳组合。

6.3.2 存货经济批量管理

经济批量基本模型以如下假设为前提：① 企业一定时期内某种存货的需求量能预测，且其耗用或销售比较均衡；② 企业每次订货都集中到货，不允许缺货，故没有缺货成本；③ 企业能随时补充存货，即存货市场供应充足，企业资金充足，故不考虑安全存量；④ 存货的单价、订货成本和储备成本都是已知的，并在一定时期保持稳定。

在这样的前提条件下，我们可以考虑存货相关成本的计算。与存货相关的四种成本中，通常情况下存货的采购成本是稳定的，且不考虑缺货成本。所以，存货决策的重点是要使存货的订货成本和储存成本为最低。**经济批量模型就是采用数学方法计算出存货最合理的采购批量，并确保企业一定时期内的订货成本与储备成本合计的总成本为最低的决策模型。**

根据上述假设，企业一定时期内存货购买的总成本为：

$$TC=F_1+\frac{D}{Q}\cdot K+D\cdot U+F_2+K_C\frac{Q}{2} \quad (6.15)$$

式中：F_1为固定性订货成本；

D为存货年需要量；

U为单价；

Q为每一次进货量；

K为每次订货的变动成本；

F_2为固定性储存成本；

K_C为单位变动性储存成本。

当F_1、K、D、U、F_2、K_C为常数量时，TC的大小取决于Q。为了求出TC的极小值，对其进行求导演算，可得出下列公式：

$$Q^*=\sqrt{\frac{2KD}{K_C}} \quad (6.16)$$

$$TC_{(Q^*)}=\frac{KD}{\sqrt{\frac{2KD}{K_C}}}+\frac{\sqrt{\frac{2KD}{K_C}}}{2}K_C=\sqrt{2KDK_C} \tag{6.17}$$

这一公式称为经济批量模型，求出的每次订货批量，可使TC达到最小值。为了更清楚地反映该模型的原理，可绘制经济批量模型的函数图，如图6-3所示。

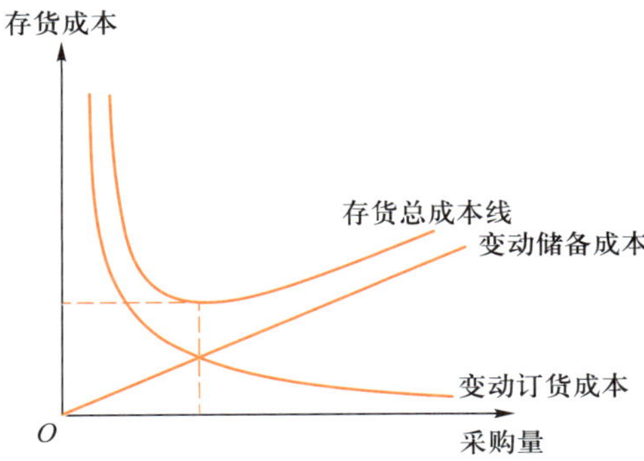

图6-3　经济批量模型函数

【业务6-10】某企业需耗用甲材料14 700千克，每次订货成本为500元，单位存储成本为30元。

求：（1）存货的最佳订货批量是多少？

（2）在最佳订货批量下，全年相关总成本是多少？

解：

（1）存货的经济订货批量：

$$Q^*=\sqrt{\frac{2KD}{K_C}}=\sqrt{\frac{2\times500\times14\ 700}{30}}=700\text{（千克）}$$

（2）存货经济订货批量下的存货总成本：

$$TC_{(Q^*)}=\sqrt{2KDK_C}=\sqrt{2\times500\times14\ 700\times30}=21\ 000\text{（元）}$$

做中学

承【业务6-10】，假设全年按360天算，要求计算全年存货的周转次数是多少？每一次订货间隔多少天？

答案：全年存货周转次数21次；

存货订货间隔天数17.14天。

提示：全年存货周转次数＝14 700÷700＝21（次）

存货订货间隔天数＝360÷21＝17.14（天）

6.3.3 存货的日常管理

1. ABC管理法

ABC管理法也称巴雷特法，是由意大利经济学家巴雷特首创，之后经过不断的发展，现已广泛应用于企业存货管理、成本管理和生产管理。ABC管理法亦称作重点管理法，是一种体现重要性原则的管理方法，其关键是要对存货按其价值的大小分为A、B、C三类，再根据各类存货资金的占用程度，分别进行有针对性的管理。

存货ABC管理法的基本步骤如下：

首先，将企业的全部存货列表反映，并计算出每种存货的价值总额及其占全部存货金额的百分比。

其次，将存货按其数量及金额比重大小分为三类：一般企业A类存货的品种大约占全部存货品种的5%~15%，而资金占用额却占全部存货资金总额的60%~80%；B类存货的品种约占全部存货品种的20%~30%，资金占用总额占全部存货资金总额的15%~30%；C类存货品种最多，约占全部存货品种的60%~80%，但资金占用总额却只占全部存货资金总额的5%~15%。

最后，对于不同类别的存货，分别采用不同的管理方法。A类存货由于资金占用量大，对整个存货管理的好坏有极大影响，是存货管理的重点，一般要采取经济存货批量加以控制，并要经常检查这类存货的库存情况；对C类存货，由于其价值较低，在总资金中所占的比例很小，所以没有必要花费过多的精力和财力去实行严格控制，一般采用一些较为简单的方法进行日常的管理即可；B类存货介于A类与C类之间，可实施次重点管理，其日常控制虽没有A类存货那么严格，但却不能仿照C类的管理模式，应对其进行具体分析，参照其在生产中的重要程度，采用宽严适度的管理方法。

实施存货ABC管理方法，对企业的存货能够有重点地进行针对性的控制，可以使企业分清主次，采取相应的对策进行有效的存货管理。但要注意的是，企业存货的应用状况是经常发生变化的，应对企业存货的分类进行定期分析和必要的调整，才能使该方法的应用达到预期的效果。

2. 适时供应法

适时供应法，又称零库存管理、看板管理系统。它最早是由丰田公司提出并将其应用于实践，是指制造企业事先与供应商和客户协调好，只有当制造企业在生产过程中需要原料或零件时，供应商才会将原料或零件送来；而每当产品生产出来就被客户拉走。这样，制造企业的库存持有水平就可以大大降低。显然，适时制库存控制系统需要的是稳定而标准的生产程序以及与供应商的诚信，否则，任何一环出现差错都将导致整个生产线的停止。目前，已有越来越多的公司利用适时制库存控制系统减少甚至消除对库存的需求（即实行零库存管理），比如，沃尔玛、丰田、海尔等知名企业。适时制库存控制系统进一步的发展被应用于企业整个生产管理过程中，集开发、生产、库存和分销于一体，大大提高了企业运营管理的效率。

单元小结

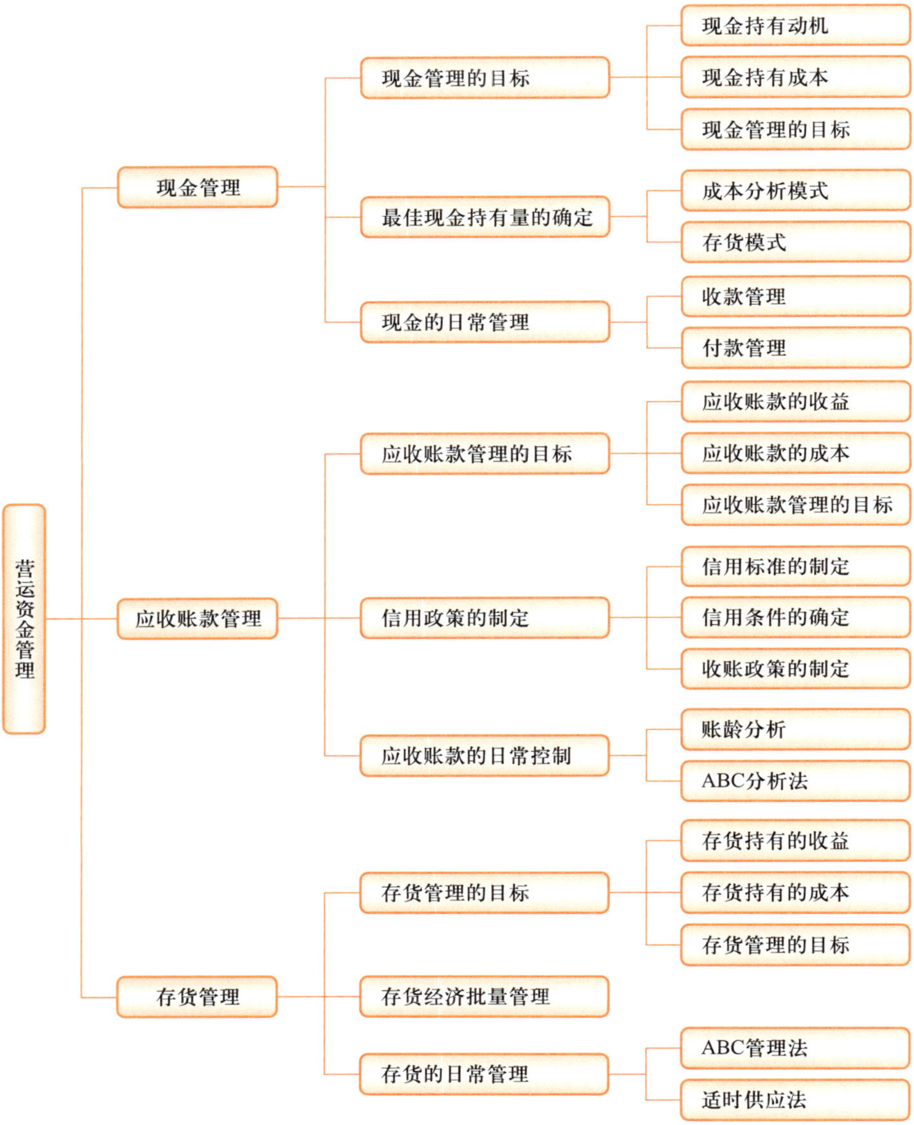

- 营运资金管理
  - 现金管理
    - 现金管理的目标
      - 现金持有动机
      - 现金持有成本
      - 现金管理的目标
    - 最佳现金持有量的确定
      - 成本分析模式
      - 存货模式
    - 现金的日常管理
      - 收款管理
      - 付款管理
  - 应收账款管理
    - 应收账款管理的目标
      - 应收账款的收益
      - 应收账款的成本
      - 应收账款管理的目标
    - 信用政策的制定
      - 信用标准的制定
      - 信用条件的确定
      - 收账政策的制定
    - 应收账款的日常控制
      - 账龄分析
      - ABC分析法
  - 存货管理
    - 存货管理的目标
      - 存货持有的收益
      - 存货持有的成本
      - 存货管理的目标
    - 存货经济批量管理
    - 存货的日常管理
      - ABC管理法
      - 适时供应法

职业资格与技能同步练习

一、单项选择题

1. 现金的特点是（　　）。

A. 流动性强，盈利性强　　B. 流动性弱，盈利性强

C. 流动性弱，盈利性弱　　D. 流动性强，盈利性弱

2. 通常情况下，企业持有现金的机会成本（　　）。

A. 通过有价证券的利息率计算　　B. 与现金的余额成反比

C. 与持有时间成反比　　D. 是决策的无关成本

3. 根据营运资金管理理论，下列各项中不属于企业应收账款成本内容的是（　　）。

A. 机会成本　　B. 管理成本

C. 短缺成本　　D. 坏账成本

4. 下列说法正确的是（　　）。

A. 应收账款的主要功能是促进销售和减少存货

B. 应收账款机会成本 = 应收账款平均余额 × 资金成本率

C. 应收账款平均余额 = 平均每月销售额 × 平均收账天数

D. 信用条件是指顾客获得企业的交易信用所应具备的条件

5. 下列说法不正确的是（　　）。

A. 信用条件主要包括信用期限、折扣期限及现金折扣率等

B. 不适当地延长信用期限会引起机会成本增加

C. 延长信用期限，可以增加毛利

D. 不适当地延长信用期限会引起坏账损失的增加，但不会影响收账费用

6. 5C 系统主要包括品质、能力、资本、抵押、条件。根据5C 系统原理，在确定信用标准时，应掌握客户能力方面的信息，下列各项最能反映客户能力的是（　　）。

A. 流动资产的数量、质量及流动负债的比例

B. 获取现金流量的能力

C. 财务状况

D. 获利能力

7. 下列各项中，属于应收账款机会成本的是（　　）。

A. 应收账款占用资金的应计利息　　B. 客户资信调查费用

C. 坏账损失　　D. 收账费用

8. 存货ABC管理法中对存货划分的最基本的分类标准是（　　）。

A. 金额标准　　B. 品种数量标准

C. 重量标准　　D. 金额与数量标准

9. 存货管理法中，A类物资的属性是（　　）。

A. 金额大，数量多　　B. 金额小，数量少

C. 金额大，数量少　　D. 金额小，数量多

10. 存货经济批量的基本模型所依据的假设不包括（　　）。

A. 存货集中到货　　B. 一定时期的存货需求量能够确定

C. 存货进价稳定　　D. 允许缺货

11. 在允许缺货的情况下，经济订货批量是（　　）。

A. 订货成本与储存成本之和最低的批量

B. 订货成本与储存成本相等的批量

C. 缺货成本与储存成本之和最低的批量

D. 订货成本、储存成本和缺货成本之和最低的批量

12. 某企业全年需用甲材料240吨，每次进货成本40元，每吨材料年储存成本12元，则每年最佳进货次数为（　　）次。

A. 3　　B. 4

C. 6　　D. 9

二、多项选择题

1. 下列关于现金管理的说法中，正确的有（　　）。

A. 拥有足够的现金对于降低企业风险，增强企业资产的流动性和债务的可清偿性具有重要的意义

B. 企业持有现金的目的只是应付日常的业务活动

C. 一个希望尽可能减少风险的企业倾向于保留大量的现金余额，以应付其交易性需求和大部分预防性资金需求

D. 除了交易性需求、预防性需求和投机性需求外，许多公司持有现金是作为补偿性余额

2. 现金持有的动机包括（　　）。

A. 交易性动机　　B. 预防性动机

C. 管理性动机　　D. 投机性动机

3. 成本分析模式下，相关总成本包括（　　）。

A. 管理成本　　B. 机会成本

C. 转换成本　　D. 短缺成本

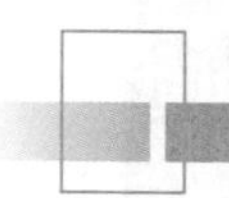

4. 现金支出管理的主要任务是尽可能延缓现金的支出时间，下列属于延缓现金支出时间的方法有（　　）。

A. 使用浮游量　　B. 透支

C. 使用零余额账户　　D. 推迟应付款的支付

5. 应收账款在企业生产经营中所发挥的作用有（　　）。

A. 增加现金　　B. 减少存货

C. 促进销售　　D. 减少借款

6. 某企业的信用条件为“5/10，2/20，n/30”，则以下选项正确的有（　　）。

A. 5/10表示在10天内付款，可以享受5%的价格优惠

B. 2/20表示在20天内付款，可以享受2%的价格优惠

C. n/30表示的是最后的付款期限是30天，此时付款无优惠

D. 如果该企业有一项100万元的货款需要收回，客户在15天内付款，则该客户只需要支付98万元货款

7. 影响信用标准的基本因素包括（　　）。

A. 同行业竞争对手的情况　　B. 企业承担违约风险的能力

C. 客户的资信程度　　D. 企业自身的资信程度

8. 在应收账款信用政策中确定现金折扣政策的目的在于（　　）。

A. 吸引顾客为享受优惠而提前付款

B. 减轻企业税负

C. 缩短企业平均收款期

D. 扩大销售量

9. 下列订货成本中，属于变动性成本的有（　　）。

A. 采购员的差旅费　　B. 采购机构的基本开支

C. 采购人员的计时工资　　D. 预付定金的机会成本

10. 下列项目中，与存货经济批量无关的有（　　）。

A. 储存变动成本　　B. 年度计划存货需求量

C. 存货单价　　D. 存货的短缺成本

11. 下列项目中，属于存货的储存变动成本的有（　　）。

A. 存货占用资金的应计利息　　B. 仓库费用

C. 存货的破损变质损失　　D. 库存短缺紧急额外购入成本

12. 下列各成本中，与存货决策有关的有（　　）。

A. 订货成本中的变动性成本　　B. 变动性储存成本

C. 允许缺货条件下的缺货成本　　　　　　D. 存货的购置成本

13. 下列关于存货ABC管理法描述正确的有（　　）。

A. A类存货金额巨大，但品种数量较少

B. C类存货金额巨大，但品种数量较少

C. 对A类存货应重点控制

D. 对C类存货应重点控制

三、计算分析题

1. 某企业每月现金需要量为50 000元，有价证券的月利率为10‰，假定现金管理相关总成本控制目标为300元。

要求：

（1）计算有价证券的转换成本的限额；

（2）计算最低现金余额；

（3）计算最佳有价证券交易间隔期。

2. 某公司资本成本率为10%。现采用30天按发票金额付款的信用政策，年赊销额为800万元，变动成本率80%，固定成本2万元，平均收现期为25天，收账费用和坏账损失均占年赊销额的1%。公司为了加速账款回收和扩大销售收入，以充分利用剩余生产能力，准备将信用政策调整为“2/20，1/30，n/40”。预计调整后年赊销额将增加5%，收账费用和坏账损失分别占年赊销额的1%、1.2%，有30%的客户在20天内付款，有40%的客户在30天内付款，其余客户在信用期内付款（一年按360天计算）。

要求：根据计算结果说明公司应否改变信用政策。

3. 为有效控制应收账款的回收情况，在原有信用政策下应收账款账龄分析表如下：

应收账款账龄分析表

应收账款账龄/天	金额/万元	比重
30	400 × 60% = 240	50%
30～60	400 × 30% = 120	25%
60～90	400 × 30% = 120	25%
90天以上	0	0
合计	480	100%

按照旧的信用政策（n/60），账龄分析表反映出的逾期应收账款比例和金额各为多少？针对这一状况你有什么建议？

4. 家园公司应收账款政策备选方案A和B的有关资料如下表所示。试通过计算分析，确定该公司是否应改变收账政策，要求将计算结果填入表中。

应收账款备选方案资料

项目	方案A：现行收账政策	方案B：新收账政策
年收账费用	5	10
平均收账期/天	60	40
坏账损失率/%	5%	3%
赊销额	1 000	1 000
变动成本率	50%	50%
资本成本率	10%	10%

计算分析表

项目	原方案	新方案
应收账款平均余额		
机会成本		
坏账成本		
收账费用		
信用成本合计		

5. 某企业计划年度甲材料耗用总量为7 200千克，每次订货成本为800元，单位储存成本为2元。

要求：

（1）计算该材料的经济采购批量；

（2）计算相关总成本；

（3）计算全年订货次数；

（4）计算订货间隔天数。

综合技能强化训练

案例一

中天建材有限公司应收账款管理案例

【背景资料】

资料一：中天建材有限公司（简称中天公司）是一家生产并销售建筑材料的公司。在公司“以人为本，以顾客为中心，善待企业员工”的指导思想下，经过十年的努力，现已发展成为一家颇具规模、在业界有影响力的建材公司。其生产并经营的产品在业界具有相当的知名度，是房地产开发商的首选。中天公司分销网点遍布西南地区，形成了覆盖整个西南地区的销售网络与服务体系，确立了公司经营中的品牌优势、质量优势、价格优势及服务优势，在市场推广、品牌管理及网络营销等方面取得了突出的业绩。

公司的卓越业绩离不开其卓越的应收账款管理，在保证公司资金需求的同时，企业的客户群也在不断扩展。

为不断扩大业务，中天公司拟发展南方公司为自己的新客户。公司对应收账款管理一直较为重视，为合理地确定本公司的应收账款量，减少坏账损失，公司过去在信用标准的制订上，通常以信用评估机构、银行、财税部门、消费者协会、工商管理部门等保存的有关原始记录和核算资料为依据，对客户信用资料进行分析，确定评价信用优劣的数量标准，并结合企业承担违约风险的意愿和市场竞争的需要，具体划分客户的信用等级。在设定某一客户的信用标准时，先评价其赖账的可能性，包括评价客户履行偿还债务的态度、能力、财务实力和财务状况，设定担保的资产以及其他可能影响客户偿债能力的各种经济环境。同时，为每一个客户建立一个信用档案。有关南方公司的详细记录如下：南方公司注册资本1 000万元，年营业额3 800万元，财务实力雄厚；据调查南方公司信誉良好，从不恶意拖欠，行业内口碑好；近年来，南方公司所处房地产行业蓬勃发展，市场前景广阔；南方公司近几年流动比例维持在100%以上；南方公司愿意以部分已建成楼盘抵押。

资料二：由于2020年公司所处行业调整，公司的销售业绩有所下滑，为扩大销售、吸引更多客户，同时保证应收账款的安全，销售部门对现有的公司信用政策提出修改方案，提交信用部门讨论。公司目前采用的是60天按发票金额付款的信用政策，拟将信用政策调整为“2/30，1/60，n/90”，新旧政策下企业销售量及相关成本费用的发生情况如下表所示。

新旧政策下企业销量及相关成本费用发生情况

项目	n/60	2/30，1/60，n/90
全年销售量/件	500 000	800 000
全年销售额/单价5元	2 500 000	4 000 000
变动成本/每件3元	1 500 000	2 400 000
固定成本/元	300 000	300 000
毛利/元	700 000	1 300 000
可能发生的收账费用/元	6 000	40 000
可能发生的坏账损失/元	10 000	80 000

预计在新政策下，有40%的客户会在30天内付款，30%客户会在60天内付款，其余客户将在90天内付款。假设该企业风险投资的最低报酬率为10%。

资料三：为了解决逾期账款所占比例过高的问题，有人建议改变现有的收账政策，新旧收账政策有关成本数据如下表所示。

新旧收账政策相关成本数据

项目	旧收账政策	新收账政策
赊销额	4 000 000元	4 000 000元
变动成本率	0.6	0.6
应收账款平均收账天数	60天	50天
坏账损失率	5%	2%
收账费用	40 000元	60 000元

【要求】

1. 根据资料一，分析中天公司分别选用了哪些评价指标作为信用标准？
2. 根据资料二，计算原有信用政策下的税前收益与新政策下的税前收益，并进行信用决策。
3. 根据资料三，若你是公司管理人员，试判断是否采用新收账政策。

【完成方式】独立完成并提交。

【实训结果评价】

评价指标	评价内容	分值	评价成绩及备注
结果评价	1. 及时提交	20	
	2. 指标总结正确	30	
	3. 税前收益计算正确	40	
	4. 决策正确	10	

案例二

红旗连锁存货经济订货批量案例

【背景资料】

红旗连锁有限公司是一家大型商贸公司，主要业务为商品的采购和销售。商贸企业的特点是存货量巨大，为了能够有效地降低存货持有成本，现对其所销售的一种饮料——"冰爽牌橙汁"进行了最佳持有数量的分析。在进行了一系列市场调查和分析后，得到如下的调研资料：

资料一：

商品购销合同

合同号：　2020-129

甲方（购货方）：红旗连锁有限公司

乙方（销货方）：冰爽饮料股份有限公司

本着平等互利的原则，经双方协商，共同订立如下合同：

一、双方必须有合法的营业执照，乙方所供商品必须有合法商标，根据不同商品分别提供生产、经营许可证、注册商标证、产品合格证、进口商品检验证等。

二、甲方向乙方订购以下商品：

商品名称	规格型号	计量单位	数量	单价	金额
冰爽牌橙汁				900	

三、到货时间和地点：10天之内发货，货物由购货方自提。

四、合同一式两份，双方盖章后生效。如违约须赔偿对方损失，按价款25%赔偿，不可抗力除外。

本合同在履行过程中，若发生纠纷或异议，双方协调解决。

甲方：红旗连锁有限公司　　　　乙方：

（印章：红旗连锁有限公司 合同专用章）（印章：成红）

法人代表：成红

账号：410127242318076

电话：82437217

地址：新蓝市商业路68号

签约日期：2020年12月1日

（印章：冰爽饮料股份有限公司 合同专用章）（印章：洪兴）

法人代表：洪兴

账号：410127869114567

电话：84647272

地址：新蓝市江北区下河路53号

签约日期：2020年12月1日

注：此凭证不作为记账依据。

资料二：

全年存货需要量一览表

单位：件

第一季度	第二季度	第三季度	第四季度	总计
600	1 000	800	600	3 000

资料三：

订货成本明细情况一览表

单位：元

成本类别	金额
采购机构开支/元/年	20 000
差旅费/元/次	300
邮资费/元/次	20
电报电话费/元/次	30
运输费/元/次	280
检验费/元/次	120

资料四：

储存成本明细情况一览表

单位：元

成本类别	金额
仓库折旧/元/年	10 000
仓库职工工资/元/年	40 000
仓库保险费/元/件	20
存货的破损和变质损失/元/件	8
存货占用资金的应计利息/元/件	4

【要求】请结合相关资料，采用存货经济订货批量模型，通过填写下表，帮公司做出存货持有的决策。

存货持有决策表

项目	金额
年需要量 / 件	
变动订货成本 / 元 / 次	
变动储存成本 / 元 / 件	
经济订货批量 / 件	
年订货次数 / 次	
年订货总成本 / 元	
年储存总成本 / 元	
年购置成本 / 元	
总成本	

【完成方式】独立完成并提交。

【实训结果评价】

评价指标	评价内容	分值	评价成绩及备注
结果评价	1. 及时提交	20	
	2. 指标总结正确	30	
	3. 税前收益计算正确	40	
	4. 决策正确	10	

第7单元

利润分配管理

专业能力：

通过利润分配管理的概念和内容的学习，能够进行利润分配的环境分析；针对不同利润分配政策的含义、计算方法和优缺点，能够根据企业情况制定合理的利润分配政策和选择合理的股利支付形式。

职业核心能力：

自我学习能力、分析及解决问题的能力、决策能力。

利润分配、利润分配政策、股利支付的形式。

引导案例

五粮液股利分配政策的选择[1]

五粮液股份有限公司（以下简称“五粮液”）是1998年由四川省宜宾五粮液酒厂独家发起，向社会公开发行人民币普通股募集设立的（深000858），注册资本为379 596 672万元。2015年半年报披露五粮液第一大股东是宜宾市国有资产经营有限公司，持股比例为36%，五粮液集团有限公司持股比例为20.07%。一直以来，投资者视五粮液股份有限公司为“绩优股 ”，并积极关注该公司股利分配政策。但通过分析五粮液的股利政策发现，该公司的股利分配方式总体上是以送股为主，分红较少，自上市以来，五粮液真正意义上的现金分红并不多见。

通过对该企业的利润表进行分析，可以看到五粮液股份有限公司净利润从1998年的5.53亿元上升到2013年的83.22亿元，在2014年有小幅下降，为60.58亿元，至2015年中期报告披露净利润为34.21亿（四舍五入）。五粮液股份有限公司在股利分配上显得较为吝啬，这一点与其历年总体上升的高额净利润不匹配。截至2014 年，该公司的股利分配方案总体上以送股为主，而且股利分配缺乏连续性和稳定性，1998年至2010年13年间，虽然该公司在1998年（ 每10股派现金12.5元）、2001年（每10股送红股1股，公积金转增2股、派现金0.25元）、2003年（每10股送红股 8股，公积金转增 2股、派现金2元）、2005年（每10股派现金1.00元）、2006年（每10股送红股4股，派现金0.6元）、2008年（每10股派现金0.50元）、2009年（每10股派现金1.50元）和2010年（每10股派现金3元）进行了分红派息，但是只有1998年的每10股派现金12.5元才是真正意义上的分红，其余年份的现金股利的分派相对于当年高额净利润来说太低，令投资者尤其是中小投资者不满。

表7-1中列出了2011—2014年五粮液股份有限公司历年股利分配方案：2011年至2014年分红比重与往年相比有显著上升，年平均现金分红超过当年净利润的30%，在2014年现金分配占净利润比例达到37.59%，这很可能是由于公司管理战略以及股利分配政策的调整，也有可能是来自监管部门的压力，可看出五粮液也在逐步认识到通过现金分红保护股东利益的重要性。

---

① 资料改编自：张海燕．我国上市公司股利分配政策选择——以五粮液股份公司为例［J］.《现代企业》，2015（11）.

表7-1 五粮液股份有限公司历年股利分配方案

年份	净利润/亿元	分配方案	现金分配占净利润比例
2014	60. 58	每10股派现金6元（含税）	37.59%
2013	83. 22	每10股派现金7元（含税）	31.93%
2012	99. 35	每10股派现金8元（含税）不送红股，不以公积金转增股本	30.60%
2011	61. 57	每10股派现金5元（含税）	30.72%

企业股利政策的选择总体来说是受到企业财务层面以及公司治理层面因素的影响。股利分配与公司的资本结构息息相关，即要受到投资机会及资本成本的双重影响。常见的股利分配政策有四种：剩余股利政策、固定的股利支付率政策、固定或持续增长股利政策、低正常股利加额外股利政策。每一种股利分配政策和方案的确定以及执行均有其公司内部治理深层次的原因。五粮液的股利政策总体上是低派现或不派现，形式主要以送股和转增为主，而从五粮液历年财务报表中可以看出五粮液的资金充足，负债率低，增长率高，基本上不存在偿债压力，投资也基本上是对内投资，处在稳定发展阶段。既然如此，为什么五粮液选择这样一种股利分配方式以“铁公鸡”的形象存在于股票市场中？这一点值得我们探讨。

【引例分析】

利润分配，是将企业实现的净利润，按照国家财务制度规定的分配形式和分配顺序，在企业和投资者之间进行的分配。利润分配的过程与结果关系到所有者的合法权益能否得到保护，企业能否长期、稳定的发展，为此，企业利润分配的决策就显得尤为关键。本单元将针对利润分配问题，从分配政策制定的基本原则、环境对分配决策的影响、可采用的分配政策的类型、分配的具体形式等方面进行探讨。

7.1 利润分配管理认知

7.1.1 利润分配的含义和作用

企业通过销售产品、提供劳务、对外投资等活动获得了收入，收入在弥补成本费用后形

成了企业的利润，由于成本费用包括的内容和形式不同，导致对利润的认识也有一定的区别。若成本费用不包括利息和所得税，则利润表现为息税前利润（*EBIT*）；若成本费用包括利息而不包括所得税，则利润表现为利润总额；若成本费用包括利息和所得税，则利润表现为净利润。**在本书中所讲的利润，针对的是净利润，因此我们所探讨的利润分配主要是净利润的分配问题。**

利润分配，是现代企业财务管理的重要管理对象之一，科学合理地完成利润的分配，对于维护企业与各相关利益主体的财务关系、提升企业价值都具有重要意义。

7.1.2 利润分配的原则

作为一项重要的财务活动，利润分配应当遵循以下的基本原则：

1. 依法分配原则

企业的利润分配必须依法进行，针对企业的利润分配行为，国家制定了各种法律法规对其进行约束和规范，约束和规范的内容涵盖了基本原则、分配程序、分配比例等多个方面，企业必须遵照执行。

2. 积累与分配并重原则

企业利润的分配必须坚持积累与分配并重的原则，正确处理积累与分配的关系。分配给投资者的利润，是投资者眼前利益的最佳体现，而留存在企业的利润，则为企业简单再生产和扩大再生产奠定了财力基础，是投资者长远利益的重要保障。因此，正确处理好积累与分配的关系，是兼顾企业短期利益和长远利益的重要体现。

3. 利益兼顾、合理分配原则

企业利润的分配必须兼顾各方利益。作为社会分配的基本环节，企业的利润分配涉及国家、投资者、经营者、债权人等多方的利益。正确处理各方面关系，对企业的生存、发展都有着重要意义。因此，企业在利润分配时，需要兼顾各方利益，合理分配。

4. 投资与收益对等原则

在不同的投资主体之间进行利益分配时，应该遵循投资与收益对等的原则，即“谁投资谁受益的原则”，并且按照投资者的出资比例进行收益的分配，保证分配的公开、公平、公正。

7.1.3 利润分配的顺序

根据《中华人民共和国公司法》及相关法律制度的规定，企业净利润的分配必须按照特

定的顺序进行，以确保利润分配的严肃性，而利润分配的流程也就构成了企业利润分配的主要内容：

第一步，弥补以前年度亏损。根据相关法律法规的规定，企业年度的亏损可以用下一年的税前利润弥补，下一年不足弥补的，可以在五年内用税前利润弥补，连续五年未弥补的则用税后利润弥补。其中，税后利润弥补亏损，可以用当年实现的净利润，也可以用盈余公积转入。弥补亏损后剩余的部分构成可供分配利润，即“可供分配利润=净利润+年初未分配利润或亏损+其他转入”。

第二步，提取公积金。公积金包括法定盈余公积和任意盈余公积。按照《中华人民共和国公司法》的规定，法定盈余公积应按照当年税后利润（净补亏后）的10%提取，累计金额达到企业注册资本的50%时可不再提取。同时也规定，公司经股东大会决议，还可提取任意盈余公积，以满足企业的其他需要。公积金提取后，形成可供投资者分配的利润，“可供投资者分配的利润=可供分配利润−提取的公积金”。

第三步，向股东分配。按照《中华人民共和国公司法》的规定，公司弥补亏损和提取公积金后的利润余额，可向投资者进行分配。而分配结束后若还有利润结余，则形成了年末的未分配利润待以后年度再来分配。即，“未分配利润=可供投资者分配利润总额−分配给投资者报酬。”

【业务7−1】某企业本年度实现净利润105 000元，经过前五年的补亏后，公司尚有51 000元的未弥补亏损，按照税法规定本年度企业可以使用税后利润补亏，企业按照10%的比例计提法定盈余公积，不提取任意盈余公积，利润分红比率为25%，请计算确定该企业应计提的法定盈余公积、利润分红额，以及利润留存数额。

解：该企业应计提的法定盈余公积=（105 000−51 000）×10%=5 400（元）

利润分红额=（105 000−51 000）×（1−10%）×25%=12 150（元）

利润留存数额=（105 000−51 000）×（1−10%）×75%=36 450（元）

7.2 利润分配的环境分析

企业的利润分配涉及企业相关各方的切身利益，受众多不确定因素的影响，在确定分配

政策时，需要充分考虑各种环境因素，作出最佳的利润分配决策。

按照相关因素是否可以控制，我们将企业在进行利润分配中需要考虑的环境因素划分为内部环境和外部环境两种。**其中，内部环境因素包括企业的变现能力、筹资能力、盈余的稳定性、投资机会、所处生命周期等，为企业可控因素；外部环境因素包括法律法规限制、契约性限制、通货膨胀因素等，通常企业无法调控，只能适应。**

7.2.1 影响利润分配的内部环境因素

1. 企业的变现能力

企业的变现能力是影响股利政策的一个重要因素，是现金股利政策使用的限制条件之一。资金的灵活周转是企业生产经营得以正常进行的必要条件，所以，现金股利的分配自然也应该以不危及企业经营所需资金的流动性为前提。如果公司的现金充足，资产有较强的变现能力，现金收支状况良好，则它的现金股利支付能力就比较强。如果公司因扩充或偿债已消耗大量现金，资产的变现能力较差，进行大幅度的支付现金股利则非明智之举。

2. 企业的筹资能力

企业如果有较强的筹资能力，则可考虑多发放现金股利，并以再筹资来满足企业经营对货币资金的需求；反之，若筹资能力较弱，则要考虑保留更多的资金用于内部周转或偿还将要到期的债务。一般而言，规模大、获利丰厚的大企业能较容易地筹集到所需资金，因此，它们较倾向于多支付现金股利；而创办时间短、规模小、风险大的企业，通常需要经营一段时间以后，才能从外部取得资金，因而往往要限制现金股利的支付。

3. 企业盈余的稳定性

通常，企业在决定是否分配股利或分配多少股利时，不仅会考虑以往的盈利水平，同时还会充分考虑当期的经营业绩和未来的发展前景。一般来讲，盈利越稳定或收益越有规律的企业未来的盈利预测和控制也越容易，通常其股利支付率也越高，且企业对保持这种较高的股利支付率也越有信心。

4. 企业面临的投资机会

利润的分配与企业所面临的投资机会也是有关系的。通常，有着良好投资机会的公司，往往需要有强大的资金作为支持，因而较少发放股利，而将大部分盈余用于投资。而对于那些缺乏良好投资机会的公司，保留大量现金反而会造成资金的闲置，于是更倾向于支付较高的股利。

5. 企业所处生命周期

我们通常把企业的生命周期划分为成长阶段、发展阶段、成熟阶段和衰退阶段。在不同

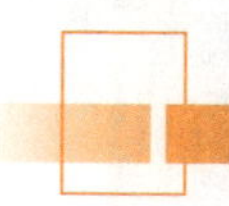

的阶段，企业的股利政策会受到不同的影响。在成长阶段，企业亟须资金投入，一般来讲，股利支付率相对较低；在发展阶段，公司开始能以较大的股利支付比率把收益转移给股东；至成熟阶段，由于投入产出相对稳定，股利支付率和股票收益率都将几乎保持不变。

7.2.2 影响利润分配的外部环境因素

1. 法律法规限制

为了保护债权人和股东的利益，法律法规也对企业的股利分配制定了相应的限制措施，主要表现在资本保全的限制、企业积累的限制、净利润的限制等。

（1）资本保全的限制。资本保全的限制规定企业不能用资本（实收资本和资本公积）发放股利，即不能因支付股利而引起资本减少。这是为了保证企业资本的完整性，防止企业任意减少资本结构中的所有者权益的比例，保护债权人利益。

（2）资本积累的约束。《中华人民共和国公司法》第166条规定股利分配的顺序是：公司分配当年税后利润时，应当先提取利润的10%列入公司的法定公积金，公司法定公积金累计额为公司注册资本的50%以上的，可以不再提取。即企业在进行股利分配前，必须首先完成利润的留存。同时，企业在进行分配时，应遵循“无利不分”的原则，即当企业出现年度亏损时，一般不进行利润的分配。

（3）超额累积利润约束。对于股东来讲，由于资本利得的税率低于股利收入的税率，考虑到避税的要求，公司可能一直不进行股利分配，对于此情形，法律上作出了规定：“如果公司为了股东避税而使得盈余的保留大大超过了公司目前及未来的投资需要时，将被加征额外的税款”。

（4）偿债能力约束。如果公司已经无力偿还到期债务或因支付股利将使其失去偿付能力，则公司不能支付现金股利，如果因企业分配现金股利而影响了企业的偿债能力或正常的经营活动，则股利分配就要受到限制。

2. 契约性限制

一般来说，提高股利发放水平，公司的破产风险就会加大，这样会损害债权人的利益。因此，为了使他们的利益不受损害，债权人通常都会在公司长期借款、债券、优先股、租赁合约等合约上，要求对方接受一些有关股利支付的限制条款。例如，规定只有在流动比率和其他安全比率超过规定的最小值后，才可支付股利。优先股的契约通常也会申明在累积的优先股股利付清之前，不得派发普通股股利。确立契约性限制条款，目的在于促使企业把利润的一部分按条款的要求进行再投资，以获取利润，从而保障债务的如期偿还，维护债权人的利益。

3. 通货膨胀因素

在通货膨胀期间，虽然公司每年仍向股东支付一定数额的股利，但股东收到股利的实际价值和购买价值下降了，这就损害了股东的切身利益。因此，为了维护股东利益，在通货膨胀的环境下，公司往往会采取提高每年每股股利支付率的方式作出弥补。通常，其提高的部分至少等于或高于通货膨胀率。

综上所述，企业股利政策的制定受到各种内部、外部的因素的影响和约束，而这些因素之间又往往相互联系、相互制约，企业需要充分考虑，综合各种因素的影响，权衡各方利益后才能做出最终的决策。

7.3 股利分配管理

7.3.1 股利分配政策概述

股利分配政策是公司期末在平衡内外部相关集团利益的基础上，对提取了各种公积金后的净利润是否发放股利、发放多少、何时发放以及如何在向股东发放股利与留存公司再投资二者之间进行分配而采取的基本态度和方针。其具体内容包括股利发放政策的选择、股利支付具体形式的选择等一系列内容。

股利的分配不仅是简单的利润分享，还是影响公司价值的关键行为。投资者往往将股利分配作为对企业作出评价的重要依据。股利分配的多少、股利分配的稳定与否往往传递的是公司经营状况、发展前景等一系列信息，因此，股利分配政策制定的重要目标在于通过制定合理的政策提高公司价值，实现公司价值最大化。

7.3.2 四种常用股利分配政策

不同的上市公司面临的市场环境、生命周期、业绩状况、控股股东的股利分配偏好等制约股利政策的诸多因素存在差别，导致不同企业的股利政策也各不相同。但保持股利的相对稳定性，同时符合企业财务目标和发展目标的要求，成为股利政策选择的基本原则，在实际工作中，最常见的股利政策有以下几种。

1. 剩余股利政策

剩余股利政策是指在公司有较好的投资机会时，根据目标资金结构，测算出投资所需的权益资本额，先从盈余中留用，然后将剩余的盈余作为股利来分配的政策。即净利润首先满足公司的资金需求，如果还有剩余，就派发股利；如果没有，则不派发股利。在这种股利分配政策下，股利随投资资金需求的变化而变化。只要存在有利的投资机会，就应当首先考虑其资金需求，然后再考虑剩余利润的分配需要。

剩余股利政策的基本步骤为：① 确定公司目标资本结构，使得在此结构下的加权平均资金成本最低；② 确定公司的最佳资本预算，并根据公司的目标资本结构预计资金需求中所需增加的权益资本数额；③ 最大限度地使用留存收益来满足投资方案所需增加的权益资金数额；④ 将剩余利润作为股利发放。

这种政策的优点是能充分利用筹资成本最低的资金来源满足投资机会的需要，能够降低再投资的资本成本，并能保持理想的资金结构，实现企业价值的长期最大化。但其缺点在于容易导致股利支付不稳定，不利于投资者安排收入与支出，也不利于公司树立良好的财务形象。一般适用于企业初创阶段。

【业务7-2】公司2019年提取法定盈余公积金后的净利润为500万元，2020年投资计划所需资金500万元，公司的目标资本结构为：权益资金占70%，负债资金占30%。要求按照剩余股利政策确定2019年可向投资者发放的股利数额。

解：由于目标资本结构为：70%的权益资金，30%的负债资金。则：

投资需要增加的权益资本数额：500 × 70% = 350（万元）

可向投资者发放的股利数额：500 − 350 = 150（万元）

做中学

环太公司成立于2018年1月1日，2018年实现的净利润为1 000万元，分配现金股利550万元，提取盈余公积450万元（所提盈余公积均已指定用途）。2019年实现的净利润为900万元（不考虑计提法定盈余公积的因素）。2020年计划增加投资，所需资金为700万元。假定公司目标资本结构为自有资金占60%，借入资金占40%。

根据以上资料，在保持目标资本结构的前提下，计算2020年投资方案所需的自有资金额和需要从外部借入的资金额。如果公司执行剩余股利政策，计算2019年应分配的现金股利。

答案：2020年投资方案所需的自有资金额 = 420（万元），须从外部借入的资金额 = 280（万元）。2019年应分配的现金股利 = 480（万元）。

提示：目标资本结构为6∶4，投资方案所需的自有资金、从外部借入的资金应分别按照对应比例计算，而2019年应分配的现金股利额 = 净利润 − 2020年投资方案所需的自有资金额。

2. 固定或稳定增长股利政策

固定或稳定增长股利政策是指公司将每年派发的股利额固定在某一特定水平或在此基础上维持某一固定比率逐年稳定增长。在该股利政策下，当公司盈利发生一定变化时，并不影响股利的支付，股利始终保持在稳定的水平上，向投资者传递公司经营业绩稳定、风险较小的信息。

固定或稳定增长股利政策的优点：① 稳定的股利有利于公司树立良好的形象，有利于稳定公司股票价格，从而增强投资者对公司的信心；② 固定的股利有利于投资者有规律地安排收入和支出，有利于吸引那些打算长期投资并对股利有很高依赖性的股东。

固定股利政策的缺点：股利支付与公司盈利状况脱节，即不论公司盈利多少、是否盈利都需要支付固定的或按固定比率增长的股利，当盈利能力较低或现金紧张时，容易引起公司资金短缺，导致财务状况恶化。

通常，要采用该股利政策要求公司对未来的盈利和支付能力能够做出准确的判断，一般来说，经营比较稳定或正处于成长期的公司多采用这种股利政策，但该政策很难被长期使用。

【业务7-3】ABC公司2018年分配股利500万元。该公司2019年的税后利润为1 200万元，2020年拟投资1 000万元引进一条生产线以扩大生产能力，该公司目标资本结构为：权益资金占80%。

要求：如果该公司执行的是固定股利政策，并保持资金结构不变，则2020年该公司为引进生产线需要从外部筹集多少自有资金？

解：根据固定股利政策的要求，2019年公司支付股利应与2018年保持一致，也为500万元，则，2019年公司留存利润＝1 200－500＝700（万元）

2020年自有资金需要量＝1 000 × 80%＝800（万元）

2020年外部自有资金筹集数额＝800－700＝100（万元）

做中学

接环太公司案例，在不考虑目标资本结构的前提下，如果公司执行固定股利政策，计算2019年应分配的现金股利、可用于2020年投资的留存收益和需要额外筹集的资金额。

答案：2019年应分配的现金股利＝550（万元）

可用于2020年投资的留存收益＝350（万元）

2020年投资需要额外筹集的资金额＝350（万元）

提示：执行固定股利政策，2019年应分配的现金股利＝上年分配的现金股利，可用于2020年投资的留存收益＝2019年净利润－2019年应分配的现金股利。

3. 固定股利支付率政策

固定股利支付率政策是指事先确定一个股利占公司税后利润的比率，然后长期按此比率对股东支付股利。在这种股利政策下，股利支付额与公司税后利润的关联度明显变高，固定股利支付率越高，公司留存的净利润越少。

这种股利政策的优点是：股利与公司盈余紧密配合，体现了“多盈多分，少盈少分，无盈不分”的股利分配原则，这种政策减轻了公司的财务压力。

这种政策的不足之处在于：由于股利波动传递的是经营业绩不稳定的信息，容易使外界产生公司经营不稳定的印象，不利于股票价格的稳定与上涨，也不利于树立公司良好的财务形象。

由于公司每年面临的投资机会、筹资渠道都不同，而这些都可能影响公司的股利分派，所以，一成不变的固定股利支付率政策在公司中并不多见，固定股利支付率政策只适用于那些处于稳定发展且财务状况也较稳定的公司。

【业务7-4】公司基本情况延用【业务7-3】，2018年的税后利润为1 000万元，如果该公司执行的是固定股利支付率政策，并保持资金结构不变，则2020年该公司为引进生产线需要从外部筹集多少自有资金？

解：2018年股利支付率＝500 ÷ 1 000＝50%，保持不变，则2019年的股利支付率也应该是50%，则2019年公司留存利润＝1 200 ×（1－50%）＝600（万元）。

2020年自有资金需要量＝1 000 × 80%＝800（万元）

2020年外部自有资金筹集数额＝800－600＝200（万元）

做中学

接环太公司案例：（1）在不考虑目标资本结构的前提下，如果公司执行固定股利支付率政策，计算该公司的股利支付率和2019年应分配的现金股利。

（2）假定公司2020年面临着从外部筹资的困难，只能从内部筹资，不考虑目标资本结构，计算在此情况下2019年应分配的现金股利。

答案：（1）执行固定股利支付率政策，股利支付率＝55%；2019年应分配的现金股利＝495（万元）

（2）2019年应分配的现金股利＝200（万元）

提示：2018年公司的股利支付率＝2018年分配股利2018年实现的净利润＝55%，按此股利支付率，2019年应分配的现金股利＝2019年实现的净利润 × 股利支付率。

4. 低正常股利加额外股利政策

低正常股利加额外股利政策是指公司每年按固定的较低数额向股东支付正常股利，当公司盈利有较大幅度增加时，再根据实际需要，向股东临时发放一些额外股利。这是一种介于

固定股利政策和变动股利政策之间的折中股利政策。

该政策的优点：具有较大的灵活性，可给公司较大的弹性。当公司盈利较少或需要将更多净利润留存下来以用于再投资时，既可以维持既定的股利发放水平，又能保证股东稳定的股利收入，还可避免股价下跌的风险；而当公司盈利增加或拥有充足的现金时，可以通过发放额外股利的方式，将其转移到股东手中，同时也有利于股价的提高。因此，在公司的净利润和现金流量不够稳定时，采用这种股利政策对公司和股东都是有利的。

但其不足之处在于：① 由于年份之间公司的盈利波动使得额外股利不断变化，或时有时无，容易给投资者以公司收益不稳定的感觉。② 当公司在较长时期持续发放额外股利后，可能会被股东误认为是“正常股利”，而一旦取消了这部分额外股利，传递出去的信号可能会使股东认为这是公司财务状况恶化的表现，进而可能会引起公司股价下跌的不良后果。

相对来讲，对于那些盈利随着经济周期而波动较大的公司或盈利与现金流量很不稳定时，采用低正常股利加额外股利政策较好。

7.3.3 股利支付的形式

1. 现金股利

现金股利即是以货币方式支付的股利，它是股利支付最常见的方式。公司选择发放现金股利除了要有足够的留存收益外，还要有足够的货币资金，货币资金的充足与否是公司是否发放现金股利的主要制约因素。

2. 股票股利

股票股利是以公司增发股票的方式支付的股利。与现金股利不同，发放股票股利通常不会有现金流出企业，也不会导致公司财产减少，而只是将公司的未分配利润转化为股本和资本公积。但股票股利会增加流通在外的股票数量，并降低每股的价值。

3. 财产股利

财产股利，是以现金以外的其他资产支付的股利，主要以公司所拥有的其他公司的有价证券，如债券、股票等，作为股利支付给股东。

4. 负债股利

负债股利是以负债方式支付的股利，通常以公司的应付票据支付给股东，有时也以发放公司债券的方式支付股利。

目前在我国，现金股利和股票股利是比较常见的股利支付方式，而作为替代的财产股利和负债股利，在我国实务中还非常少见。企业应综合考虑资金的情况、未来投资的安排、分配后对企业的影响等因素，选择最佳的股利支付方式。

单元小结

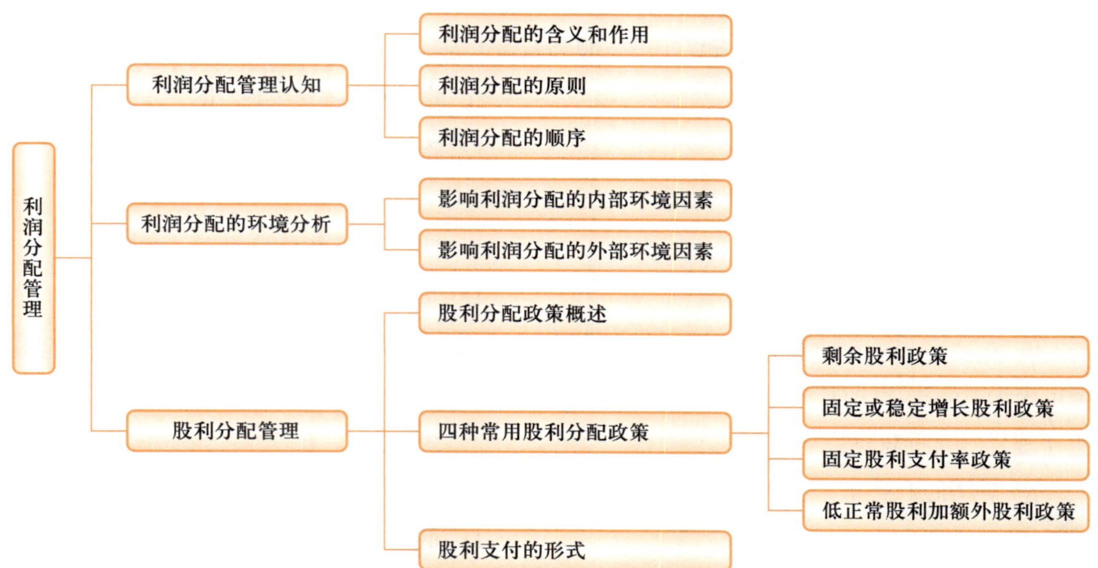

职业资格与技能同步练习

一、单项选择题

1. 由于成本费用包括的内容和形式不同，导致对利润的认识存在一定的区别，当成本费用中包括了利息和所得税时，此时的利润形式为（　　）。

A. 息税前利润　　B. 利润总额

C. 营业利润　　D. 净利润

2. 在下列各项中，不属于外部财务关系的是（　　）。

A. 企业与政府之间的财务关系　　B. 企业与职工之间的关系

C. 企业与债权人之间的关系　　D. 企业与供货商之间的关系

3. 上市公司按照剩余股利政策发放股利的好处是（　　）。

A. 股利支付稳定

B. 满足股东获得稳定收入的要求

C. 利于公司树立良好的财务形象

D. 能充分利用筹资成本最低的资金来源满足投资机会的需要

4. 在下列公司中，通常适合采用固定股利政策的是（　　）。

A. 收益显著增长的公司　　B. 收益相对稳定的公司

C. 财务风险较高的公司　　D. 投资机会较多的公司

5. 公司采用固定股利政策发放股利的好处主要表现为（　　）。

A. 降低资金成本　　B. 维持股价稳定

C. 提高支付能力　　D. 实现资本保全

6. 某公司近年来经营业务不断拓展，目前处于成长阶段，预计现有的生产经营能力能够满足未来10年稳定增长的需要，公司希望其股利与公司盈余紧密配合。基于以上条件，最为适宜该公司的股利政策是（　　）。

A. 剩余股利政策　　B. 固定股利政策

C. 固定股利支付率政策　　D. 低正常股利加额外股利政策

7. 相对于其他股利政策而言，既可以维持股利的稳定性，又有利于优化资本结构的股利政策是（　　）。

A. 剩余股利政策　　B. 固定股利政策

C. 固定股利支付率政策　　D. 低正常股利加额外股利政策

8. 下列关于股利分配政策的表述中，正确的是（　　）。

A. 公司盈余的稳定程度与股利支付水平负相关

B. 偿债能力弱的公司一般不应采用高现金股利政策

C. 基于控制权的考虑，公司会倾向于较多使用股票股利支付

D. 债权人不会影响公司的股利分配政策

9. 股利发放额随投资机会和盈利水平的变动而变动的股利政策是（　　）。

A. 剩余股利政策　　B. 固定股利政策

C. 固定股利支付率政策　　D. 低正常股利加额外股利政策

10. 下列利润分配政策中具有较大的灵活性，可给公司较大弹性的是（　　）。

A. 剩余股利政策　　B. 固定股利政策

C. 固定股利支付率政策　　D. 低正常股利加额外股利政策

二、多项选择题

1. 在下列各项中，属于企业进行收益分配应遵循的原则有（　　）。

A. 依法分配原则　　B. 利益兼顾、合理分配原则

C. 分配与积累并重原则　　　　D. 投资与收益对等原则

2. 公司在制定利润分配政策时应考虑的内部环境因素有（　　）。

A. 通货膨胀因素　　　　B. 企业盈余稳定性

C. 企业的变现能力　　　　D. 投资机会

3. 法律法规限制作为影响利润分配的环境因素主要包括（　　）。

A. 资本保全的限制　　　　B. 契约性限制

C. 超额累积利润约束　　　　D. 偿债能力约束

4. 处于初创阶段的公司，一般不宜采用的股利分配政策有（　　）。

A. 固定股利政策　　　　B. 剩余股利政策

C. 固定股利支付率政策　　　　D. 稳定增长股利政策

5. 收益分配的内容包括（　　）。

A. 依法缴纳所得税　　　　B. 弥补亏损

C. 提取公积金　　　　D. 向投资者分配利润

6. 下列各项中，会导致企业采取低正常股利加额外股利政策的事项有（　　）。

A. 财务状况稳定　　　　B. 盈利随着经济周期波动较大

C. 企业资产的流动性很强　　　　D. 企业盈余不稳定

7. 企业的利润分配应当考虑的外部环境因素包括（　　）。

A. 企业的变现能力　　　　B. 法律法规限制

C. 通货膨胀因素　　　　D. 企业面临的投资机会

8. 下列属于企业可以采用的股利支付形式有（　　）。

A. 现金股利　　　　B. 股票股利

C. 财产股利　　　　D. 负债股利

9. 下列属于股利分配政策的有（　　）。

A. 剩余股利政策　　　　B. 固定或稳定增长股利政策

C. 固定股利支付率政策　　　　D. 低正常股利加额外股利政策

10. 剩余股利政策适用于下列哪些情况（　　）。

A. 企业希望保持筹资成本最低　　　　B. 需要给予投资者稳定的财务形象

C. 企业保持理想的资金结构　　　　D. 使加权平均资金成本最低化

三、计算分析题

1. 某公司2019年税后净利润为1 000万元，2020年的投资计划需要资金1 200万元，公司的目标资本结构为权益资本占60%，债务资本占40%。

要求：该公司采用剩余股利政策，确定该公司当年的股利发放额与股利支付率。

2. 某公司长期以来用固定股利支付率政策进行股利分配，确定的股利支付率为30%，2020年税后净利润为1 500万元。

要求：

（1）如果仍然继续执行固定股利支付率政策，计算公司本年度将要支付的股利为多少。

（2）如果公司下一年度的投资预算为2 000万元，本年度准备采用剩余股利政策，目标资本结构为权益资本占60%，确定该公司当年的股利发放额。

3. 某公司2018年分配股利800万元。该公司2019年度的税后利润为1 600万元，2020年拟投资1 200万元引进一条生产线以扩大生产能力，该公司目标资本结构为：权益资金占80%。

要求：如果该公司执行的是固定股利政策，并保持资金结构不变，则2020年度该公司为引进生产线需要从外部筹集多少资金？

综合技能强化训练

格力电器利润分配案例①

【背景资料】

珠海格力电器股份有限公司（以下简称为“格力电器”）成立于1991年，1996年11月在深交所挂牌上市。公司成立初期，主要依靠组装生产家用空调，现已发展成为多元化、科技型的全球工业集团，产业覆盖空调、生活电器、高端装备、通信设备等领域，产品远销160多个国家和地区。格力电器以前一直奉行高股利分配政策，自1996年上市以来共计分红19次，分红金额累计达417.92亿元。其中，在2012—2016年期间共计分红363.95亿元。下表为格力电器2012—2016年的股利分配情况。

格力电器2012—2016年股利分配情况表

分红年度	股利分配情况	现金分红总额/亿元	股利支付率/%
2016	每10股派现18元	108.28	70.22
2015	每10股派现15元	90.24	72.00

① 资料改编自：杨恺，胡北忠. 格力电器股利政策研究［J］.《企业管理与发展》，2018（10）.

续表

分红年度	股利分配情况	现金分红总额/亿元	股利支付率/%
2014	每10股派现30元	90.24	63.75
2013	每10股派现15元	45.12	41.50
2012	每10股派现10元	30.08	40.76

在2017年4月公布的年报中，格力电器的营业收入与净利润都达到了历史最高，在万众股民期待又一次高股利分配方案时，格力电器却对外宣称股利分配方案为“不派发现金红利，不送红股，不以公积金转增股本”。此消息一出，引起各界一片哗然，人们纷纷猜想与疑问：2017年营业收入与净利润都达到了历史最高点，本应该延续高股利分配政策，为什么却不分红，2017年的净利润全部作为留存收益，这样做似乎有悖常理。资本市场对此消息的反应最为直接，当格力电器不分红的消息一经宣告，格力电器2017年4月26日的股价直接以跌停板开盘，到了当天下午3时收盘时，跌幅高达8.97%，当日资金净流出高达23.56亿元。

自格力电器2017年4月26日的分红方案公布以来，投资者不理性的情绪释放除了影响当天的股价，造成股价大幅下跌，之后投资者的情绪慢慢回归理性，股价没有出现大幅跳水，走得比较平缓，可以看出一些投资者对此次分红方案还是比较理性的。那么，是什么因素让以往一直实施高股利政策的格力电器实行剩余股利政策呢？据分析，格力电器的背后一定有着众多的考量，或在谋划着一盘大棋，下面我们对此现象进行研究分析。

【案例分析】

股利分配政策改变的原因分析

一、市场驱动因素改革开放40年以来，我国经济从计划经济体制发展成为市场经济体制，成为当今开放、包容、强劲的经济体，对世界经济的贡献率超过了30%。随着改革开放大门越来越宽敞，企业自身面对的危机也越来越大，当我们需要与国外企业一起面对市场考验时，我们是否能“沉舟侧畔千帆过，枯木前头万木春”？面对国外高科技产品如雨后春笋般涌入国内市场，我们的产品是否能“会当凌绝顶，一览众山小”？在竞争激烈的家电行业，格力电器要脱颖而出，占有更多市场份额，必须进一步创新产品，适应客户需求。这是由市场因素所决定的，中国产品由之前的投资驱动转为现在的消费驱动，企业制造的产品更加考虑消费者的感知、感觉、感受和反馈。同时，家电行业需要进行消费升级，因为消费者对家电产品不仅停留在最基本的实用性功能，还注重其他功能的改善与追求。企业对产品进行创新升级，就要进行大量的研发投入。格力电器董事长董明珠曾说过：“我们的产品在研发投入上从不设上限。”这需要大量的资金投入，资金的筹措方式主要从外部筹措和内部留存收益

中拿出，与发行股票、发行债券方式相比，从自有资金中拿出资金进行投资，不会产生新的负债。

二、公司自身发展需求

格力电器是家电行业的龙头企业，空调销售量在全国遥遥领先。空调营业收入占公司总营业收入的80%以上，空调产业可谓格力电器的半壁江山，为格力电器的营业收入和净利润做出不小贡献。尽管空调产业给格力电器带来不少荣誉，但它也限制了人们对格力电器的想象力，当提起格力电器时，人们往往只想到空调产业。2015—2017年，空调占格力电器主营收入的比例高达80%，几乎是美的集团这一比值的2倍。格力电器与美的集团同为我国家电产业的龙头企业，为什么空调产业占主营业务收入的比例差距如此之大？主要原因是产业发展结构不同，美的集团一直采取多元化发展战略，虽然格力电器近年来也进行多元化发展，但仍处于初级阶段，多元化发展的成效不够明显。由于处于多元化发展的初级阶段，需要投入大量资金进行产品研发、产业升级，为此2017年格力电器在年报中称“不进行股利分配”，将留存的资金进行产业升级和多元化发展。

三、公司自身资金情况与权益结构

为了满足多元化发展，近年来格力电器进行了不少并购，众所周知的是珠海银隆新能源有限公司（以下简称“珠海银隆”）合并案件。格力电器为了发展新能源汽车产业，2016年对珠海银隆进行并购，但是自合并后，珠海银隆的表现不尽如人意，频频爆出财务危机，拖欠员工工资、裁员等负面消息不断，巨大的资金链缺口导致格力电器“造车梦”阻力重重，投入大量资金，成果却难以令人满意。手机市场是格力电器扩张的另一个方向，为此格力电器投入了大量资金，但直到今日也未见格力手机进入市场，可见格力电器进军手机市场也效果甚微。格力电器的“造车梦”与“造手机梦”都消耗了巨大的人力、物力和财力，然而效果并不明显，甚至还带来负效果。

由于近两年格力电器多元化发展之路不理想，许多投资者对格力电器持观望态度，格力电器想要从外部筹措大量资金非常困难。如果从外部筹集大量资金，公司每年需要偿还高额债务，会改变公司的资本权益结构，不利于公司的长远发展。格力电器采用剩余股利政策，不仅能够满足公司发展资金需求，利于结构调整，还不用偿还高额利息，也不会改变资本权益结构。在这个“资金为王”的时代，资金流充裕对于企业来说至关重要。2017年股利分配政策的改变，短时间内也许会对公司股价造成波动，带来一些负面影响，但是从长期来看给公司发展提供了较为充裕的资金，有利于企业多元化发展。在变化莫测的市场环境，面对市场危机，格力电器可以采用剩余股利分配政策，运用计提风险准备金来化解危机，保证资金流充裕，从而确保企业稳步发展。

综上所述，格力电器为了自身发展需求，2017年进行剩余股利分配政策，这一决定从长

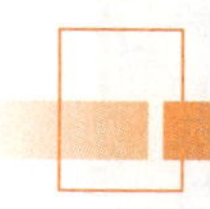

远来说有利于公司发展，但会影响希望分红的中小投资者的投资热情。因此，公司在进行利润分配方案时，应兼顾各方面利益，处理好中小投资者短期利益与公司长远发展的关系。格力电器现在处于发展转型期，企业内外均面对许多压力和不确定因素，但我们相信格力电器一定会突破瓶颈，在附有“空调”标签后有更多的标签，给人留有更多的想象空间。这不仅是“Made in China”，更是“Imagine in China”。

【要求】通过对以上案例资料的阅读，对格力电器的利润分配政策进行背景分析和内外部因素分析，并对其分配政策做出评价。

【完成方式】五至七人一组讨论完成，并制作PPT进行展示。

【实训结果评价】

评价指标	评价标准	分值	评价成绩及备注
结果评价	1. 分析合理、逻辑清晰	10	
	2. 结论正确	20	
	3. PPT 制作情况	20	
	4. PPT 汇报情况	20	
过程评价	1. 出勤	5	
	2. 态度	5	
	3. 团队协作	10	
	4. 创新	10	

第8单元

财务分析与评价

专业能力：

通过财务分析含义以及方法的学习，能够帮助企业选择合理的财务分析方法；通过四类主要财务指标的学习，能够运用这些指标对企业进行相应的财务能力分析；熟悉财务综合绩效分析与评价的方法，能够运用这些方法进行企业的财务绩效评价。

职业核心能力：

自我学习能力、分析及解决问题的能力、决策能力、团队协作能力。

财务分析、偿债能力指标、运营能力指标、获利能力指标、发展能力指标。

康美药业财务造假案①

康美药业股份有限公司（简称“康美药业”）是A股最有名的医药企业之一，截至目前市值高达1 073亿元，仅次于恒瑞医药，超过了复星医药、白云山等。公司上市时，康美药业以西药销售起家，然后中药饮片、中药材贸易、保健品等不断发展。公司主要生产和经营的产品包括了中药材、中药饮片、西药、保健药品及食品、中成药、医疗器械等，并以“智慧药房+智慧药柜”为抓手，以“药葫芦”为服务平台，做好做大做强中医药全产业链，打通由“药”到“医”全过程。

然而2018年12月月末，A股市场上的“白马股”康美药业被证监会立案调查。2019年4月30日，康美药业被出具保留意见的审计报告，并先后公布了前期会计差错更正说明、关联方资金占用以及非标准审计意见专项说明等报告。至2019年5月17日，证监会对康美药业做出了结论：“2016至2018年财务报告存在重大虚假：使用虚假银行单据虚增存款、通过伪造业务凭证进行收入造假、部分资金转入关联方账户买卖本公司股票。”即，康美药业存在两宗罪，“虚增收入”“操纵股价”。

2016年—2018年，经营性现金流量净额一直未突破17亿元，尤其是2017年第4季度、2018年第1季度、2018年第4季度，居然呈现负数，分别为−48.4亿元、−16.19亿元、−31.92亿元。除了2017年第1季度外，各报告期经营性现金流量净额均小于净利润。净现值比小于1，说明公司实现1元的净利润，流入的现金根本没有1元，2018年第1季度甚至需要倒贴6元以上。而净现值比小于1，无外乎几种情况：经营性现金流入较少，比如应收账款增加；经营性现金流出过多，比如应付账款减少、存货增加。反观康美药业，其应收账款、存货的增加是十分明显，应付账款也有增加但并不明显。康美药业净现值比小于1，且经营性现金流为巨额负数，说明其收入、净利润的可靠性较差，不排除人为“虚增”的嫌疑。

根据康美药业披露的财务数据，应收账款占流动资产的比重在10%上下波动，2018年第4季度为11.6%，同期应收账款占总资产的比例达到8.5%，应收账款在流动资产和总资产中均占有较高比重。应收账款占营业收入的比重也达到32.6%，特别是2018年第1季度，赊销比达到102.5%，说明营业收入基本无法回款，公司当期102.5%以上的收入

① 资料改编自：从康美药业财务造假看“业财融合”反舞弊的必要性. 财融圈，http://www.cairongquan.com/Article/view/100059.html

都是赊销创造的。从应收账款的明细来看，2018年年末按信用风险特征组合计提坏账准备的应收账款是最主要的应收账款，而坏账准备计提为8%左右。从应收账款的账龄明细来看，2018年年末信用期1年以内的应收账款占比87%，而一般认为账龄越长，回收风险越大，因而信用期1年以内的应收账款越多，则认为应收账款回收情况不会太差，质量较好。从应收账款周转率来看，总体上康美药业的应收账款周转率在下降，而同行业上市公司呈现上升趋势。2016年第1季度，康美药业周转13.8次，而同类型企业周转8.11次、7.9次；但到了2018年第4季度，康美药业周转3.42次，同类型企业则周转16.44次。一般来说，应收账款周转率越高，说明平均收账期越短，应收账款回收越快，所以康美药业的应收账款周转率在下降，同类型的企业水平应收账款周转率在上升，说明康美药业的营运资金能力有衰退趋势。

从2016年—2018年的财报上看，存货占流动资产的比重逐年上升，尤其是2017年第4季度，该比例达到67.3%，存货占总资产的比重也达到54%。这意味着，康美医药的资产里有一半都是存货。然而，平均而言，整个医药行业的存货占总资产比只有12%左右。迥异于行业平均水平的存货占比，不能不引起关注。

【引例分析】

企业在经营过程中，总是编制财务报表向报表的使用者提供有关的财务信息，从而为他们的决策提供依据。但是对于报表使用者来说，这些原始的、初步的信息，还不能直接为决策服务，财务人员需要运用专业的手段实现对报告的分析和解读，以辅助使用者的决策。在本单元中，我们将学习进行财务报表数据资料加工整理和解读的方法，从报告中取得必要而有用的信息，从而为决策提供正确的依据。

8.1 财务分析概述

8.1.1 财务分析的含义

财务分析是根据企业财务报表等信息资料，采用专门方法，系统分析和评价企业财务状况、经营成果以及未来发展趋势的过程。财务分析是财务管理的重要方法之一，它对企业的财务状况和经营成果进行评价和剖析，揭示其财务活动中存在的问题，反映企业在运营过程

中的利弊得失和发展趋势，寻求提高企业经营管理水平和经济效益的途径，是对企业一定期间的财务活动的总结，为企业下一步的财务预测和财务决策提供依据。

8.1.2 财务分析的方法

财务报表分析技术性强，需要讲究方式方法，常用方法有以下几种：

1. 比较分析法

比较分析法是指对两个或几个相关可比的数据进行对比而进行分析的一种方法。比较分析法一般分为纵向比较和横向比较。纵向比较是将企业比较期的财务状况同以前不同时期的财务状况进行对比，解释企业财务状况变动趋势；而横向比较则是将本企业的财务状况与同行业平均水平或其他企业进行对比，以了解本企业在同行业中所处的水平，以及财务状况中所存在的问题。

2. 比率分析法

比率分析法是通过计算各种比率指标来确定财务活动变动程度的方法。比率指标的类型主要有构成比率、效率比率和相关比率三类。构成比率又称结构比率，是某项财务指标的各组成部分数值占总体数值的百分比，反映部分与总体的关系。利用构成比率，可以考察总体中某个部分的形成和安排是否合理，以便协调各项财务活动。效率比率，是某项财务活动中所费与所得的比率，反映投入与产出的关系。利用效率比率指标，可以进行得失比较，考察经营成果，评价经济效益。相关比率，是以某个项目和与其有关但又不同的项目加以对比所得的比率，反映有关经济活动的相互关系。利用相关比率指标，可以考察企业相互关联的业务安排得是否合理，以保障经营活动顺畅进行。

3. 因素分析法

因素分析法是依据分析指标与其影响因素的关系，从数量上确定各因素对分析指标影响方向和影响程度的一种方法，一般包括连环替代法、差额分析法、指标分解法、定基替代法。

采用因素分析法时，必须注意以下问题：① 因素分解的关联性。构成经济指标的因素，必须是客观上存在着的因果关系，要能够反映形成该项指标差异的内在构成原因，否则就失去了应用价值。② 因素替代的顺序性。确定替代因素时，必须根据各因素的依存关系，遵循一定的顺序并依次替代，不可随意加以颠倒，否则就会得出不同的计算结果。③ 顺序替代的顺序性。因素分析法在计算每一因素变动的影响时，都是在前一次计算的基础上进行，并采用连环比较的方法确定因素变化影响结果。④ 计算结果的假定性。由于因素分析法计算的各因素变动的影响数，会因替代顺序不同而有差别，因而计算结果不免带有假定性，即它不可能使每个因素计算的结果都达到绝对的准确。为此，分析时应力求使这种假定合乎逻辑，具

有实际经济意义。这样，计算结果的假定性，才不至于妨碍分析的有效性。

8.1.3 财务分析的局限性

财务分析对于了解企业的财务状况和经营成绩，评价企业的偿债能力和经营能力，帮助制定经济决策，有着显著的作用。但由于种种因素的影响，财务分析也存在着一定的局限性。首先是财务分析资料来源即报表数据具有一定的局限性，具体表现在报表数据的时效性、真实性、可靠性、可比性、完整性上。其次是财务分析方法上更注重单个数据的比较，而忽略经营环境的变化以及数据的综合程度。再次是财务分析指标体系不够严密，反映情况具有相对性，评价标准不同，计算口径也不一致，不便于比较。在分析中，应注意这些局限性的影响，以保证分析结果的正确性。

8.2 主要财务指标及分析

为了对企业财务状况与经营成果进行总结和评价，为企业的财务预测和财务决策提供依据，需要使用一系列的指标，主要包括偿债能力指标、运营能力指标、获利能力指标和发展能力指标四大部分。

8.2.1 偿债能力指标

偿债能力指标即反映企业偿还到期债务（包括本息）能力的指标，主要包括短期偿债能力指标和长期偿债能力指标。

1. 短期偿债能力指标

短期偿债能力是指企业流动资产对流动负债及时足额偿还的保证程度，是衡量企业当期财务能力，特别是流动资产变现能力的重要标志。企业短期偿债能力的衡量指标主要有两项，流动比率和速动比率。

（1）流动比率。**流动比率是流动资产与流动负债的比率，它表明企业每1元流动负债有多少流动资产作为偿还保证，反映企业用可在短期内转变为现金的流动资产偿还到期流动负债**

的能力。其计算公式为：

$$流动比率 = 流动资产 / 流动负债 \times 100\% \quad (8.1)$$

一般情况下，流动比率越高，反映企业短期偿债能力越强，因为该比率越高，不仅反映企业拥有较多的营运资金可以抵偿短期债务，而且表明企业可以变现的资产数额较大，债权人的风险较小。但是，该比率过高则表明企业流动资产占用较多，会影响资金的使用效率和企业的筹资成本，进而影响获利能力。国际上通常认为，流动比率的下限为100%，而流动比率为200%较为适当。但是，由于行业性质不同，流动比率的实际标准也不同，应将其与同行业平均流动比率，本企业历史的流动比率进行比较，才能得出合理的结论。流动比率过高或者过低的原因，必须分析流动资产和流动负债所包括的内容以及经营上的因素。一般情况下，营业周期、流动资产中的应收账款数额和存货的周转速度是影响流动比率的主要因素。

【业务8-1】某公司2020年资产负债表情况，如表8-1所示。

表8-1　资产负债表

2020年12月31日　　　　单位：万元

资产总计	2019年	2020年	负债和所有者权益	2019年	2020年
流动资产：			流动负债：		
货币资金	450.00	480.00	短期借款	150.00	200.00
交易性金融资产			交易性金融负债		
衍生金融资产			衍生金融负债		
应收票据			应付票据		
应收账款	800.00	850.00	应付账款		
预付款项			预收款项	530.00	635.00
其他应收款	120.00	310.00	合同负债		
其他应收款			应付职工薪酬		
存货	1 300.00	1 280.00	应交税费		
合同资产			其他应付款		
持有待售资产			持有待售负债		
一年内到期的非流动资产			一年内到期的非流动负债		
其他流动资产			其他流动负债	185.00	220.00
流动资产合计	2 670.00	2 920.00	流动负债合计	865.00	1 055.00
非流动资产：			非流动负债：		
债券投资			长期借款	980.00	840.00
其他债券投资			应付债券		
长期应收款			其中：优先股		

续表

资产总计	2019年	2020年	负债和所有者权益	2019年	2020年
长期股权投资	250.00	280.00	永续债		
其他权益工具投资			长期应付款		
其他非流动金融资产			预计负债		
投资性房地产			递延收益		
固定资产	260.00	360.00	递延所得税负债		
在建工程			其他非流动负债		
生产性生物资产			非流动负债合计	980.00	840.00
油气资产			负债合计	1 845.00	1 895.00
无形资产	500.00	640.00	所有者权益（或股东权益）：		
开发支出			实收资本（或股本）	880.00	880.00
商誉			其他权益工具		
长期待摊费用			其中：优先股		
递延所得税资产			永续债		
其他非流动资产			资本公积	210.00	310.00
			减：库存股		
			其他综合收益		
			专项储备		
			盈余公积	200.00	300.00
			未分配利润	545.00	815.00
非流动资产合计	1 010.00	1 280.00	所有者权益（或股东权益）合计	1 835.00	2 305.00
资产总计	3 680.00	4 200.00	负债和所有者权益（或股东权益）总计	3 680.00	4 200.00

根据上表数据，计算其2019年流动比率如下：

$$流动比率=\frac{2\ 670}{865}\times 100\%=308.67\%$$

（2）速动比率。**速动比率，是企业速动资产与流动负债的比率。**速动资产，是指流动资产减去变现能力较差且不稳定的存货、预付账款、一年内到期的非流动资产和其他流动资产等之后的余额。由于剔除了变现能力较弱且不稳定的资产，速动比率较之流动比率能够更加准确、可靠地评价企业资产的流动性及其偿还短期负债的能力。其计算公式为：

速动比率 = 速动资产 / 流动负债 × 100%
　　= (货币资金 + 交易性金融资产 + 应收款项 + 应收票据) / 流动负债 × 100%
　　= (流动资产 − 存货 − 预付账款 − 一年内到期的非流动资产 − 其他流动资产) / 流动负债 × 100% （8.2）

国际上通常认为，速动比率维持在100%较为正常，它表明企业的每1元流动负债就有1元易于变现的流动资产来抵偿，短期偿债能力有可靠的保证。如果速动比率小于100%，企业的短期偿债风险较大；速动比率大于100%，企业在速动资产上占用资金过多，会增加企业投资的机会成本。同流动比率一样，速动比率也与行业差异有着密切的关系。例如，大量采用现金交易的零售业，应收账款较少，这类企业的速动比率往往低于100%，但仍具有足够的流动性。影响速动比率可信性的重要因素是应收账款的变现能力。如果企业的大量应收账款不能回收，则速动比率也不能真实反映企业的偿债能力。

【业务8-2】根据表8-1，计算出该企业2019年的速动比率如下：

速动资产 = 450 + 800 + 120 = 2 670 − 1 300 = 1 370（万元）

$$速动比率 = \frac{1\,370}{865} \times 100\% = 158\%$$

因此，该公司存在速动资产占用过多的情况，可能导致企业增加投资的机会成本。

2. 长期偿债能力指标

长期偿债能力指标是用来反映企业偿还长期负债能力的指标，是反映企业财务状况稳定与否及安全程度高低的重要标志。主要包括资产负债率和产权比率两项。

（1）资产负债率。**资产负债率又称负债比率，是企业的负债总额与资产总额的比率。**它表示企业资产总额中，债权人提供资金所占的比重，以及企业资产对债权人权益的保障程度。其计算公式为：

资产负债率（负债比率）= 负债总额 / 资产总额 × 100% （8.3）

一般情况下，资产负债率越小，表明企业长期偿债能力越强。但是，并非对所有信息使用者都是越小越好。对债权人来说，该指标越小越好；对企业所有者来说，该指标过小表明对财务杠杆利用不够。但资产负债率过大，则表明企业的资金实力不强，不仅对债权人不利，而且企业有濒临倒闭的危险。保守的观点认为资产负债率不应高于50%，而国际上通常认为资产负债率等于60%时较为适当。

资产负债率多少才合理，没有一个确定的标准，不同的行业、不同类型、处于不同发展阶段的企业都有较大的差异。一般而言，处于高速成长时期的企业，其负债比率可能会高一些，主要的所有者会得到更多的杠杆利益。但是，作为财务管理者，在确定企业的负债比率时，一定要审时度势，充分考虑企业内部各种因素和企业外部的市场环境，在收益与风险之间权衡利弊得失，然后做出正确的财务决策。

【业务8-3】以表8-1数据资料为基础，计算该企业2019年的资产负债率如下：

$$资产负债率=\frac{1\ 845}{3\ 680}\times 100\%=50.14\%$$

因此，该企业资产负债率较为合理，企业资金实力较强。

（2）产权比率。**产权比率是指企业负债总额与所有者权益总额的比率，是企业财务结构稳健与否的重要标志，也称资本负债率。**它反映企业所有者权益对债权人权益的保障程度。其计算公式为：

$$产权比率=负债总额/所有者权益总额\times 100\% \tag{8.4}$$

从上述公式可知，**一般情况下，产权比率越低，说明企业长期偿债能力越强，债权人权益的保障程度越高，承担的风险越小，但企业不能充分地发挥负债的财务杠杆效应。**所以，企业在评价产权比率适度与否时，应从获利能力与增强偿债能力两个方面综合进行，即在保障债务偿还安全的前提下，应尽可能提高产权比率。

【业务8-4】以表8-1数据资料为基础，计算该企业2019年的产权比率如下：

$$产权比率=\frac{1\ 845}{1\ 835}\times 100\%=100.5\%$$

除了上述指标外，还可以通过比较最近几年的有关财务比率判断企业偿债能力的变化趋势，也可以比较某一企业与同行业其他企业的财务比率，以此来判断该企业的偿债能力强弱。此外，或有负债、担保责任、租赁活动、可动用的银行贷款指标等也会影响企业的偿债能力。

做中学

以表8-1的资料为基础，计算2020年偿债能力的相关指标，并结合已知的2019年相关指标，进行比较分析。

答案：流动比率=276.78%；速动比率=155.45%；资产负债率=45.12%；产权比率=82.21%

提示：将上述计算结果结合【业务8-1】~【业务8-4】的计算结果进行分析。

8.2.2 运营能力指标

企业运营能力，主要指企业营运资产的效率与效益。企业营运资产的效率主要指资产的周转率或周转速度。企业营运资产的效益通常是指企业的产出额与资产占用额之间的比率，是企业基于外部市场环境的约束，通过内部人力资源和生产资料的配置组合而对财务目标实现所产

生作用的大小。资产运营能力的强弱取决于资产的周转速度、资产运行状况、资产管理水平等多种因素。

资产的周转速度，通常用周转率和周转期来表示。周转率是企业在一定时期内资产的周转额与资产平均余额的比率，反映企业资产在一定时期的周转次数。周转次数越多，表明周转速度越快，资产运营能力越强；周转期是周转次数的倒数与计算期天数的乘积，反映资产周转一次所需要的天数。周转期越短，表明周转速度越快，资产运营能力越强。其计算公式为：

周转率（周转次数）= 周转额 / 资产平均余额　（8.5）

周转期（周转天数）= 计算期天数 / 周转次数

= 资产平均余额 ×（计算期天数 / 周转额）　（8.6）

生产资料运营能力可以从流动资产周转情况、固定资产周转情况、总资产周转情况等方面进行分析。

1. 流动资产周转情况

反映流动资产周转情况的指标主要有应收账款周转率、存货周转率和流动资产周转率。

（1）应收账款周转率。**应收账款周转率是企业一定时期营业收入（或销售收入，本节下同）与应收账款平均余额的比率，反映企业应收账款变现速度的快慢和管理效率的高低。**其计算公式为：

应收账款周转率（周转次数）= 营业收入 / 平均应收账款余额

= 营业收入 /［（应收账款余额年初数 + 应收账款余额年末数）/ 2］　（8.7）

应收账款周转期（周转次数）= 360 / 应收账款周转率

=（应收账款平均余额 × 360）/ 营业收入　（8.8）

应收账款周转率反映了企业应收账款变现速度的快慢及管理效率的高低，**周转率越高，表明：① 收账迅速，账龄较短；② 资产流动性强，短期偿债能力强；③ 可以减少收账费用和坏账损失，从而相对增加企业流动资产的投资收益。**同时，借助应收账款周转期与企业信用期限的比较，还可以评价购买单位的信用程度，以及企业原定的信用条件是否适当。但是，在评价一个企业应收账款周转率是否合理时，应与同行业的平均水平相比较而定。

利用上述公式计算应收账款周转率时，需要注意以下几个问题：① 公式中的应收账款包括会计核算中“应收账款”和“应收票据”等全部赊销账款在内；② 如果应收账款余额的波动性较大，应尽可能使用更详尽的计算资料，如按每月的应收账款余额来计算其平均占用额；③ 分子、分母的数据应注意时间的对应性。

【业务 8-5】该企业的利润表如表 8-2 所示，结合表 8-1，2019 年应收账款周转率和应收账款周转期计算如下：

表8-2　利　润　表

单位：万元

项目	2019年	2020年
一、营业收入	3 200.00	3 600.00
减：营业成本	1 800.00	1 900.00
税金及附加	580.00	600.00
销售费用	200.00	250.00
管理费用	200.00	250.00
财务费用	100.00	110.00
资产减值损失		
加：其他收益		
投资收益		
其中：对联营企业和合营企业的投资收益		
公允价值变动收益		
资产处置损益		
二、营业利润	320.00	490.00
加：营业外收入	200.00	120.00
减：营业外支出	100.00	70.00
三、利润总额	420.00	540.00
减：所得税费用	120.00	150.00
四、净利润	300.00	390.00
（一）持续经营净利润		
（二）终止经营净利润		
五、其他综合收益的税后净额		
（一）不能重分类进损益的其他综合收益		
（二）将重分类进损益的其他综合收益		
六、综合收益总额		
七、每股收益		
基本每股收益		
稀释每股收益		

应收账款周转率（周转次数）$=\frac{3\ 200}{800}=4$（以2019年年末应收账款代替平均应收账款）

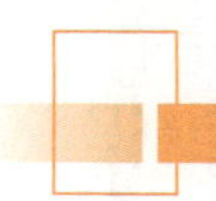

应收账款周转期（周转次数）$=800\times\dfrac{360}{3\,200}=90$（天）

（2）存货周转率。**存货周转率也称存货周转次数，是企业一定时期内的营业成本与存货平均余额的比率，它是反映企业的存货周转速度和销货能力的一项指标，也是衡量企业生产经营中存货营运效率的一项综合性指标。**其计算公式为：

存货周转率（次数）= 营业成本 / 存货平均余额

= 营业成本 / [（存货余额年初数 + 存货余额年末数）/ 2]　　（8.9）

存货周转天数 = 360 / 存货周转率

=（存货平均余额 × 360）/ 营业成本　　（8.10）

存货周转速度的快慢，不仅反映出企业采购、生产、销售各环节管理工作状况的好坏，而且对企业的偿债能力及获利能力产生决定性的影响。**一般来说，存货周转率越高越好。存货周转率越高，表明其变现的速度越快，周转额越大，资金占用水平越低，存货占用水平也越低，存货积压的风险就越小，企业的变现能力以及资金使用效率就越好。**但是存货周转率过高可能存在存货水平过低，采购次数过于频繁，批量太小等问题；相反，存货周转率过低，则说明库存管理不力，销售不好，造成存货积压，企业在产品销售方面存在一定的问题。同时，采用不同的存货计价方法，对存货的周转率具有较大影响，因此，在计算、分析时应保持口径一致。当存货计价方法发生变动时，应对此加以说明，并计算这一变动对周转率的影响程度。

【业务 8-6】以表 8-1、表 8-2 数据资料为基础，计算出 2019 年的存货周转率。

存货周转率 $=\dfrac{1\,800}{1\,300}=1.385$

存货周转天数 $=\dfrac{360}{1.385}=259.93$（天）

（3）流动资产周转率。**流动资产周转率是企业一定时期营业收入与平均流动资产总额的比率，是反映企业流动资产周转速度的指标。**其计算公式为：

流动资产周转率（次数）= 营业收入 / 平均流动资产

= 营业收入 / [（流动资产总额年初数 + 流动资产总额年末数）/2]　　（8.11）

流动资产周转期（天数）= 360/ 流动资产周转率

=（平均流动资产总额 × 360）/ 营业收入　　（8.12）

流动资产周转率是分析流动资产周转情况的一个综合指标。在一定时期内流动资产周转次数越多，表明以相同的流动资产完成的周转额越多，流动资产利用效果越好。**从流动资产周转天数来看，周转一次所需要的天数越少，表明流动资产在经历生产和销售各阶段时所占用的时间越短。**但是究竟流动资产周转率为多少才算好，并没有一个确定的标准，在分析时可结合企业历年数据和行业特点。

【业务8-7】以表8-1、表8-2数据资料为基础，计算出2019年的流动资产周转率。

$$\text{流动资产周转率}=\frac{3\ 200}{2\ 670}=1.198\ 5$$

$$\text{流动资产周转期}=2\ 670\times\frac{360}{3\ 200}=300.375\text{（天）}$$

2. 固定资产周转情况

固定资产周转率也称固定资产利用率，是反映固定资产周转情况的主要指标，它是企业一定时期营业收入与平均固定资产净值的比值。其计算公式为：

$$\begin{aligned}\text{固定资产周转率（次数）}&=\text{营业收入}/\text{平均固定资产净值}\\&=\text{营业收入}/[(\text{固定资产净值年初数}+\text{固定资产净值年末数})/2]\end{aligned}\tag{8.13}$$

$$\begin{aligned}\text{固定资产周转期（天数）}&=360/\text{固定资产周转率}\\&=(\text{平均固定资产净值}\times 360)/\text{营业收入}\end{aligned}\tag{8.14}$$

固定资产周转率高，不仅表明企业充分利用了固定资产，同时也表明企业固定资产投资得当，固定资产结构合理，能够充分发挥其效率。反之，固定资产周转率低，表明固定资产使用效率不高，提供的生产成果不多，企业的营运能力欠佳。

在实际分析该指标时，应剔除某些因素的影响。一方面，固定资产的净值随着折旧计提而逐渐减少，因固定资产更新，净值会突然增加。另一方面，由于折旧方法不同，固定资产净值缺乏可比性。

【业务8-8】以表8-1、表8-2数据资料为基础，计算出2019年的固定资产周转情况指标如下：

$$\text{固定资产周转率}=\frac{3\ 200}{260}=12.31$$

$$\text{固定资产周转期}=\frac{260\times 360}{3\ 200}=29.25\text{（天）}$$

3. 总资产周转情况

总资产周转率也称总资产利用率，是企业营业收入与平均资产总额的比率。它可以用来

反映企业全部资产的利用效率。其计算公式为：

总资产周转率（次数）= 营业收入 / 平均资产总额

= 营业收入 /［（资产总额年初数 + 资产总额年末数）/2］（8.15）

总资产周转期（天数）= 360/ 总资产周转率

=（平均资产总额 × 360）/ 营业收入（8.16）

该周转率高，说明全部资产的经营效率高，取得的收入多；该周转率低，说明全部资产的经营效率低，取得的收入少，最终会影响企业的盈利能力。企业应采取各项措施来提高企业的资产利用程度，如提高销售收入或处理多余的资产。该指标在计算时，要注意资产平均占用额应按分析期的不同分别加以确定，并应当与分子的主营业务收入净额在时间上保持一致。

【业务8–9】以表8–1、表8–2数据资料为基础，计算出2019年的总资产周转情况如下：

$$总资产周转率 = \frac{3\ 200}{3\ 680} = 0.869\ 6$$

$$总资产周转期 = \frac{3\ 680 \times 360}{3\ 200} = 414（天）$$

做中学

以表8–1、表8–2数据资料为基础，计算2020年运营能力相关指标，并结合已知的2019年相关指标进行比较分析。

答案：

应收账款周转率 = 4.363 6　　应收账款周转期（天数）= 82.5（天）

存货周转率 = 1.472 9　　存货周转天数 = 244（天）

流动资产周转率 = 1.288　　流动资产周转期 = 279.5（天）

固定资产周转率 = 11.612 9　　固定资产周转期 = 31（天）

总资产周转率 = 0.913 7　　总资产周转期 = 394（天）

提示：应收账款平均余额此时应为2019年与2020年的平均数。应分别分析流动资产周转情况、固定资产周转情况、总资产周转情况。

8.2.3 获利能力指标

对增值的不断追求是企业资金运动的动力源泉与直接目的。获利能力就是企业资金增值的能力，通常表现为企业收益数额的大小与水平的高低。由于企业会计的六大要素有机统一于企业资金运动过程，并通过筹资、投资活动取得收入，补偿成本费用，从而实现利润目标。

因此，可以按照会计基本要素设置营业利润率、成本费用利润率、总资产净利率和净资产收益率四项指标，借以评价企业各要素的获利能力及资本保值增值情况。

1. 营业利润率

营业利润率是企业一定时期营业利润与营业收入的比率。其计算公式为：

$$营业利润率 = 营业利润 / 营业收入 \times 100\% \quad (8.17)$$

营业利润率越高，表明企业市场竞争力越强，发展潜力越大，盈利能力越强。

需要说明的是，从利润表来看，企业的利润包括营业利润、利润总额和净利润三种形式。而营业收入包括主营业务收入和其他业务收入，收入的来源有商品销售收入、提供劳务收入和资产使用权让渡收入等。因此，在实务中也经常使用营业净利率（也叫销售净利率）、营业毛利率等指标（计算公式如下）来分析企业经营业务的获利水平。此外，通过考察营业利润占整个利润总额比重的升降，可以发现企业经营理财状况的稳定性、面临的危险或者可能出现的转机。

$$营业净利率 = 净利润 / 营业收入 \times 100\% \quad (8.18)$$

$$营业毛利率 = (营业收入 - 营业成本) / 营业收入 \times 100\% \quad (8.19)$$

【业务8-10】以表8-2数据资料为基础，计算该企业2019年营业利润率如下：

$$营业利润率 = \frac{320}{3\ 200} \times 100\% = 10\%$$

$$营业净利率 = \frac{300}{3\ 200} \times 100\% = 9.375\%$$

$$营业毛利率 = \frac{3\ 200 - 1\ 800}{3\ 200} \times 100\% = 43.75\%$$

2. 成本费用利润率

成本费用利润率，是企业一定时期利润总额与成本费用总额的比率。其计算公式为：

$$\begin{aligned}成本费用利润率 &= 利润总额 / 成本费用总额 \times 100\% \\ &= 利润总额 / (营业成本 + 税金及附加 + 销售费用 + \\ &\quad 管理费用 + 财务费用) \times 100\% \end{aligned} \quad (8.20)$$

该指标越高，表明企业为取得利润而付出的代价越小，成本费用控制得越好，获利能力越强。

同利润一样，成本费用的口径也可以分为不同的层次，如主营业务成本、营业成本等。在评价成本费用开支效果时，应当注意成本费用与利润之间在计算层次和口径上的对应关系。

【业务8-11】以表8-2数据资料为基础，计算该企业2019年成本费用利润率如下：

成本费用总额 = 1 800 + 580 + 200 + 200 + 100 = 2 880（万元）

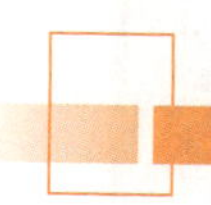

$$成本费用利润率=\frac{420}{2\ 880}\times 100\%=14.58\%$$

3. 总资产净利率

总资产净利率也叫总资产收益率，是指净利润与平均资产总额的比率。该指标反映的是公司运用全部资产获得利润的水平，即公司每占用1元的资产平均能获得多少元的利润，其计算公式为：

总资产净利率 = 净利润 / 平均资产总额 × 100%

= 净利润 / [（资产总额年初数 + 资产总额年末数）/2]　（8.21）

该指标越高，表明公司投入产出水平越高，资产运营越有效，成本费用的控制水平越高，企业的经营管理注重了增加收入和节约资金两个方面。利用该指标可以与企业历史资料、与计划、与同行业平均水平或先进水平进行对比，分析形成差异的原因。可以分析经营中存在的问题，提高销售利润率，加速资金周转。

【业务8-12】以表8-2数据资料为基础，计算该企业2019年总资产净利率如下：

$$总资产净利率=\frac{300}{3\ 680}\times 100\%=8.15\%$$

4. 净资产收益率

净资产收益率是企业一定时期净利润与平均净资产的比率，也叫权益净利率。它是反映企业自有资金投资收益水平的指标。其计算公式为：

净资产收益率 = 净利润 / 平均净资产 × 100%

= 净利润 / [（所有者权益年初数 + 所有者权益年末数）/2]　（8.22）

一般认为，净资产收益率越高，企业自有资本获取收益的能力越强，运营效益越好，对企业投资人、债权人利益的保证程度越高。

【业务8-13】以表8-2数据资料为基础，计算该企业2019年净资产收益率如下：

$$净资产收益率=\frac{300}{1\ 835}\times 100\%=16.35\%$$

做中学

以表8-1、表8-2数据资料为基础，计算2020年获利能力相关指标，并结合已知的2019年相关指标，进行比较分析。

答案：营业利润率 = 13.61%；营业净利率 = 10.83%；营业毛利率 = 47.22%；

成本费用利润率 = 17.36%；总资产净利率 = 9.9%；净资产收益率 = 18.84%

提示：将上述计算结果结合基期计算结果进行分析。

8.2.4 发展能力指标

发展能力是企业在生存的基础上，扩大规模、壮大实力的潜在能力。分析发展能力主要考察营业收入增长率、资本保值增值率、总资产增长率和营业利润增长率四项指标。

1. 营业收入增长率

营业收入增长率是企业本年营业收入增长额与上年营业收入总额的比率。它反映企业营业收入的增减变动情况，是评价企业成长状况和发展能力的重要指标。其计算公式为：

$$\begin{aligned}\text{营业收入增长率} &= \text{本年营业收入增长额} / \text{上年营业收入总额} \times 100\% \\ &= (\text{本年营业收入总额} - \text{上年营业收入总额}) / \\ &\quad \text{上年营业收入总额} \times 100\% \end{aligned} \tag{8.23}$$

营业收入增长率是衡量企业经营状况和市场占有能力、预测企业经营业务拓展趋势的重要标志。该指标若大于0，表明企业本年营业收入有所增长，指标值越高，表明增长速度越快，企业市场前景越好。若该指标小于0，则说明产品或服务不适销对路、质次价高，或是在售后服务等方面存在问题，市场份额萎缩。该指标在实际操作时，应结合企业历年的营业收入水平、企业市场占有情况、行业未来发展及其他影响企业发展的潜在因素进行前瞻性预测，或者结合企业前三年的营业收入增长率作出趋势性分析判断。

【业务8-14】以表8-2数据资料为基础，假设2018年营业收入为2 900万元，计算该企业2019年营业收入增长率如下：

本年营业收入增长额＝3 200－2 900＝300（万元）

$$\text{营业收入增长率} = \frac{300}{2\ 900} \times 100\% = 10.34\%$$

2. 资本保值增值率

资本保值增值率是企业扣除客观因素后的本年年末所有者权益总额与年初所有者权益总额的比率，反映企业当年资本在企业自身努力下实际增减变动的情况。其计算公式为：

$$\begin{aligned}\text{资本保值增值率} &= \text{扣除客观因素后的本年年末所有者权益总额} / \\ &\quad \text{年初所有者权益总额} \times 100\% \end{aligned} \tag{8.24}$$

一般认为，资本保值增值率越高，表明企业的资本保全状况越好，所有者权益增长越快，债权人的债务越有保障。该指标通常应当大于100%。

【业务8-15】以表8-2数据资料为基础，假设2018年该企业年末所有者权益总额为1 685万元，计算该企业2019年资本保值增值率如下：

$$\text{资本保值增长率} = \frac{1\ 835}{1\ 685} \times 100\% = 108.9\%$$

3. 总资产增长率

总资产增长率是企业本年总资产增长额同年初资产总额的比率，它反映企业本期资产规模的增长情况。其计算公式为：

$$\begin{aligned}总资产增长率 &= 本年总资产增长额 / 年初资产总额 \times 100\% \\ &= (资产总额年末数 - 资产总额年初数)/ \\ &\quad 年初资产总额 \times 100\% \end{aligned} \tag{8.25}$$

总资产增长率是从企业资产总量扩张方面衡量企业的发展能力，表明企业规模增长水平对企业发展后劲的影响。**该指标越高，表明企业一定时期内资产经营规模扩张的速度越快。**但在实际分析时，应注意考虑资产规模扩张的质和量的关系，以及企业的后续发展能力，避免资产盲目扩张。

【业务8-16】以表8-2数据资料为基础，假设2018年该企业资产总额为3 500万元，该企业2019年总资产增长率计算如下：

本年总资产增长额 = 3 680 − 3 500 = 180（万元）

$$总资产增长率 = \frac{180}{3\ 500} \times 100\% = 5.14\%$$

4. 营业利润增长率

营业利润增长率是企业本年营业利润增长额与上年营业利润总额的比率，反映企业营业利润的增减变动情况。其计算公式为：

$$\begin{aligned}营业利润增长率 &= 本年营业利润增长额 / 上年营业利润总额 \times 100\% \\ &= (本年营业利润总额 - 上年营业利润总额)/ \\ &\quad 上年营业利润总额 \times 100\% \end{aligned} \tag{8.26}$$

【业务8-17】以表8-2数据资料为基础，假设2018年该企业营业利润为220万元，该企业2019年营业利润增长率计算如下：

本年营业利润增长额 = 320 − 220 = 100（万元）

$$营业利润增长率 = \frac{100}{220} \times 100\% = 45.45\%$$

做中学

以表8-2数据资料为基础，计算2020年发展能力相关指标，并结合已知的2019年相关指标，进行比较分析。

答案：营业收入增长率 = 12.5%；资本保值增长率 = 125.61%

总资产增长率 = 14.13%；营业利润增长率 = 53.13%

提示：结合2019年计算的相关指标进行分析评价。

8.3 企业综合绩效分析与评价

8.3.1 综合绩效分析的特点与目的

1. 综合绩效分析的含义和特点

综合绩效分析是将有关财务指标和影响企业财务状况的各种因素有序地排列到一起，综合地分析企业财务状况和经营成果的一种方法，具有系统性、综合性、全面性的特点。

2. 综合绩效分析的目的

财务分析的最终目的在于全面、准确、客观地揭示与披露企业财务状况和经营情况，并借以对企业经济效益优劣作出合理的评价。显然，要达到这一分析目的，仅仅测算几个简单、孤立的财务比率，或者将一些孤立的财务分析指标堆砌在一起，彼此毫无联系地考察，是不可能得出合理、正确的综合性结论的，有时甚至会得出错误的结论。因此，只有将企业偿债能力、营运能力、投资收益实现能力以及发展趋势等各项分析指标有机地联系起来，作为一套完整的体系，相互配合使用，作出系统地综合评价，才能全面、客观、合理地评价企业财务状况和经营情况的优劣。

8.3.2 综合绩效分析与评价方法

企业综合绩效分析与评价方法有很多，典型的有沃尔评分法和杜邦分析法等。

1. 沃尔评分法

1928年，亚历山大·沃尔出版的《信用晴雨表研究》和《财务报表比率分析》中提出了信用能力指数的概念，他选择了7个财务比率即流动比率、产权比率、固定资产比率、存货周转率、应收账款周转率、固定资产周转率和自有资金周转率，分别给定各指标的比重，总和为100分；然后确定标准比率（以行业平均数为基础），将实际比率与标准比率相比，得出相对比率，将此相对比率与各指标比重相乘，得出总评分，把若干个财务比率用线性关系结合起来，以此来评价企业综合财务状况，这种评价方法叫做沃尔评分法，也叫财务比率综合评分法。

采用财务比率综合评分法进行企业财务状况的综合分析，一般要遵循以下步骤：

第一步，选定评价指标并分配指标权重。现代社会与沃尔的时代相比，已有很大的变化。一般认为企业财务评价的内容首先是盈利能力，其次是偿债能力，再次是发展能力，它们之间大致可按5∶3∶2的比重来分配。盈利能力的主要指标是总资产报酬率、销售净利率和净资产收益率；偿债能力的指标有自有资本比率、流动比率、应收账款周转率、存货周转率；

发展能力的指标有销售增长率、净利增长率、资产增长率。盈利能力指标三者的比例约为2:2:1，偿债能力指标和发展能力指标中各项具体指标的重要性大体相当。

第二步，确定各项比率指标的标准值，即各该指标在企业现时条件下的最优值。

第三步，计算企业在一定时期各项财务比率的实际值。

第四步，计算出各项财务比率实际值与标准值的比率，即相对比率，也叫关系比率，关系比率＝财务比率的实际值/标准值。

第五步，计算出各项财务比率的综合指数，各财务比率实际得分＝关系比率×指标权重，财务比率实际得分合计＝Σ综合指数。

企业财务状况的综合得分就反映了企业综合财务状况是否良好。如果综合得分等于或接近于100分，说明企业的财务状况是良好的，达到了预先确定的标准。

【业务8–18】某企业是一家中型电力企业，2020年的财务状况评分的结果如表8–3所示。

表8–3　沃尔综合评分表

财务比率	比重	标准比率	实际比率	相对比率	综合指数
	1	2	3	4=3÷2	5=1×4
流动比率	25	2	1.66	0.83	20.75
净资产/负债	25	1.5	2.39	1.59	39.75
资产/固定资产	15	2.5	1.84	0.736	11.04
销售成本/存货	10	8	9.94	1.243	12.43
销售收入/应收账款	10	6	8.61	1.435	14.35
销售收入/固定资产	10	4	0.55	0.138	1.38
销售收入/净资产	5	3	0.4	0.133	0.67
合计	100				100.37

从表8–3可知，该企业的综合指数为100.37，总体财务状况是不错的，综合评分达到标准的要求。

2. 杜邦分析法

（1）杜邦分析法的含义。**杜邦分析法，又称杜邦财务分析体系，是利用各主要财务比率指标间的内在联系，对企业财务状况及经济效益进行综合系统分析评价的方法。**该体系是以净资产收益率为起点，以总资产净利率和权益乘数为核心，重点揭示企业获利能力及权益乘数对净资产收益率的影响，以及各相关指标间的相互影响关系。因其最初由美国杜邦企业成功应用，故得名。该体系以净资产收益率为核心，将其分解为若干财务指标，通过分析各分解指标的变动对净资产收益率的影响来揭示企业获利能力及其变动原因。

杜邦分析法将净资产收益率（权益净利率）分解如图8-1所示。其分析关系式为：

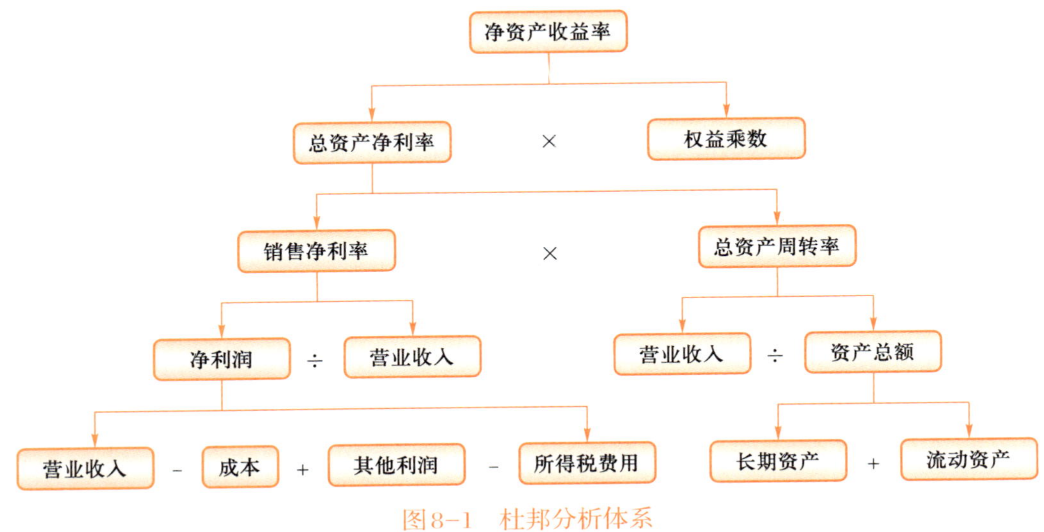

图8-1　杜邦分析体系

注：图中有关资产、负债与权益指标通常用平均值计算。

$$净资产收益率=销售净利率\times 总资产周转率\times 权益乘数$$

（2）运用杜邦分析法须关注的要点。

① **净资产收益率是一个综合性最强的财务分析指标，是杜邦分析体系的起点。**财务管理的目标之一是使股东财富最大化，净资产收益率反映了企业所有者投入资本的获利能力，说明了企业筹资、投资、资产营运等各项财务及其管理活动的效率，而不断提高净资产收益率是使所有者权益最大化的基本保证。所以，这一财务分析指标是企业所有者、经营者都十分关心的。而净资产收益率高低的决定因素主要有三个，即销售净利率、总资产周转率和权益乘数。这样，在进行分解之后，就可以将净资产收益率这一综合性指标升降变化的原因具体化，比只用一项综合性指标更能说明问题。

② **销售净利率反映了企业净利润与营业收入的关系，它的高低取决于营业收入与成本总额的高低。**要想提高销售净利率：一是要扩大营业收入；二是要降低成本费用。扩大营业收入既有利于提高销售净利率，又有利于提高总资产周转率。降低成本费用是提高销售净利率的一个重要因素，从杜邦分析图可以看出成本费用的基本结构是否合理，从而找出降低成本费用的途径和加强成本费用控制的办法。如果企业财务费用支出过高，就要进一步分析其负债比率是否过高；如果管理费用过高，就要进一步分析其资产周转情况等。从图8-1中还可以看出，提高销售净利率的另一途径是提高其他利润。为了详细地了解企业成本费用的发生情况，在具体列示成本总额时，还可根据重要性原则，将那些影响较大的费用单独列示，以便为寻求降低成本的途径提供依据。

③ **总资产周转率的一个重要影响因素是资产总额。**资产总额由流动资产与长期资产组成，它们的结构合理与否将直接影响资产的周转速度。一般来说，流动资产直接体现企业的偿债能力和变现能力，而长期资产则体现了企业的经营规模、发展潜力。两者之间应该有一个合理的比例关系。如果发现某项资产比重过大，影响资金周转，就应深入分析其原因，例如企业持有的货币资金超过业务需要，就会影响企业的盈利能力。如果企业占用过多的存货和应收账款，则既会影响获利能力，又会影响偿债能力。因此，还应进一步分析各项资产的占用数额和周转速度。

④ **权益乘数主要受资产负债率指标的影响。**资产负债率越高，权益乘数就越高，说明企业的负债程度也越高，从而给企业带来了较多的杠杆利益，同时，也带来了较大的风险。

【业务8-19】已知某公司2020年会计报表的有关资料如表8-4所示。

表8-4　报表相关项目情况一览表

单位：万元

资产负债表项目	2019	2020
资产	7 600	9 000
负债	4 000	5 200
所有者权益	3 000	3 600
利润表项目	2019	2020
营业收入净额	16 000	18 000
净利润	413.92	480

2019年财务比率如表8-5所示。

表8-5　部分财务比率一览表

财务比率	2019
净资产收益率	10.95%
权益乘数	2.3
资产负债率	56.5%
总资产净利率	4.76%
营业净利率	2.587%
总资产周转率/次	1.84

计算并分析该企业2020年度杜邦财务分析体系有关指标。

解：$总资产净利率=\dfrac{480}{(7\ 600+9\ 000)\div 2}\times 100\%=5.78\%$

$$销售净利率 = \frac{480}{18\ 000} \times 100\% = 2.67\%$$

$$总资产周转率 = \frac{18\ 000}{(7\ 600 + 9\ 000) \div 2} = 2.169$$

$$权益乘数 = \frac{(9\ 000 + 7\ 600) \div 2}{(3\ 000 + 3\ 600) \div 2} = 2.515$$

或 $$= \frac{1}{1 - \dfrac{(5\ 200 + 4\ 000) \div 2}{(9\ 000 + 7\ 600) \div 2}} = 2.515$$

$$净资产收益率 = \frac{480}{(3\ 000 + 3\ 600) \div 2} \times 100\% = 14.54\%$$

对净资产收益率的分析：该企业的净资产收益率在2020年较2019年出现了一定程度的好转，从2019年的10.95%增加至2020年的14.54%。企业的投资者在很大程度上依据这个指标来判断是否投资或是否转让股份、考察经营者业绩和决定股利分配政策。这些指标对企业的管理者也至关重要。

净资产收益率＝权益乘数 × 总资产净利率

2019年：10.95%＝2.3 × 4.76%

2020年：14.54%＝2.515 × 5.78%

通过分解可以看出，该企业净资产收益率的变动在于资本结构（权益乘数）变动和资产利用效果（总资产净利率）的变动两方面共同作用的结果，而该企业的总资产净利率太低，显示出很差的资产利用效果。

对总资产净利率的分析：

总资产净利率＝销售净利率×总资产周转率

2019年：4.76%＝2.587%×1.84

2020年：5.79%＝2.67%×2.169

通过分解可以看出2020年该企业的总资产周转率有所提高，说明资产的利用得到了比较好的控制，显示出比前一年较好的效果，表明该企业利用其总资产产生销售收入的效率在增加。总资产周转率提高的同时销售净利率的减少阻碍了总资产净利率的增加。

对销售净利率的分析：

$$销售净利率（营业净利率）= \frac{净利润}{营业收入}$$

$$2019年：2.587\% = \frac{413.92}{16\ 000} \times 100\%$$

2020年：$2.67\% = \frac{480}{18\ 000} \times 100\%$

该企业2020年净利润的提高幅度很小，收入增加较多但净利润增加较少，可能存在成本费用增加过多的情况。

对权益乘数的分析：

$$权益乘数 = \frac{资产总额}{权益总额}$$

2019年：2.3

2020年：2.515

该企业权益乘数略有增加，说明企业的资本结构在2019年至2020年发生了变动。权益乘数越小，企业负债程度越低，偿还债务能力越强，财务风险有所降低。这个指标同时也反映了财务杠杆对利润水平的影响。管理者应该准确把握企业所处的环境，准确预测利润，合理控制负债带来的风险。

结论：对于该企业，最为重要的就是要努力降低各项成本，在控制成本上下工夫，同时要保持较高的总资产周转率。这样，可以使销售净利率得到提高，进而使总资产净利率有较大的提高。

单元小结

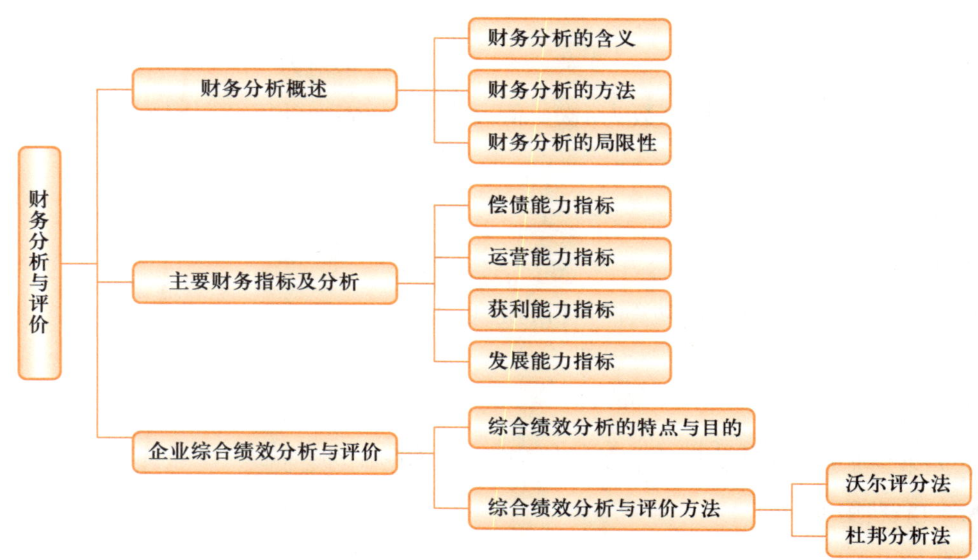

职业资格与技能同步练习

一、单项选择题

1. 在下列关于资产负债率、权益乘数和产权比率之间关系的表达式中，正确的是（　　）。

A. 资产负债率＋权益乘数＝产权比率

B. 资产负债率－权益乘数＝产权比率

C. 资产负债率×权益乘数＝产权比率

D. 资产负债率÷权益乘数＝产权比率

2. 亚历山大·沃尔创造的沃尔评分法中，选择了七种财务比率，现在使用的沃尔评分法发生了很大的变化，共计选用了10个财务指标，下列指标中没有被选用的是（　　）。

A. 总资产报酬率　　B. 资产负债率

C. 自有资本比率　　D. 总资产增长率

3. 产权比率为3/4，则权益乘数为（　　）。

A. 4/3　　B. 7/3

C. 7/4　　D. 3/4

4. 影响速动比率可信性的最主要因素是（　　）。

A. 存货的变现能力　　B. 应收账款的变现能力

C. 产品的变现能力　　D. 短期证券的变现能力

5. 企业债权人最关心（　　）方面的指标。

A. 偿债能力　　B. 运营能力

C. 盈利能力　　D. 发展能力

6. 某企业应收账款周转次数为6次。假设一年按360天计算，则应收账款周转天数为（　　）。

A. 5天　　B. 10天

C. 120天　　D. 60天

7. 下列各项中，不属于速动资产项目的是（　　）。

A. 现金　　B. 短期投资

C. 应收账款　　D. 存货

8. 如果企业的应收账款周转率高，则下列说法不正确的是（　　）。

A. 收账费用少　　B. 短期偿债能力强

C. 收账迅速　　D. 坏账损失率高

9. 目前企业的流动比率为120%，假设此时企业赊购一批材料，则企业的流动比率将会（　　）。

A. 提高　　B. 降低

C. 不变　　D. 不能确定

10. 用于评价企业盈利能力的总资产报酬率指标中的“报酬”是指（　　）。

A. 息税前利润　　B. 营业利润

C. 利润总额　　D. 净利润

二、多项选择题

1. 企业财务分析指标主要包括（　　）。

A. 偿债能力指标　　B. 运营能力指标

C. 发展能力指标　　D. 盈利能力指标

2. 下列分析方法中，属于财务综合分析方法的是（　　）。

A. 趋势分析法　　B. 因素分析法

C. 杜邦财务分析法　　D. 沃尔分析法

3. 一般来说，存货周转率提高意味着（　　）。

A. 存货变现的速度慢　　B. 资金占用水平低

C. 存货变现的速度快　　D. 周转额大

4. 下列各项中，属于财务分析的局限性的有（　　）。

A. 资料来源的局限性　　B. 分析方法的局限性

C. 分析对象的局限性　　D. 分析指标的局限性

5. 如果流动比率过高，意味着企业可能（　　）。

A. 存在闲置现金　　B. 存在存货积压

C. 应收账款周转缓慢　　D. 偿债能力很差

6. 运营能力分析的指标包括（　　）。

A. 存货周转率　　B. 营业利润率

C. 应收账款周转率　　D. 总资产报酬率

7. 资产负债率，对其正确的评价有（　　）。

A. 从债权人角度看，负债比率越大越好

B. 从债权人角度看，负债比率越小越好

C. 从股东角度看，负债比率越高越好

D. 从股东角度看，当全部资本利润率高于债务利息率时，负债比率越高越好

8. 应收账款周转率高，表明（　　　　）。

A. 收账迅速，账龄较短
B. 资产流动性强，短期偿债能力强
C. 可以减少收账费用和坏账损失
D. 相对增加流动资产的收益性

9. 某企业本年末产权比率为0.8，流动资产占总资产的40%，负债合计48 000万元，流动负债为16 000万元，则下列说法正确的有（　　　　）。

A. 年末的所有者权益总额为60 000万元
B. 年末的流动资产为43 200万元
C. 年末的流动比率为2.7
D. 年末的资产负债率为44.44%

10. 在现在沃尔评分法中，一般认为企业财务评价的内容包括（　　　　）。

A. 盈利能力
B. 偿债能力
C. 成长能力
D. 发展能力

三、计算分析题

1. 星星公司是一家上市公司，2020年的资产负债表简表如下表所示。

资产负债表（简表）

2020年12月31日　　　　单位：万元

资产		负债和所有者权益	
流动资产	600	流动负债	280
固定资产	1 600	长期借款	540
无形资产	4	应付债券	210
递延资产	5	其他长期负债	25
其他长期资产	6	长期负债合计	775
		股东权益	1 160
资产总计	2 215	负债及股东权益	2 215

要求：计算该公司的流动比率、资产负债率、产权比率指标。

2. 某企业上年产品销售收入为6 620万元，全部资产平均余额为2 760万元，流动资产占全部资产的比重为40%；本年产品销售收入为7 350万元，全部资产平均余额为2 940万元，流动资产占全部资产的比重为45%。

要求：根据以上资料，计算本年和上年的流动资产周转率、固定资产周转率、总资产周转率，并分析变动原因。

3. 某企业连续三年的资产负债表中相关资产项目的数额如下表所示。

相关资产项目金额

单位：万元

项目	2018年年末	2019年年末	2020年年末
流动资产	2 200	2 680	2 680
其中：应收账款	944	1 028	1 140
存货	1 060	928	1 070
固定资产	3 800	3 340	3 500
…	…	…	…
资产总额	8 800	8 060	8 920

已知2020年主营业务收入为10 465万元，比2019年增长了15%，其主营业务成本为8 176万元，比2019年增长了12%。

要求：

（1）计算该企业2019年和2020年的应收账款周转率、存货周转率、流动资产周转率、固定资产周转率、总资产周转率。

（2）对该企业的资产运营效率进行评价。

4. 某公司2020年资产负债表简表如下表所示。

资产负债表（简表）

2020年12月31日　　单位：万元

资产	金额	负债和所有者权益	金额
库存现金	30	应付票据	25
应收账款	60	应付账款	55
存货	80	应付职工薪酬	10
待摊费用	30	长期借款	100
固定资产净额	300	实收资本	250
		未分配利润	60
总计	500	总计	500

该公司2020年度营业收入为1 500万元，净利润为80万元，2019年所有者权益为290万元。

要求：计算营业净利率、总资产净利率、权益乘数、净资产收益率。

5. 某公司2020年产品销售成本为36 000元，存货周转次数为4.5次；年末流动比率为1.5；

产权比率为0.8，期初存货等于期末存货。该公司资产负债表简表如下表所示。

资产负债表（简表）

2020年12月31日　　　　单位：元

资产	金额	负债和所有者权益	金额
货币资金	25 000	流动负债	
应收账款净额		长期负债	
存货		所有者权益	240 000
固定资产净额	294 000		
资产总计		负债及所有者权益总计	

要求：

（1）根据上述资料计算填列其资产负债表简表。

（2）假定本年销售收入为48万元，期初应收账款等于期末应收账款，计算该公司应收账款周转期。

6. 已知某公司2020年会计报表的有关资料如下表所示：

财务报表相关数据

单位：万元

资产负债表项目	年初数	年末数
资产	43 517	49 306
负债	12 311	16 274
所有者权益	31 206	33 032
利润表项目	上年数	本年数
主营业务收入净额	（略）	39 377
净利润	（略）	2 642

要求：

（1）计算杜邦财务分析体系中的下列指标（凡计算指标涉及资产负债表项目数据的，均按平均数计算）：

①净资产收益率；②总资产净利率；③销售净利率；④总资产周转率；⑤权益乘数。

（2）用文字列出净资产收益率与上述其他各项指标之间的关系式，并用本题数据加以验证。

综合技能强化训练

伊利公司财务分析案例

【背景资料】

伊利公司是在对呼市回民奶食品总厂进行股份制改造的基础上，以定向募集方式正式成立的内蒙古伊利实业集团股份有限公司，是全国乳品行业龙头企业之一，总部坐落在内蒙古呼和浩特市金川开发区，下设四大事业部，所属企业30多家，是国家520家重点工业企业和国家八部委首批确定的全国151家农业产业化龙头企业之一。

在当今竞争激烈的乳业市场中，伊利应该说已在前期取得了一定的竞争和品牌优势。然而，在近有蒙牛，远有三元、光明的市场情势下，伊利及时调整战略，加大品牌强势，建立全国性品牌策略。这一系列举措都似乎在表明，做“中国伊利”、做“中国乳品第一品牌”的未来并不是梦。

伊利公司2017年、2018年资产负债表、利润表如下所示。

资产负债表

单位：元

资产	2018年	2017年	负债和所有者权益	2018年	2017年
货币资金	11 051 003 654.02	21 823 066 175.50	短期借款	1 523 000 000.00	7 860 000 000.00
交易性金融资产	498 843.46	—	应付票据及应付账款	9 115 711 387.32	7 469 156 278.60
衍生金融资产	—	—	应付票据	276 249 155.54	215 276 807.81
应收票据及应收账款	1 282 126 608.06	949 737 204.59	应付账款	8 839 462 231.78	7 253 879 470.79
应收票据	181 100 000.00	163 597 000.00	预收款项	4 400 761 321.98	4 125 571 142.63
应收账款	1 101 026 608.06	786 140 204.59	应付职工薪酬	2 513 392 737.25	2 603 617 352.74
应收款项融资	—	—	应交税费	353 379 593.66	404 090 753.48
预付款项	1 459 600 976.55	1 192 434 176.04	其他应付款（合计）	1 221 000 408.98	1 351 467 319.98
其他应收款（合计）	154 559 158.76	233 108 843.82	应付利息	1 365 195.81	9 326 783.74

续表

资产	2018年	2017年	负债和所有者权益	2018年	2017年
应收利息	86 527 903.76	188 447 046.71	应付股利	102 503 988.86	73 131 211.86
应收股利	—	—	其他应付款	1 117 131 224.31	1 269 009 324.38
其他应收款	68 031 255.00	44 661 797.11	一年内到期的非流动负债	33 128 853.96	24 191 543.48
买入返售金融资产	—	—	其他流动负债	10 405 666.01	11 930 958.27
存货	5 507 073 963.85	4 639 993 865.79	流动负债合计	19 170 779 969.16	23 850 025 349.18
其他流动资产	5 000 433 575.10	1 007 391 592.71	长期借款	289 000.00	289 000.00
流动资产合计	24 455 296 779.80	29 845 731 858.45	长期应付款（合计）	133 664 814.17	64 037 282.56
发放贷款及垫款	—	—	长期应付款	133 664 814.17	64 037 282.56
可供出售金融资产	831 010 989.62	651 819 595.43	递延所得税负债	105 918 440.05	—
长期股权投资	1 909 387 113.45	1 765 185 096.75	长期递延收益	158 330 316.61	146 186 181.18
投资性房地产	—	—	其他非流动负债	—	—
在建工程（合计）	2 686 705 865.46	1 902 065 636.71	非流动负债合计	398 202 570.83	210 512 463.74
在建工程	2 676 239 440.27	1 887 857 336.13	负债合计	19 568 982 539.99	24 060 537 812.92
工程物资	10 466 425.19	14 208 300.58	实收资本（或股本）	6 078 127 608.00	6 078 492 608.00
固定资产及清理（合计）	14 687 762 476.26	13 256 390 281.64	资本公积	2 841 336 959.07	2 765 534 558.98
固定资产净额	14 687 762 476.26	13 256 390 281.64	减：库存股	97 462 825.00	201 690 525.00
无形资产	639 268 640.97	514 361 212.49	其他综合收益	375 236 186.82	−71 393 317.81
商誉	10 678 610.25	10 678 610.25	盈余公积	3 045 728 468.89	2 422 653 944.48
长期待摊费用	58 537 612.15	69 195 040.35	未分配利润	15 672 617 442.10	14 109 791 931.29
递延所得税资产	609 084 232.41	559 946 094.74	归属于母公司股东权益合计	27 915 583 839.88	25 103 389 199.94

续表

资产	2018年	2017年	负债和所有者权益	2018年	2017年
其他非流动资产	1 718 472 140.06	724 981 891.33	少数股东权益	121 638 080.56	136 428 305.28
非流动资产合计	23 150 907 680.63	19 454 623 459.69	所有者权益（或股东权益）合计	28 037 221 920.44	25 239 817 505.22
资产总计	47 606 204 460.43	49 300 355 318.14	负债和所有者权益（或股东权益）总计	47 606 204 460.43	49 300 355 318.14

注：公司2017年，2018年实际报表，与2019年报表格式有差异。下同。

利　润　表

单位：元

项目	2018年	2017年	2016年
一、营业总收入	79 553 277 524.49	68 058 174 312.35	60 609 221 525.26
营业收入	78 976 388 687.29	67 547 449 530.32	60 312 009 671.16
二、营业总成本	72 831 663 716.79	61 877 134 479.76	55 488 070 321.35
营业成本	49 106 034 372.73	42 362 402 660.65	37 427 435 447.17
税金及附加	530 952 383.82	511 570 189.97	420 072 423.22
销售费用	19 772 683 750.68	15 521 862 502.34	14 114 316 499.65
管理费用	2 979 735 487.22	3 317 048 744.48	3 456 666 028.41
财务费用	−60 271 167.99	113 485 343.63	23 879 679.28
研发费用	426 873 117.32	—	—
资产减值损失	75 655 773.01	50 623 372.02	45 700 243.62
公允价值变动收益	230 980.46	—	—
投资收益	260 913 183.17	134 679 258.02	399 261 007.93
其中：对联营企业和合营企业的投资收益	144 202 016.70	86 557 819.01	−7 596 496.47
三、营业利润	7 690 828 964.17	7 115 911 174.52	5 520 412 211.84
加：营业外收入	34 818 932.66	85 597 784.38	1 178 781 540.53
减：营业外支出	148 015 518.65	127 535 613.09	67 121 748.46

续表

项目	2018年	2017年	2016年
其中：非流动资产处置损失	—	—	43 505 496.33
四、利润总额	7 577 632 378.18	7 073 973 345.81	6 632 072 003.91
减：所得税费用	1 125 636 269.91	1 071 158 370.70	963 036 767.04
五、净利润	6 451 996 108.27	6 002 814 975.11	5 669 035 236.87
归属于母公司所有者的净利润	6 439 749 610.82	6 000 884 926.88	5 661 807 747.14
少数股东损益	12 246 497.45	1 930 048.23	7 227 489.73
六、每股收益	—	—	—
基本每股收益(元/股)	1.06	0.99	0.93
稀释每股收益(元/股)	1.06	0.99	0.93
七、其他综合收益	446 629 504.63	−433 343 330.45	165 069 420.98
八、综合收益总额	6 898 625 612.90	5 569 471 644.66	5 834 104 657.85
归属于母公司所有者的综合收益总额	6 886 379 115.45	5 567 541 596.43	5 826 877 168.12
归属于少数股东的综合收益总额	12 246 497.45	1 930 048.23	7 227 489.73

【要求】

1. 依据上述资料，对伊利公司进行偿债能力、运营能力、盈利能力、发展能力分析。
2. 利用上述资料对其2018年财务状况进行沃尔评分法分析。

【完成方式】5~7人一组共同完成分析过程，并制作PPT进行展示。

【实训结果评价】

评价指标	评价标准	分值	评价成绩及备注
结果评价	1. 指标选择正确	20	
	2. 结论正确	20	
	3. PPT制作情况	10	
	4. PPT汇报情况	10	
过程评价	1. 出勤	10	
	2. 态度	10	
	3. 团队协作	10	
	4. 创新	10	

附表　资金时间价值系数表

附表1　复利终值系数表（$F/P, i, n$）

n	1%	2%	3%	4%	5%	6%	7%	8%	9%	10%	11%	12%	13%	14%	15%	16%	17%	18%	19%	20%
1	1.010 0	1.020 0	1.030 0	1.040 0	1.050 0	1.060 0	1.070 0	1.080 0	1.090 0	1.100 0	1.110 0	1.120 0	1.130 0	1.140 0	1.150 0	1.160 0	1.170 0	1.180 0	1.190 0	1.200 0
2	1.020 1	1.040 4	1.060 9	1.081 6	1.102 5	1.123 6	1.144 9	1.166 4	1.188 1	1.210 0	1.232 1	1.254 4	1.276 9	1.299 6	1.322 5	1.345 6	1.368 9	1.392 4	1.416 1	1.440 0
3	1.030 3	1.061 2	1.092 7	1.124 9	1.157 6	1.191 0	1.225 0	1.259 7	1.295 0	1.331 0	1.367 6	1.404 9	1.442 9	1.481 5	1.520 9	1.560 9	1.601 6	1.643 0	1.685 2	1.728 0
4	1.040 6	1.082 4	1.125 5	1.169 9	1.215 5	1.262 5	1.310 8	1.360 5	1.411 6	1.464 1	1.518 1	1.573 5	1.630 5	1.689 0	1.749 0	1.810 6	1.873 9	1.938 8	2.005 3	2.073 6
5	1.051 0	1.104 1	1.159 3	1.216 7	1.276 3	1.338 2	1.402 6	1.469 3	1.538 6	1.610 5	1.685 1	1.762 3	1.842 4	1.925 4	2.011 4	2.100 3	2.192 4	2.287 8	2.386 4	2.488 3
6	1.061 5	1.126 2	1.194 1	1.265 3	1.340 1	1.418 5	1.500 7	1.586 9	1.677 1	1.771 6	1.870 4	1.973 8	2.082 0	2.195 0	2.313 1	2.436 4	2.565 2	2.699 6	2.839 8	2.986 0
7	1.072 1	1.148 7	1.229 9	1.315 9	1.407 1	1.503 6	1.605 8	1.713 8	1.828 0	1.948 7	2.076 2	2.210 7	2.352 6	2.502 3	2.660 0	2.826 2	3.001 2	3.185 5	3.379 3	3.583 2
8	1.082 9	1.171 7	1.266 8	1.368 6	1.477 5	1.593 8	1.718 2	1.850 9	1.992 6	2.143 6	2.304 5	2.476 0	2.658 4	2.852 6	3.059 0	3.278 4	3.511 5	3.758 9	4.021 4	4.299 8
9	1.093 7	1.195 1	1.304 8	1.423 3	1.551 3	1.689 5	1.838 5	1.999 0	2.171 9	2.357 9	2.558 0	2.773 1	3.004 0	3.251 9	3.517 9	3.803 0	4.108 4	4.435 5	4.785 4	5.159 8
10	1.104 6	1.219 0	1.343 9	1.480 2	1.628 9	1.790 8	1.967 2	2.158 9	2.367 4	2.593 7	2.839 4	3.105 8	3.394 6	3.707 2	4.045 6	4.411 4	4.806 8	5.233 8	5.694 7	6.191 7
11	1.115 7	1.243 4	1.384 2	1.539 5	1.710 3	1.898 3	2.104 9	2.331 6	2.580 4	2.853 1	3.151 8	3.478 6	3.835 9	4.226 2	4.652 4	5.117 3	5.624 0	6.175 9	6.776 7	7.430 1
12	1.126 8	1.268 2	1.425 8	1.601 0	1.795 9	2.012 2	2.252 2	2.518 2	2.812 7	3.138 4	3.498 5	3.896 0	4.334 5	4.817 9	5.350 3	5.936 0	6.580 1	7.287 6	8.064 2	8.916 1
13	1.138 1	1.293 6	1.468 5	1.665 1	1.885 6	2.132 9	2.409 8	2.719 6	3.065 8	3.452 3	3.883 3	4.363 5	4.898 0	5.492 4	6.152 8	6.885 8	7.698 7	8.599 4	9.596 4	10.699 3
14	1.149 5	1.319 5	1.512 6	1.731 7	1.979 9	2.260 9	2.578 5	2.937 2	3.341 7	3.797 5	4.310 4	4.887 1	5.534 8	6.261 3	7.075 7	7.987 5	9.007 5	10.147 2	11.419 8	12.839 2
15	1.161 0	1.345 9	1.558 0	1.800 9	2.078 9	2.396 6	2.759 0	3.172 2	3.642 5	4.177 2	4.784 6	5.473 6	6.254 3	7.137 9	8.137 1	9.265 5	10.538 7	11.973 7	13.589 5	15.407 0
16	1.172 6	1.372 8	1.604 7	1.873 0	2.182 9	2.540 4	2.952 2	3.425 9	3.970 3	4.595 0	5.310 9	6.130 4	7.067 3	8.137 2	9.357 6	10.748 0	12.330 3	14.129 0	16.171 5	18.488 4
17	1.184 3	1.400 2	1.652 8	1.947 9	2.292 0	2.692 8	3.158 8	3.700 0	4.327 6	5.054 5	5.895 1	6.866 0	7.986 1	9.276 5	10.761 3	12.467 7	14.426 5	16.672 2	19.244 1	22.186 1
18	1.196 1	1.428 2	1.702 4	2.025 8	2.406 6	2.854 3	3.379 9	3.996 0	4.717 1	5.559 9	6.543 6	7.690 0	9.024 3	10.575 2	12.375 5	14.462 5	16.879 0	19.673 3	22.900 5	26.623 3
19	1.208 1	1.456 8	1.753 5	2.106 8	2.527 0	3.025 6	3.616 5	4.315 7	5.141 7	6.115 9	7.263 3	8.612 8	10.197 4	12.055 7	14.231 8	16.776 5	19.748 4	23.214 4	27.251 6	31.948 0
20	1.220 2	1.485 9	1.806 1	2.191 1	2.653 3	3.207 1	3.869 7	4.661 0	5.604 4	6.727 5	8.062 3	9.646 3	11.523 1	13.743 5	16.366 5	19.460 8	23.105 6	27.393 0	32.429 4	38.337 6

附表2　复利现值系数表（$P/F, i, n$）

n	1%	2%	3%	4%	5%	6%	7%	8%	9%	10%	11%	12%	13%	14%	15%	16%	17%	18%	19%	20%
1	0.990 1	0.980 4	0.970 9	0.961 5	0.952 4	0.943 4	0.934 6	0.925 9	0.917 4	0.909 1	0.900 9	0.892 9	0.885 0	0.877 2	0.869 6	0.862 1	0.854 7	0.847 5	0.840 3	0.833 3
2	0.980 3	0.961 2	0.942 6	0.924 6	0.907 0	0.890 0	0.873 4	0.857 3	0.841 7	0.826 4	0.811 6	0.797 2	0.783 1	0.769 5	0.756 1	0.743 2	0.730 5	0.718 2	0.706 2	0.694 4
3	0.970 6	0.942 3	0.915 1	0.889 0	0.863 8	0.839 6	0.816 3	0.793 8	0.772 2	0.751 3	0.731 2	0.711 8	0.693 1	0.675 0	0.657 5	0.640 7	0.624 4	0.608 6	0.593 4	0.578 7
4	0.961 0	0.923 8	0.888 5	0.854 8	0.822 7	0.792 1	0.762 9	0.735 0	0.708 4	0.683 0	0.658 7	0.635 5	0.613 3	0.592 1	0.571 8	0.552 3	0.533 7	0.515 8	0.498 7	0.482 3
5	0.951 5	0.905 7	0.862 6	0.821 9	0.783 5	0.747 3	0.713 0	0.680 6	0.649 9	0.620 9	0.593 5	0.567 4	0.542 8	0.519 4	0.497 2	0.476 1	0.456 1	0.437 1	0.419 0	0.401 9
6	0.942 0	0.888 0	0.837 5	0.790 3	0.746 2	0.705 0	0.666 3	0.630 2	0.596 3	0.564 5	0.534 6	0.506 6	0.480 3	0.455 6	0.432 3	0.410 4	0.389 8	0.370 4	0.352 1	0.334 9
7	0.932 7	0.870 6	0.813 1	0.759 9	0.710 7	0.665 1	0.622 7	0.583 5	0.547 0	0.513 2	0.481 7	0.452 3	0.425 1	0.399 6	0.375 9	0.353 8	0.333 2	0.313 9	0.295 9	0.279 1
8	0.923 5	0.853 5	0.789 4	0.730 7	0.676 8	0.627 4	0.582 0	0.540 3	0.501 9	0.466 5	0.433 9	0.403 9	0.376 2	0.350 6	0.326 9	0.305 0	0.284 8	0.266 0	0.248 7	0.232 6
9	0.914 3	0.836 8	0.766 4	0.702 6	0.644 6	0.591 9	0.543 9	0.500 2	0.460 4	0.424 1	0.390 9	0.360 6	0.332 9	0.307 5	0.284 3	0.263 0	0.243 4	0.225 5	0.209 0	0.193 8
10	0.905 3	0.820 3	0.744 1	0.675 6	0.613 9	0.558 4	0.508 3	0.463 2	0.422 4	0.385 5	0.352 2	0.322 0	0.294 6	0.269 7	0.247 2	0.226 7	0.208 0	0.191 1	0.175 6	0.161 5
11	0.896 3	0.804 3	0.722 4	0.649 6	0.584 7	0.526 8	0.475 1	0.428 9	0.387 5	0.350 5	0.317 3	0.287 5	0.260 7	0.236 6	0.214 9	0.195 4	0.177 8	0.161 9	0.147 6	0.134 6
12	0.887 4	0.788 5	0.701 4	0.624 6	0.556 8	0.497 0	0.444 0	0.397 1	0.355 5	0.318 6	0.285 8	0.256 7	0.230 7	0.207 6	0.186 9	0.168 5	0.152 0	0.137 2	0.124 0	0.112 2
13	0.878 7	0.773 0	0.681 0	0.600 6	0.530 3	0.468 8	0.415 0	0.367 7	0.326 2	0.289 7	0.257 5	0.229 2	0.204 2	0.182 1	0.162 5	0.145 2	0.129 9	0.116 3	0.104 2	0.093 5
14	0.870 0	0.757 9	0.661 1	0.577 5	0.505 1	0.442 3	0.387 8	0.340 5	0.299 2	0.263 3	0.232 0	0.204 6	0.180 7	0.159 7	0.141 3	0.125 2	0.111 0	0.098 5	0.087 6	0.077 9
15	0.861 3	0.743 0	0.641 9	0.555 3	0.481 0	0.417 3	0.362 4	0.315 2	0.274 5	0.239 4	0.209 0	0.182 7	0.159 9	0.140 1	0.122 9	0.107 9	0.094 9	0.083 5	0.073 6	0.064 9
16	0.852 8	0.728 4	0.623 2	0.533 9	0.458 1	0.393 6	0.338 7	0.291 9	0.251 9	0.217 6	0.188 3	0.163 1	0.141 5	0.122 9	0.106 9	0.093 0	0.081 1	0.070 8	0.061 8	0.054 1
17	0.844 4	0.714 2	0.605 0	0.513 4	0.436 3	0.371 4	0.316 6	0.270 3	0.231 1	0.197 8	0.169 6	0.145 6	0.125 2	0.107 8	0.092 9	0.080 2	0.069 3	0.060 0	0.052 0	0.045 1
18	0.836 0	0.700 2	0.587 4	0.493 6	0.415 5	0.350 3	0.295 9	0.250 2	0.212 0	0.179 9	0.152 8	0.130 0	0.110 8	0.094 6	0.080 8	0.069 1	0.059 2	0.050 8	0.043 7	0.037 6
19	0.827 7	0.686 4	0.570 3	0.474 6	0.395 7	0.330 5	0.276 5	0.231 7	0.194 5	0.163 5	0.137 7	0.116 1	0.098 1	0.082 9	0.070 3	0.059 6	0.050 6	0.043 1	0.036 7	0.031 3
20	0.819 5	0.673 0	0.553 7	0.456 4	0.376 9	0.311 8	0.258 4	0.214 5	0.178 4	0.148 6	0.124 0	0.103 7	0.086 8	0.072 8	0.061 1	0.051 4	0.043 3	0.036 5	0.030 8	0.026 1

附表3 年金终值系数表（$F/A, i, n$）

n	1%	2%	3%	4%	5%	6%	7%	8%	9%	10%	11%	12%	13%	14%	15%	16%	17%	18%	19%	20%
1	1.000 0	1.000 0	1.000 0	1.000 0	1.000 0	1.000 0	1.000 0	1.000 0	1.000 0	1.000 0	1.000 0	1.000 0	1.000 0	1.000 0	1.000 0	1.000 0	1.000 0	1.000 0	1.000 0	1.000 0
2	2.010 0	2.020 0	2.030 0	2.040 0	2.050 0	2.060 0	2.070 0	2.080 0	2.090 0	2.100 0	2.110 0	2.120 0	2.130 0	2.140 0	2.150 0	2.160 0	2.170 0	2.180 0	2.190 0	2.200 0
3	3.030 1	3.060 4	3.090 9	3.121 6	3.152 5	3.183 6	3.214 9	3.246 4	3.278 1	3.310 0	3.342 1	3.374 4	3.406 9	3.439 6	3.472 5	3.505 6	3.538 9	3.572 4	3.606 1	3.640 0
4	4.060 4	4.121 6	4.183 6	4.246 5	4.310 1	4.374 6	4.439 9	4.506 1	4.573 1	4.641 0	4.709 7	4.779 3	4.849 8	4.921 1	4.993 4	5.066 5	5.140 5	5.215 4	5.291 3	5.368 0
5	5.101 0	5.204 0	5.309 1	5.416 3	5.525 6	5.637 1	5.750 7	5.866 6	5.984 7	6.105 1	6.227 8	6.352 8	6.480 3	6.610 1	6.742 4	6.877 1	7.014 4	7.154 2	7.296 6	7.441 6
6	6.152 0	6.308 1	6.468 4	6.633 0	6.801 9	6.975 3	7.153 3	7.335 9	7.523 3	7.715 6	7.912 9	8.115 2	8.322 7	8.535 5	8.753 7	8.977 5	9.206 8	9.442 0	9.683 0	9.929 9
7	7.213 5	7.434 3	7.662 5	7.898 3	8.142 0	8.393 8	8.654 0	8.922 8	9.200 4	9.487 2	9.783 3	10.089 0	10.404 7	10.730 5	11.066 8	11.413 9	11.772 0	12.141 5	12.522 7	12.915 9
8	8.285 7	8.583 0	8.892 3	9.214 2	9.549 1	9.897 5	10.259 8	10.636 6	11.028 5	11.435 9	11.859 4	12.299 7	12.757 3	13.232 8	13.726 8	14.240 1	14.773 3	15.327 0	15.902 0	16.499 1
9	9.368 5	9.754 6	10.159 1	10.582 8	11.026 6	11.491 3	11.978 0	12.487 6	13.021 0	13.579 5	14.164 0	14.775 7	15.415 7	16.085 3	16.785 8	17.518 5	18.284 7	19.085 9	19.923 4	20.798 9
10	10.462 2	10.949 7	11.463 9	12.006 1	12.577 9	13.180 8	13.816 4	14.486 6	15.192 9	15.937 4	16.722 0	17.548 7	18.419 7	19.337 3	20.303 7	21.321 5	22.393 1	23.521 3	24.708 9	25.958 7
11	11.566 8	12.168 7	12.807 8	13.486 4	14.206 8	14.971 6	15.783 6	16.645 5	17.560 3	18.531 2	19.561 4	20.654 6	21.814 3	23.044 5	24.349 3	25.732 9	27.199 9	28.755 1	30.403 5	32.150 4
12	12.682 5	13.412 1	14.192 0	15.025 8	15.917 1	16.869 9	17.888 5	18.977 1	20.140 7	21.384 3	22.713 2	24.133 1	25.650 2	27.270 7	29.001 7	30.850 2	32.823 9	34.931 1	37.180 2	39.580 5
13	13.809 3	14.680 3	15.617 8	16.626 8	17.713 0	18.882 1	20.140 6	21.495 3	22.953 4	24.522 7	26.211 6	28.029 1	29.984 7	32.088 7	34.351 9	36.786 2	39.404 0	42.218 7	45.244 5	48.496 6
14	14.947 4	15.973 9	17.086 3	18.291 9	19.598 6	21.015 1	22.550 5	24.214 9	26.019 2	27.975 0	30.094 9	32.392 6	34.882 7	37.581 1	40.504 7	43.672 0	47.102 7	50.818 0	54.840 9	59.195 9
15	16.096 9	17.293 4	18.598 9	20.023 6	21.578 6	23.276 0	25.129 0	27.152 1	29.360 9	31.772 5	34.405 4	37.279 7	40.417 5	43.842 4	47.580 4	51.659 5	56.110 1	60.965 3	66.260 7	72.035 1
16	17.257 9	18.639 3	20.156 9	21.824 5	23.657 5	25.672 5	27.888 1	30.324 3	33.003 4	35.949 7	39.189 9	42.753 3	46.671 7	50.980 4	55.717 5	60.925 0	66.648 8	72.939 0	79.850 2	87.442 1
17	18.430 4	20.012 1	21.761 6	23.697 5	25.840 4	28.212 9	30.840 2	33.750 2	36.973 7	40.544 7	44.500 8	48.883 7	53.739 1	59.117 6	65.075 1	71.673 0	78.979 2	87.068 0	96.021 8	105.930 6
18	19.614 7	21.412 3	23.414 4	25.645 4	28.132 4	30.905 7	33.999 0	37.450 2	41.301 3	45.599 2	50.395 9	55.749 7	61.725 1	68.394 1	75.836 4	84.140 7	93.405 6	103.740 3	115.265 9	128.116 7
19	20.810 9	22.840 6	25.116 9	27.671 2	30.539 0	33.760 0	37.379 0	41.446 3	46.018 5	51.159 1	56.939 5	63.439 7	70.749 4	78.969 2	88.211 8	98.603 2	110.284 6	123.413 5	138.166 4	154.740 0
20	22.019 0	24.297 4	26.870 4	29.778 1	33.066 0	36.785 6	40.995 5	45.762 0	51.160 1	57.275 0	64.202 8	72.052 4	80.946 8	91.024 9	102.443 6	115.379 7	130.032 9	146.628 0	165.418 0	186.688 0

附表4 年金现值系数表（P/A，i，n）

n	1%	2%	3%	4%	5%	6%	7%	8%	9%	10%	11%	12%	13%	14%	15%	16%	17%	18%	19%	20%
1	0.990 1	0.980 4	0.970 9	0.961 5	0.952 4	0.943 4	0.934 6	0.925 9	0.917 4	0.909 1	0.900 9	0.892 9	0.885 0	0.877 2	0.869 6	0.862 1	0.854 7	0.847 5	0.840 3	0.833 3
2	1.970 4	1.941 6	1.913 5	1.886 1	1.859 4	1.833 4	1.808 0	1.783 3	1.759 1	1.735 5	1.712 5	1.690 1	1.668 1	1.646 7	1.625 7	1.605 2	1.585 2	1.565 6	1.546 5	1.527 8
3	2.941 0	2.883 9	2.828 6	2.775 1	2.723 2	2.673 0	2.624 3	2.577 1	2.531 3	2.486 9	2.443 7	2.401 8	2.361 2	2.321 6	2.283 2	2.245 9	2.209 6	2.174 3	2.139 9	2.106 5
4	3.902 0	3.807 7	3.717 1	3.629 9	3.546 0	3.465 1	3.387 2	3.312 1	3.239 7	3.169 9	3.102 4	3.037 3	2.974 5	2.913 7	2.855 0	2.798 2	2.743 2	2.690 1	2.638 6	2.588 7
5	4.853 4	4.713 5	4.579 7	4.451 8	4.329 5	4.212 4	4.100 2	3.992 7	3.889 7	3.790 8	3.695 9	3.604 8	3.517 2	3.433 1	3.352 2	3.274 3	3.199 3	3.127 2	3.057 6	2.990 6
6	5.795 5	5.601 4	5.417 2	5.242 1	5.075 7	4.917 3	4.766 5	4.622 9	4.485 9	4.355 3	4.230 5	4.111 4	3.997 5	3.888 7	3.784 5	3.684 7	3.589 2	3.497 6	3.409 8	3.325 5
7	6.728 2	6.472 0	6.230 3	6.002 1	5.786 4	5.582 4	5.389 3	5.206 4	5.033 0	4.868 4	4.712 2	4.563 8	4.422 6	4.288 3	4.160 4	4.038 6	3.922 4	3.811 5	3.705 7	3.604 6
8	7.651 7	7.325 5	7.019 7	6.732 7	6.463 2	6.209 8	5.971 3	5.746 6	5.534 8	5.334 9	5.146 1	4.967 6	4.798 8	4.638 9	4.487 3	4.343 6	4.207 2	4.077 6	3.954 4	3.837 2
9	8.566 0	8.162 2	7.786 1	7.435 3	7.107 8	6.801 7	6.515 2	6.246 9	5.995 2	5.759 0	5.537 0	5.328 2	5.131 7	4.946 4	4.771 6	4.606 5	4.450 6	4.303 0	4.163 3	4.031 0
10	9.471 3	8.982 6	8.530 2	8.110 9	7.721 7	7.360 1	7.023 6	6.710 1	6.417 7	6.144 6	5.889 2	5.650 2	5.426 2	5.216 1	5.018 8	4.833 2	4.658 6	4.494 1	4.338 9	4.192 5
11	10.367 6	9.786 8	9.252 6	8.760 5	8.306 4	7.886 9	7.498 7	7.139 0	6.805 2	6.495 1	6.206 5	5.937 7	5.686 9	5.452 7	5.233 7	5.028 6	4.836 4	4.656 0	4.486 5	4.327 1
12	11.255 1	10.575 3	9.954 0	9.385 1	8.863 3	8.383 8	7.942 7	7.536 1	7.160 7	6.813 7	6.492 4	6.194 4	5.917 6	5.660 3	5.420 6	5.197 1	4.988 4	4.793 2	4.610 5	4.439 2
13	12.133 7	11.348 4	10.635 0	9.985 6	9.393 6	8.852 7	8.357 7	7.903 8	7.486 9	7.103 4	6.749 9	6.423 5	6.121 8	5.842 4	5.583 1	5.342 3	5.118 3	4.909 5	4.714 7	4.532 7
14	13.003 7	12.106 2	11.296 1	10.563 1	9.898 6	9.295 0	8.745 5	8.244 2	7.786 2	7.366 7	6.981 9	6.628 2	6.302 5	6.002 1	5.724 5	5.467 5	5.229 3	5.008 1	4.802 3	4.610 6
15	13.865 1	12.849 3	11.937 9	11.118 4	10.379 7	9.712 2	9.107 9	8.559 5	8.060 7	7.606 1	7.190 9	6.810 9	6.462 4	6.142 2	5.847 4	5.575 5	5.324 2	5.091 6	4.875 9	4.675 5
16	14.717 9	13.577 7	12.561 1	11.652 3	10.837 8	10.105 9	9.446 6	8.851 4	8.312 6	7.823 7	7.379 2	6.974 0	6.603 9	6.265 1	5.954 2	5.668 5	5.405 3	5.162 4	4.937 7	4.729 6
17	15.562 3	14.291 9	13.166 1	12.165 7	11.274 1	10.477 3	9.763 2	9.121 6	8.543 6	8.021 6	7.548 8	7.119 6	6.729 1	6.372 9	6.047 2	5.748 7	5.474 6	5.222 3	4.989 7	4.774 6
18	16.398 3	14.992 0	13.753 5	12.659 3	11.689 6	10.827 6	10.059 1	9.371 9	8.755 6	8.201 4	7.701 6	7.249 7	6.839 9	6.467 4	6.128 0	5.817 8	5.533 9	5.273 2	5.033 3	4.812 2
19	17.226 0	15.678 5	14.323 8	13.133 9	12.085 3	11.158 1	10.335 6	9.603 6	8.950 1	8.364 9	7.839 3	7.365 8	6.938 0	6.550 4	6.198 2	5.877 5	5.584 5	5.316 2	5.070 0	4.843 5
20	18.045 6	16.351 4	14.877 5	13.590 3	12.462 2	11.469 9	10.594 0	9.818 1	9.128 5	8.513 6	7.963 3	7.469 4	7.024 8	6.623 1	6.259 3	5.928 8	5.627 8	5.352 7	5.100 9	4.869 6

参考文献

[1] 财政部会计资格评价中心. 财务管理[M]. 北京：经济科学出版社，2013.

[2] 汤谷良. 财务管理案例[M]. 北京：北京大学出版社，2007.

[3] 马元兴. 企业财务管理[M]. 北京：高等教育出版社，2011.

[4] 王棣华，等. 财务管理案例分析[M]. 北京：中国市场出版社，2009.

[5] 王淑敏. 中小企业财务会计管理精细化设计全案[M]. 北京：人民邮电出版社，2012.

[6] 孔德兰. 财务管理实务[M]. 杭州：浙江大学出版社，2006.

[7] 斯蒂芬·C.罗斯，等. 公司理财[M]. 北京：机械工业出版社，2000.

[8] 杨学富，耿广猛. 管理会计实训教程[M]. 大连：东北财经大学出版社，2009.

[9] 孙茂竹，文光伟，杨万贵. 管理会计学[M]. 北京：中国人民大学出版社，2006.

资源服务提示

授课教师如需获取本书配套教辅资源，请登录“高等教育出版社产品检索系统”（http://xuanshu.hep.com.cn/），搜索本书并下载资源。首次使用本系统的用户，请先注册并进行教师资格认证。

资源服务支持电话：010-58581854 邮箱：songchen@hep.com.cn

高教社高职会计教师交流及资源服务QQ群：708994051